苏州市泰伯文化研究会 编
王稼句 主编

# 泰伯文化研究

二〇一七年卷

古吴轩出版社
中国·苏州

图书在版编目（CIP）数据

泰伯文化研究. 二〇一七年卷 / 苏州市泰伯文化研究会编. — 苏州：古吴轩出版社，2018.11
　　ISBN 978-7-5546-1242-2

Ⅰ.①泰… Ⅱ.①苏… Ⅲ.①泰伯（前1285-前1194）- 人物研究 - 文集　Ⅳ.①K827=23

中国版本图书馆CIP数据核字（2018）第231915号

| | |
|---|---|
| 封面题签： | 潘振元 |
| 责任编辑： | 俞　都 |
| 见习编辑： | 吕丽静 |
| 装帧设计： | 唐　朝 |
| 责任校对： | 徐小良　王　芳 |
| 责任照排： | 刘　浩 |

| | |
|---|---|
| 书　　名： | 泰伯文化研究. 二〇一七年卷 |
| 编　　者： | 苏州市泰伯文化研究会 |
| 出版发行： | 古吴轩出版社 |
| | 地址：苏州市十梓街458号　　邮编：215006 |
| | Http://www.guwuxuancbs.com　E-mail:gwxcbs@126.com |
| | 电话：0512-65233679　　传真：0512-65220750 |
| 出 版 人： | 钱经纬 |
| 印　　刷： | 苏州市越洋印刷有限公司 |
| 开　　本： | 787×1092　1/16 |
| 印　　张： | 12.25 |
| 版　　次： | 2018年11月第1版　第1次印刷 |
| 书　　号： | ISBN 978-7-5546-1242-2 |
| 定　　价： | 48.00元 |

如有印装质量问题，请与印刷厂联系。0512-68180628

# 目 录

## 学术论坛

至德文化　代代相传——泰伯精神在苏州的传承和发展 …………… 张澄国 / 001
太伯奔吴诸说平议 …………………………………………………… 程　义 / 005
关于宜侯夨簋 ………………………………………………… 钱公麟　许　洁 / 020
春秋吴爵位考释 ……………………………………………………… 吴恩培 / 029
原始图腾崇拜与吴文化发端 ………………………………………… 陈　益 / 041
明末清初"西风东渐"对江南学风的影响 …………………………… 陆　咸 / 050

## 随笔杂俎

苏州话先秦因子探微 ………………………………………………… 柯继承 / 055
古吴札记两题 ………………………………………………………… 王稼句 / 061
古城林立 ……………………………………………………………… 陈　益 / 071

## 吴氏文化

苏州地区的吴氏家谱与家族 ………………………………………… 吴建华 / 075
吴大衡的历史记忆 …………………………………………………… 胡伯诚 / 082
吴派古琴的传承与发展 ……………………………………………… 吴光同 / 088

## 吴门书道

吴国金文书法初探……………………………………潘振元 / 096
小篆不是隶书源头……………………………………张士东　张　晞 / 105
徐渭书法论……………………………………………张恨无 / 116

## 文献钩沉

明代吴氏谱牒序跋辑录………………………………舒　天　整理 / 127
吴　乘…………………………………………………张　琦　整理 / 158

## 会　讯

苏州市泰伯文化研究会2017年大事记………………………………186

# 至德文化　代代相传

——泰伯精神在苏州的传承和发展

张澄国

坐落在苏州阊门下塘的泰伯庙亦称至德庙,是苏州最重要的一座历史文化殿堂,是江南第一座祀奉吴地开发始祖的庙宇。泰伯庙自东汉桓帝始建至今已有一千八百多年的历史了,最初位于阊门城外,五代后梁吴越王钱镠为避兵乱,将此庙搬迁到城里,也有一千一百多年了,庙里供奉着吴地民众共同的老祖宗泰伯(太伯)、仲雍和季札。千百年来,历代帝王、文武百官、黎民百姓都要到此顶礼膜拜,泰伯庙成为万世敬仰的圣殿。好多年前种种原因,导致这里一度破败冷落,杂乱无章。后来苏州市委、市政府顺应民意,斥资修建进行恢复,如今焕然一新的泰伯庙正敞开胸怀迎接八方来客,包括众多泰伯后裔的吴氏宗亲都前来参观祭祀敬仰缅怀。现在这里也成为对广大青少年进行爱国主义教育的重要基地。这些年苏州市泰伯文化研究会及吴氏文化研究中心组织开展吴国文化和泰伯精神研究,编辑出版了一批学术著作和普及图书,部分吴氏宗亲还开展了寻根之旅,取得了一定的成果,促进了至德文化的继承弘扬。

吴地民众特别是苏州市民为什么格外尊崇敬仰泰伯和仲雍,因为他俩是江南吴地的开宗始祖、苏州人民共同的祖先,更是中华文明史上被誉为道德最高尚的"至德"圣人。早在三千多年前的殷商时代,陕西岐山周部落首领周大王古公亶父有三个儿子,泰伯、仲雍和季历,周大王追求正义素有抱负,在世时看好季历及其子昌，意欲将王位传给季历，而最终能传给昌。泰伯、仲雍知道父王意愿之后，为避让王位借口衡山采药而匆匆南奔，千里迢迢来到当时还是蛮荒的江南；他们入乡随俗，断发文身，与土著居民打成一片，开发江南，深受当地百姓拥戴，被推举为首领，成立了勾吴部落，进而建立吴国。泰伯被后人认定为吴国开天辟地第一代君王。而在老家中原岐山，泰伯父亲将王位传给三子季历，季历死后传位儿子姬昌，就是周文王，后来再传周武王，终于推翻了残酷暴虐的商纣，建立起周朝，一统天下，绵延八百年。

  泰伯礼让天下的高风亮节仁义美举，世人敬仰千古传颂。至圣先师孔子在《论语》中高度称赞曰："泰伯，其可谓至德也已矣！三以天下让，民无得而称焉。"孔子赞美泰伯是道德最高尚的人，再三谦让王位，隐匿乡间，百姓没什么可说了。从此泰伯"至德"美名昭彰天下。太史公司马迁在《史记·吴太伯世家》中颂扬"太伯作吴，高让雄图"，盛赞至德精神彪炳史册天下公认。纵观泰伯毕生的奋斗经历，其"至德"精神的核心是"谦让和开拓"。"三以天下让"体现了他至高无上的道德观。泰伯、仲雍在当时也称得上太子党，年纪轻轻有着显赫地位，但为了周部落的大局和理想，为了正义和信仰，面对名利地位，权贵爵禄，他俩不争不抢，不贪不抢，义无反顾地拱手让王让贤，远走高飞归隐江南，另找发展的空间。泰伯这一"谦让"，德可配天，让出了一片崭新的天地，成全了周氏部落家国大业，推翻商朝，建立周朝，推动了社会进步。泰伯"让王"，胸怀坦荡，不计个人得失，牺牲小我利益，防止了兄弟相争同室操戈的灾祸，避免了生灵涂炭血流成河的战争。从泰伯的"谦让"情怀中，我们可以感受到凝聚在他身上的"忠诚、孝悌、仁义、礼让、谦和、诚信、大度"等美德。泰伯的"开拓江南"也是光明磊落，泰伯、仲雍落籍尚未开化的江南，不是逃避不是隐匿，而是肩负起新的责任，他们和当地民众和谐相处，不畏艰险，艰苦奋斗，开河渠、垦荒芜，给落后的荆蛮之地带来了先进的中原文化，催生了江南的发展，为吴国的建立做了前期准备，开辟了吴地繁荣万代的基业。从泰伯的"开拓"实践中我们可以感受到他身上体现的"勤劳、坚毅、包容、乐善、创造、进取、致远"等优良品德。

  泰伯"谦让、开拓"的美德影响久远，流传甚广，其弟仲雍的二十代孙季札就是践行"至德"精神的楷模。季札是吴王寿梦的第四子，是一位才华横溢的政治家、外交家和文艺评论家，季札懂礼仪、有德行，深受父王的器重，寿梦想传位于这位有贤名的幼子，可是季札推拒了，并推荐长兄诸樊继承王位。寿梦死后长子诸樊再让季札，季札不受，避居乡野，"吴人固立季札，季札弃其室而耕，乃舍之"。诸樊死后，二哥馀祭希望季札接替王位，季札仍然不肯，于是他被封到延陵（今江阴丹阳一带）治理小城。三哥馀昧死后，王室又派使者迎接季札继承王位，他还是不去，反而逃走了。司马迁赞叹曰："延陵季子之仁心，慕义无穷，见微而知清浊。呜呼，又何其闳览博物君子也！"季札一生维护周礼，不羡王位，三次让国，淡泊明志，仁义怀德，为国人赞赏推崇，故而泰伯庙至德殿将泰伯、仲雍和季札三位一体供奉中央，受人朝拜瞻仰。

泰伯至德精神构筑了中华民族传统美德的典范，泰伯始终秉持"谦让开拓"，从不把功名富贵放在第一位，而是把真理道德放在第一位，孔子最推崇这样的人。泰伯至德精神光前裕后，泽被万代，它的千古流传成为至德文化，影响了一代又一代人。后来儒家将至德精神作为核心，道家将至德精神作为天道，法家将至德精神作为准则，但都离不开一个"德"字，"立德秉公"、"以德治国"、"厚德载物"、"积善成德"等作为人伦至理载入中华民族文化史册，融入华夏千秋万代血液之中。有原则的谦让是人类道德的最高境界，至德文化具有普世的价值意义，"崇德向善，谦让开拓"的精神追求应该是全人类共同的文化理念和行为准则，弘扬至德文化有利于人类和谐相处，共同发展，无怪乎现在世界上有许多国家、地区成立了至德文化研究会，意在发扬光大至德精神，这是泰伯先祖和中华文化对人类文明做出的重大贡献。

苏州曾是泰伯、仲雍开发的处女地，也是吴文化的核心地，泰伯精神让苏州很早就站立在了中华道德文化的制高点，千百年来苏州民众在至德文化的引领下，崇德向善，谦恭奋发，建设自己美好的家乡。苏州在汉唐时期就完成了从尚武向崇文的转移，从宋代开始走向繁华，及至明清达到高潮，创造了引领中国的灿烂文化。康熙、乾隆皇帝南巡苏州，多次祭拜至德先圣，并亲笔题词以示敬意，"三让高踪"、"至德无名"的匾额至今高悬在泰伯庙内。当代苏州继承中华传统文化，学习融汇世界文明成果，加速迈向现代社会，特别是改革开放以来，苏州经济发展、文化繁荣、社会进步，取得了举世瞩目的成绩，人们在总结成功原因时总有一条不会遗漏，就是苏州"人文荟萃，底蕴深厚"，这博大精深的文化底蕴中首推的应是至德文化，先祖泰伯"谦让、开拓"精神有如生命基因一样，激发着苏州民众世世代代崇德向善、开拓进取，去创造美好的明天。

至德文化对于引领道德风尚、规范社会行为、激励人们前进具有深刻的历史意义，也有积极的现实意义，对于那些丑恶腐败、道德沦丧的社会现象，它是一面明镜，一杆投枪。一段时间以来，从大量揭露的贪腐案件来看，在一些党员干部和社会人群中出现了严重的道德滑坡，有的人争权夺利，以权谋私，贪腐成性，不择手段；有的人沽名钓誉，诚信缺失，坑蒙拐骗，唯利是图。他们将人民群众的利益置之脑后，踩在脚下，把好端端改革开放的局面搞得乌烟瘴气。在至德文化面前，这些人的丑恶行径，显得无比渺小。泰伯"谦让、开拓"精神是顾全大局，利及苍生，为了百姓的福祉，可以放弃个人的一切，甚至"连皇帝也可以不做"，为了民众的利益，可以忍辱负重，茹毛饮血，披荆斩棘，这是何等高尚的民族气节、历史担当！三千年前的先贤泰伯如此虚怀若谷、襟怀坦荡，难道不能成为当代苏州民众最为贴心无比崇敬的榜样？

至德文化是先祖泰伯留下的宝贵精神财富，是苏州得天独厚的文化遗产，我们应该好好珍惜、倍加推崇。在现代化建设的进程中，我们要充分认识泰伯精神的深刻内涵和时代意义，把传承弘扬至德文化作为当今苏州城市精神的重要组成部分，理直气壮地继承和弘扬中华民族的优秀文化传统，不断提高自身素质，自觉抵制各种腐朽丑恶的不良倾向，坚持正能量，发奋进取，为中华民族伟大复兴添砖加瓦。

愿至德文化代代相传，发扬光大。

# 太伯奔吴诸说平议

程 义

## 引 言

春秋末年，江南的吴国忽然崛起，到阖闾、夫差时期国力达到鼎盛，北抗齐西伐楚南威越，一度北上和晋国在黄池之会上争盟主地位。江南吴国的来历，一般都以《史记·吴太伯世家》为依据，认为是太伯（亦作泰伯）、仲雍奔荆蛮而建立的勾吴（亦作句吴）。但是从清代崔述《丰镐考信录》开始，卫聚贤、黄盛璋、董楚平、陈桥驿、崔凡芝等学者对《史记》的记载产生怀疑并发表自己的看法，台湾学者王明珂从民族学和社会学角度对太伯奔吴进行了全面的否定。当然，有否定者也有肯定者，也有力图弥合者。至今这个问题依然是吴越史上的一个难题，并且似乎没有解决的希望。这个难题的关键在于：一、文献缺乏，除了《春秋》、《左传》对此问题略有提及，以《史记》最为详细，此后诸如《吴越春秋》、《越绝书》等文献都是以《史记》为骨干，再进一步加工、集成；二、出土文物零散，虽然有诸如宜侯夨簋、者减钟、夨器群、强国墓地器群，但是这些文物的出土地和春秋晚期吴国的范围并不吻合，甚至隔绝甚远，徒增烦扰；三、参与论战的各方有的来自历史学界，有的来自考古学界，有的来自民族或语言学界，各自使用本学科的方法和证据，但因学力的限制，尚缺乏对此问题综合考察的能力；四、各地学者以带有强烈的地方自豪主义的论调参与论战，使得本来就已头绪纷繁的学术问题更加复杂化。

因为很多学者抱有浓厚的地方主义倾向，所以在谈及这个问题时，往往对反对意见或者不利自己的意见采取视而不见或故意漠视的态度。但这种掩耳盗铃、以偏概全的做法并不利于解决这一学术问题。因此，为了便于进一步研究这一问题，笔者就耳目所闻所见，将此问题的各路观点做一罗列，并做简单分析和平议，以便进一步讨论，同时求教于方家。

## 一、太伯奔吴的记载

太伯奔吴以《史记》的记载最为完整，且《史记》历来被认为是一部非常严谨的信史，特别是晚清民初的学者，如王国维、罗振玉、郭沫若等人以甲骨文和金文证实了《史记》殷商史的准确可信性后，学界对《史记》的记载更是确信无疑。因为，既有纸上文献的证据，也有地下文物的证据，在经过"二重证据法"的考验之后，《史记》的权威性再一次得到加强。为了便于后面的讨论，先将《史记·吴太伯世家》相关段落移录如下：

"吴太伯，太伯弟仲雍，皆周太王之子，而王季历之兄也。季历贤，而有圣子昌，太王欲立季历以及昌，于是太伯、仲雍二人乃奔荆蛮，文身断发，示不可用，以避季历。季历果立，是为王季，而昌为文王。太伯之奔荆蛮，自号句吴。荆蛮义之，从而归之千余家，立为吴太伯。

"太伯卒，无子，弟仲雍立，是为吴仲雍。仲雍卒，子季简立。季简卒，子叔达立。叔达卒，子周章立。是时周武王克殷，求太伯、仲雍之后，得周章。周章已君吴，因而封之。乃封周章弟虞仲于周之北故夏虚，是为虞仲，列为诸侯。

"是时晋献公灭周北虞公，以开晋伐虢也。

"自太伯作吴，五世而武王克殷，封其后为二：其一虞，在中国；其一吴，在夷蛮。十二世而晋灭中国之虞。中国之虞灭二世，而夷蛮之吴兴。大凡从太伯至寿梦十九世。"

《吴太伯世家》被列为"世家"的第一篇，历来被认为是为褒奖太伯的大义而专门安排的。在文末"太史公曰：'……余读春秋古文，乃知中国之虞与荆蛮句吴兄弟也。'"这是他特意交代他修撰并认定荆蛮太伯和中国之虞关系的文献依据。

《史记》所据的古文《春秋》我们不得而知，但就现存的《春秋》及其三传文字来看，确实有相关的文字。崔凡芝[1]依据杨伯峻《春秋左传注》在其论文里已经

逐条做了罗列,共计六条记录,如下:

一、《传》鲁闵公元年(公元前661):(晋大夫)士蔿曰:"大子(指晋太子申生)不得立矣……不如逃之,无使罪至。为吴大伯,不亦可乎?犹有令名,与其及也。"(第259页)

二、《传》鲁僖公五年(公元前655):(虞国大夫)宫之奇对曰:"大伯、虞仲,大王之昭也,大伯不从,是以不嗣。"(第307页)

三、《传》鲁宣公八年(公元前601):(楚)盟吴、越而还。(吴始见于经传)(第696页)

四、《传》鲁成公七年(公元前584):巫臣请使于吴,晋侯许之。……乃通吴于晋……教吴乘车,教之战阵,教之叛楚。置其子狐庸焉,使为行人于吴。吴始伐楚、伐巢、伐徐……蛮夷属于楚者,吴尽取之,是以始大,通吴于上国。(第834、835页)

五、《传》鲁哀公七年(公元前488):大伯端委以治周礼,仲雍嗣之,断发文身,裸以为饰,岂礼也哉?有由然也。(第1641页)

六、《传》鲁哀公十三年(公元前482):(黄池会盟)吴晋争先,吴人曰:"于周室,我为长。"晋人曰:"于姬姓,我为伯。"……乃先晋人。在此条后杨伯峻注:"《史记》于《秦纪》、《晋、赵世家》均言'长吴',《吴世家》则言'长晋定公',司马迁存异说。"(第1677页)

这六条均为《左传》文字,在今本《春秋》里没有直接涉及太伯奔吴的内容。此后的文献大多以《史记》为骨干,做了进一步的弥合和丰富,但基本框架和内容不出《史记》。根据《史记》的记载,我们将太伯奔吴做一线条化归纳:

一、奔吴的原因:避季历。

二、奔的地点:荆蛮。

三、封邦建国:武王克商,求太伯、仲雍之后,自号勾吴。

四、和中原的关系:中国之虞与荆蛮勾吴兄弟也。

继《史记》之后,《吴越春秋》、《越绝书》等文献对这一事件进行了进一步的集成和充实,但基本框架并未超出上述四点。

## 二、直奔江南说

　　太伯、仲雍南奔始建之吴国就在今江苏无锡、苏州一带，这是传统的说法。《史记》显然是最支持这一说法的文献。《汉书·地理志》、《后汉书·郡国志》、《元和郡县志》、《通典》、《史记正义》、《括地志》、《吴郡志》、《吴郡图经续记》等均沿袭《史记》的记载，从汉至唐、宋各家，所述太伯初建吴国的地理位置大体相同。且经过王国维对甲骨商王世系与《史记》商王世系的对照后，《史记》对早期历史记载的真实性进一步得到加强。近人著作论述太伯初建吴国之地，也都沿袭其说。

　　江南说也有其考古文物的证据。王卫平[2]等人指出根据南京博物院、镇江博物馆等单位近年来的考古普查，发现宁镇地区广泛分布着吴文化的遗存。据不完全统计，从二十世纪五十年代以来陆续发现出土的有青铜器随葬的西周至春秋晚期的墓葬已近百座，其中属西周时期的就有仪征破山口，丹徒烟墩山，母子墩，磨盘墩，丁岗墩上村墓，深水乌山一、二号墓，丹阳司徒，南京浦口，江宁陶吴镇及安徽屯溪等墓葬，而仪征破山口遗址最能说明问题。仪征破山口曾在1930年出土过一批西周青铜器，1959年南京博物院又在该处进行了一次探掘，出土一批西周青铜器，并知道出土处是一个"长方竖穴土坑古墓"，系中原墓制，现存的青铜器，从形制、花纹以及制作手法上看，属于西周早期的产品。与江苏丹徒和安徽屯溪的西周墓相比，仪征破山口的墓制与遗物都更接近周文化原貌，年代可能更早，因此有人推测"仪征或其附近可能是周人南下的初到之地"，相当于商周时代与吴文化有承继关系的宁镇地区土著文化——湖熟文化（前期为先吴文化，后期即吴文化），"其发达年代当西周初叶"，也传递出太伯、仲雍南奔建国从而推动当地社会生产力发展的信息。

　　太伯奔吴说在考古发现的启发下，学者对此问题进行了修正，产生了诸如镇江说、仪征说、江阴说，甚至有人根据明清地方志的记载，得出太伯奔吴之地是现在的江宁等地。太伯、仲雍南奔立国的宁镇说还可从"勾吴"名号的确立得到印证。关于"勾吴"的含义，历来说法不一。其中以颜师古《汉书·地理志注》所说"勾"为"夷俗语之发声"影响最大。从地名和传说来看，苏州从秦汉以来一直就以"吴"

为核心词汇来命名,且本地有很多地名和传说都与太伯奔吴有关。

这一说法的考古依据,除了江苏境内几次春秋时期吴国青铜器的发现,如程桥罗儿盘匜、盱眙工吴季生盘匜等吴国青铜器,特别值得关注的是镇江出土的宜侯夨簋、伯簋等带有明显的北方风格的西周青铜器。唐兰先生《宜侯夨簋考释》[3]最先将宜侯夨簋里的虞侯夨比定为姬姓之虞,认为南北两个吴,后来为了区别将北吴称为虞或北虞,将南方的虞,因方言的关系称为"勾吴"、"工吴"等,实际吴和虞是一样的,并将此器和太伯奔吴相联系。虞侯夨周章,而虡国就是后来的吴国。李学勤先生在《宜侯夨簋与吴国》[4]、《宜侯夨簋的人与地》[5]等文章里对此进行阐发,认为宜侯是虞侯徙封到宜的结果,他既可以称宜侯,也可以继续称虞侯。宜侯夨簋的长篇铭文也基本和周初的政治格局接近,太伯奔吴是周人意图控制南方的战略性举措。春秋后期的吴国有铭青铜器,虽然没有在江南地区出土,但对于苏南是吴国的疆域和核心区域大家并无异议。在吴国铜器上频繁出现的各式各样的"工吴"就是文献中的"勾吴",这一点在宋公栾簋铭文里得到验证,就写作"勾吴夫人"。此外,在中原地区西周早期墓葬里出土的少量原始青瓷,也支持中原和江南之间存在着交流的可能。

以上是有利于这一观点的基本材料,但是对于宜侯夨簋的认识现在大家有了新的说法,大多数学者不认为铭文里的虞就是虞仲,对宜的地望也有不同的认识。[6]对于宜侯夨为太伯、仲雍之后的说法,黄盛璋先生提出了最为强烈的反对意见。他在《铜器铭文宜、虞、夨的地望及其与吴国的关系》[7]一文中将其观点归纳为七条:(一)宜侯夨簋记康王改封虞侯夨于宜,"锡(赐)在宜王人十有七姓,锡(赐)郑七伯",周初淮河流域为徐戎、淮夷等族所阻隔,远未达到长江下游,丹徒一带不可能有周贵族在宜,十有七姓,也不可能将郑之七伯锡(赐)到这里。宜必近郑,器虽出土于丹徒烟墩山墓葬,系后来带去,同出有晚期之盘与南方印纹陶纹饰可证。附近磨盘墩西周末期墓出土器物亦可互证。(二)王先省览武王、成王伐商图与东国图,而后到宜行改封夨于宜的典礼。宜必在东国,与伐商路线有关。同时又是畿内直辖领土。宜必近郑,去虞亦不远。宜阳当长安、洛阳南道之冲,在周东都畿内,近郑,去虞也不远,属于东国,故定宜阳为封夨于宜的宜。(三)虞侯夨与父虞公皆为北虞君主,即春秋虞国祖先,国都在大阳之北五十里,大阳后改河北与平陆。中华人民共和国成立后,平陆县移圣人涧,北三十五里张店东南有古城,与《括地志》所记大阳(今太阳渡附近)北五十里,及《水经注》所记大阳北颠轵坂东北之虞城,方道里皆合。(四)矢即《说文解字》表"倾头"与"仄"字,所从之大。吴、虞皆从矢、口,但形、音、义皆不相同。宜侯矢簋自称虞侯矢,虞、矢分明二字,音读亦不同。(五)矢国不是虞国或吴国。第一,矢国称矢王,自称有矢王簋、鼎、觯,他称有矢人盘与同卣,矢王必为周之异姓、非周所封。第二,矢国与姬姓之郑与散通婚,必非姬姓;矢王簋为其女郑姜做器,当为姜姓,与姬姓之吴与虞国不同族姓。(六)汧水上游陇县曹家湾南坡一带为矢人早期地域,后沿汧水下移,晚期在汧水下游,会渭河处不远。宝鸡贾村源有大面积建筑遗址,出土西周晚期之矢王簋,当为后来自汧水上游迁到下游之主要根据地。厉王时代矢人盘记散与矢划分田界,证明当时矢国与散接界应在这一带。从矢国时间、空间的发展过程与吴国无关,矢人盘还记有虞、虞芮二人参加,"矢"明非"虞"。(七)《汉书·地理志》汧县(今陇县)有吴山,古文以为汧水,《续汉书·郡国志》汧县吴山本名汧山,则吴山得名甚晚,春秋战国之古文献还叫汧山,与矢、吴皆无关。比附吴山为最早期吴国所居,是不对的。

如果仔细分析《史记》原文,这里就有一个问题,既然太伯、仲雍已奔吴,仲雍的后裔周章已经君吴,却又"封周章弟虞仲于周之北故夏虚,是为虞仲,列为诸侯",难道叔达的两个儿子周章和虞仲分处南北?

因此,太伯奔吴说看似无懈可击,而实际上也存在着诸如:如此遥远的距离,武王克商后只是占领了商的核心区域即河南一带,太伯是如何经过商人残留势力范围的,他们的交通路线、交通工具是什么?为什么要奔到这么遥远的地方?这些都是难以解答的问题。

## 三、辗转迁移说

由于对出土文物尤其是宜侯矢簋铭文理解不同,再加之江西出土的"姑发皮难之子"者减钟,以及吴城文化的发现,学者们又提出各种江南春秋吴国来自北方,但是是一路迁移而来的说法。

王晖在《西周春秋吴都迁徙考》[8]一文中指出,烟墩山西周墓实际是个窖藏,宜侯矢出于丹徒,但和丹徒无关,是外来人群带来的,俎应在沭水和沂水之间。西周至春秋时期吴国共有两次迁徙：（一）第一次迁徙在周康王之时，虞（吴）侯被封在离山东地界不远的江苏邳县加口，称"俎侯"，春秋时为"柤"地。此地也正是周初成王、周公伐商奄东夷之地。从西周康王时期到西周晚期，吴国一直以俎为其国都。（二）第二次迁徙约在春秋初期，吴取邗（干）国而建都于邗，此即今扬州一带。邗为吴都一直到吴王诸樊时代。诸樊迁都的原因，是在春秋后期吴楚连年战争，楚人处于江水上游，吴人邗都处于江水下游的北岸，吴王诸樊为避开上游楚人的水上优势，不得不迁都。吴国江南建都及其迁徙的情况：（一）依矩侯簋铭文来看，吴太伯至周康王封虞（吴）侯于俎之前，吴国所居的确已在长江之南北一带。（二）吴王诸樊与阖闾之都为秦时"吴县"，即今无锡市西南四十五里的闾江乡一带。（三）吴王阖闾时所筑并所迁之都在今苏州市，其地本名即"姑苏"、"苏"，异体则作"姑胥"、"胥"，至夫差亡国之时苏州一直为吴都。

江汉地区的学者则提出了吴都江西为核心的迁移路线。何光岳在《姬姓吴国的建立与南迁》[9]一文中指出：周族的支裔泰伯、仲雍，乃姬姓古公亶父的长、次二子，受封于周原北缘的陇县吴岳，主祭祀天神之职，其后南奔荆蛮，迁回于赣、皖、江一带，最后建都于无锡梅里，形成强大的吴国。其南迁时，似乎负有为周族开拓南疆长江流域，从南面包抄覆灭商朝做好准备的重任，而且也可瓦解商人的支族权国与东夷各族的援商活动。自立国于苏南之后，逐渐侵并干、宜及越人地域，形成强大的吴国。彭明瀚《太伯奔吴新考》[10]一文指出：吴是古代虎氏众多名号之一，其地望应在江西樟树吴城，历史上太伯奔吴实际是周族委派太伯、仲雍率领自己的宗族，到吴地联络虎方，共图灭商大业。太伯奔吴实质上就是太伯率众迁往虎氏的居住区。虎氏的一部分追随夏桀南迁，与夏初南迁的氐羌人结合，在江西樟树吴城建立都城，统辖鄱阳湖以西、洞庭湖以东的三苗故地，甲骨文中称之为虎方。南迁的虎人，以其较高的文化，很快成为当地一支重要的政治力量，其首领被起用为神职人员，掌管祭祀事务，留下伏鸟双尾虎、卧虎耳鼎、虎头曲内戈等遗物，其居地又正好有衡山，太伯所奔之吴地就在虎方。商代虎方的都城在樟树市吴城，这里正是太伯所奔之吴的地望。古文献中，也有不少史料支持太伯奔吴城说。樟树市境内，古代曾有一个虞城、两个吴城、一个偶亭（禺亭）。鄱阳湖西岸，今江西省永修县境内有吴城和艾城，亦当与虎人有关。春秋时，吴公子庆忌在政治斗争中失败后，"出居于艾"，此艾在今江西省修水县境，是艾人的居住地，庆忌逃到舅舅家艾，与夏时少康逃奔舅舅家有虞是同一回事。吴城文化诸遗址以大量考古材料表明，太伯所奔之吴在江西樟树市吴城。主要有：（一）吴城文化三期遗物中有一种联裆鬲，它在该文化二、三期中找不到原型，缺乏文化渊源，很有可能是在吴城文化二期晚段或三期早段从外地传入的一种新的文化因素。从目前掌握的考古材料来看，联裆鬲是周人的特有器种，是周文化的重要内涵之一。在先周文化的中心地区周原与江西樟树吴城之间，地隔数千里，两地之间的商代遗址中也没有发现过联裆鬲，也就是说，联裆鬲跨越空间，在吴城三期中突然出现，不能简单地用文化传播的理论来解释，唯一有可能的是部族迁徙，我们认为，是太伯奔吴城时带来的新的文化因素。（二）戣的使用。江西新干大洋洲商代遗址中出土了一件铸造极为精美的青铜戣（原发掘简报中称之为"勾戟"）。一般认为戣是周人特有的器种，它在吴城文化区域内的新干大洋洲出土，同样不能用文化传播的理论来解释，亦当与太伯奔吴有关。上述两种先周文化因素在吴城文化中的出现，与太伯奔吴在时间上也大体一致。周武王灭商后，论功行赏，分封了许多诸侯国，分别在崇侯虎和虎方的领地上分封了虞国和吴国。考古材料表明，在西周至春秋中期，吴国的政治中心一直在赣鄱地区。1976年冬，在江西新干县中陵水库发现了一座西周中期的列鼎墓，共出土五件青铜鼎，大小依次递减，由此可推知，墓主的身份为"大夫"一级官吏。这就是周武王所分封的吴国的遗物。郭沫若先生依据清乾隆二十六年（1761）江西临江出土的十一枚者减钟，提出了"春秋初年古句吴地域远在江西"的论断。顾颉刚先生也支持郭老的这一说法："春秋初年吴尚都江西，则其迁江苏殆在春秋中叶。"尤其有意思的是，被历代学者所推定的太伯所奔的太湖东部地区，竟没有找到过春秋中叶以前的考古学意义上的吴文化的任何遗迹，这不能说是历史的偶然，相反，江西樟树吴城则有同时期的吴城文化，并带有明显的先周文化因素。也就是说，太伯所奔之吴在江西樟树吴城，吴之东迁太湖地区是春秋末叶的事，此前一直在赣都地区。当然，彭明瀚对自己的研究留有很多空间，在《太伯奔吴新考》文末他指出：太伯奔吴地望的考定，也给我们提出了一系列问题，诸如武王封周章的吴是否也在吴城，吴为什么要从鄱阳湖流域迁往太湖地区，等等，这些都有待于田野考古提出新的物证。从器型学上找出一组吴城文化三期至西周初年属于太伯族的陶器，并使之与湖熟文化中的吴人陶器衔接起来，建立起一个完整的吴文化谱系。袁进在《吴城文化族属句吴说》一文中对此做了进一步补充和阐发，进而指出吴人迁徙是由水路而行的。

太伯奔吴之吴无论在所谓的"宜"，还是在江西的"吴城"，就目前的文献依据来看，依然有很多难点，特别是对"荆蛮"、"衡山"地望，大家有诸如宝鸡、南阳、江汉等说法，这对迁移说而言都是一些急需解决的问题。者减钟的出土地点，也有人认为可能是安徽的某地，因为毕竟不是考古发掘品，其传出地点作为证据就显得有些不够严谨。另外，从"宜"或"吴城"迁移至现在的苏州地区，吴国这个大的动作，在文献中依然没有任何记载，这也是很难理解的问题。

## 四、宝鸡西吴说

陕西岐山的太伯奔到江南太湖一带，路途似乎太远，许多学者如崔述、童书业等人均怀疑太伯有无必要逃奔如此之远？后来学者们在文献里找到了宝鸡附近有一吴山，进而提出太伯所奔的封国在陕西陇县西南的吴山。考古文物资料似乎也支持这一提法，卢连成、尹盛平《古夨国遗址墓地调查记》[11]报道和研究了一批带"夨"字铭文的兵器，特别是一件戈上有"夨中"字样，"夨中"被比定为"虞仲"。刘启益在《西周夨国铜器的新发现与有关的历史地理问题》[12]一文里进一步收集了四件传世夨国青铜器，四件铜器中，夨王觯为"凤翔府属出"，散氏盘也出土于凤翔，结合南坡、斗鸡台出土了夨国墓葬，那么，说夨国的所在位置大体在今天陇县、宝鸡一带，应是无误的。夨国存在的时间，其上限，从南坡M6和斗鸡台B3来看，应在商代末期，其下限，可以依据散氏盘为定。散氏盘的时代，郭沫若定为厉王。散氏盘铭中有"攸从鬲"，这个"攸从鬲"就是鬲攸从鼎中的"鬲攸从"，鬲攸从鼎的时代为厉王三十一年（前847），所以，郭老把散氏盘的时代定为厉王，是正确的。散氏盘记载的是夨人与散人发生纠葛的事情，铭末署有"夨王"字样，说明夨国存在的下限应在厉王时期。联系到著名的散氏盘，铭文内夨国的考释，他肯定了张筱衡的看法：散氏盘中的夨国应在今陇县一带，这与我们今天从分析考古资料得来的结论相符合。张氏说，夨就是吴，夨国就是吴国，夨国得名应与吴山有关，而吴山"在今陇县西，绵亘县南，则古代吴国必在山之附近，即今陇县一带是矣"。这个虞仲应是仲雍的曾孙虞仲，夨仲戈就是这个虞仲制作的。虞芮争田的虞和芮都在周原附近,虞国就是陇县一带的吴国,芮就是《汉书·地理志》右扶风郡下的"芮水,出西北,东入泾"之芮,地点在今甘肃华亭县。进而他谈到太伯奔吴的问题,他认为太伯奔吴在古公亶父的时代,那时,周的势力还不甚强大,古公受"薰育戎狄"之逼,从豳迁到了岐山,在这种历史条件下,说太伯为了让位于季历,率领众人横跨陕中、陕东,穿越河南、安徽,最后在无锡安下身来,是很难令人置信的。早期的楚国,势力很小,灭商以前,楚是依附于周方伯的,这时周的势力尚局限在陕西(包括陇东),楚既依附于岐周,就不能离岐周太远,而当时楚国占有的地域,与春秋战国时占有的地域不同,太伯不能奔到楚灭越,其地属楚的"楚地",是很明白的。楚即《水经·渭水注》中所记的"楚水又南流注于渭"之楚,也就是《元丰九域志》中"凤翔府,虢,有楚山"之楚,地点在今天的千阳县。千阳在陇县与宝鸡之间,吴山绵亘在三县之西,说太伯奔到这一带建立了吴国,比把他下放到无锡去"插队落户"要合乎情理得多了。最后他对宜侯夨簋铭文做了分析,认为宜侯夨未封于宜以前为姬姓的虞侯,春秋时勾吴的来源就明朗化了,太伯既然没有到江苏来,勾吴就不是太伯建立的。虞侯夨在康王时被封于宜,他的子孙就在这一带定居下来。宜在今天的丹徒,位于无锡东北,无锡、苏州是春秋时勾吴活动的重点地区,这就使我们有理由判定,勾吴是虞侯夨的子孙建立的,而虞侯夨就是勾吴在江苏的第一代祖先(他应是仲雍后裔的一支,很可能与晋南的虞国发生关系)。从虞侯夨分封于宜到春秋时吴王寿梦以前,这一段历史文献记载缺失,后人就把太伯建立的吴国附会到了江苏去,这样就使历史的本来面目失真了,现在,由于夨国铜器和宜侯夨墓的发现,就有可能把这个问题弄清楚了。

  陕西的学者尹盛平长期在宝鸡地区从事文物考古工作,他一直坚持太伯奔吴在宝鸡地区,又无法否定宜侯夨簋,所以他在《西周史征》[13]第一章第三节指出:太伯、仲雍奔荆蛮,先是投奔了时在今陕南汉中一带的巴族廪君蛮,也就是武夷弓鱼人,后在陇县一带的夨地内建立了虞国。武王灭商后,追封太伯、仲雍之四世孙周章为诸侯,死后称虞公。武王分封周章之弟虞仲于山西平陆为诸侯,国名也为虞,史称北虞、北吴。武王分封周章和虞仲之前,金文中的周章以氏名自称夨伯,虞仲以后以氏名自称夨仲。康王改封周章之子熊遂为宜侯,初封地在江苏镇江、南京一带。宜侯仍称夨氏。因为古代夨的读音为吴,所以后世称其国为吴国。春秋时吴国南迁苏州一带,国名、都名均称吴,但吴王仍沿袭太伯、仲雍随荆蛮而自称工吴族，即商周时的弓鱼族，文献作勾吴族。太伯之国，先后称为虞、宜、吴，但其宗室始终称为夨氏。尹盛平在《宝山文化与荆蛮句吴族》[14]一文再次强调分布于汉水上游城固、洋县境内的宝山文化，与京当型商文化相互交流影响，与宜昌路家河二期后段遗存文化面貌基本一致。宝山文化的族群应是弓鱼族，即吴太伯、仲雍所投奔的勾吴族。勾吴族原居在湖北荆山下夷水流域，后溯汉水而上，迁徙到汉中东部的城固一带，故称荆蛮。荆蛮勾吴族人追随吴太伯、仲雍在今宝鸡市吴山之下陇县境内建立虞国。武王灭商后，求太伯、仲雍之后，得周章，此时周章已是吴（虞）国之君，因此追封他为诸侯。周康王时，又册命周章之子熊遂到宜地（江苏宁镇地区）为诸侯。他同样认为太伯所奔的荆蛮勾吴不在江南，而在周原附近。

西吴说就目前看来既有文献资料的支持，又有出土文物铭文的证据，"夨"过去是不是可以和"虞"对应，各家有不同的意见，但是晋侯墓地出土的叔夨方鼎铭文里的"觯叔夨"，诸家都倾向于他就是晋国的始封者"唐叔虞"，那么"夨"对应于"虞"应是西周初年的通例。楚如果可以和荆互相替代，那么周原甲骨"楚子来告"适可证明荆就在周原附近，已经是周人的势力范围。但是也有难以理解的地方，因为在春秋时，对于江南的吴国来自周原并无人怀疑和反对，尤其是吴晋黄池之会争霸时，吴王夫差也是振振有词地以太伯后裔自居。

## 五、虚构说

吴太伯奔吴本是大家确信无疑的史实，但是随着各种资料的汇集和各种学说的兴起，大家对其真实性渐渐产生了怀疑。尽管有怀疑，但江南春秋吴国的存在是不争的事实，如何理解春秋吴国的来源问题就是一个难题。近年，台湾学者王明珂在《华夏与边缘：历史记忆与族群认同》[15]一书中，利用族群边缘与历史记忆理论，设专章（第九章）对此问题进行了全新的解释。正如第九章的题目那样，他是以边缘人群华夏化的进程为线索来阐释"吴太伯的故事"。在第九章中，他指出目前的考古证据难以支持太伯曾奔于苏南的说法；太伯可能只是逃到了宝鸡的夨国。但是只否定太伯曾奔于苏南是不够的。一个历史的记载可视为一种社会记忆，为了某种现实的理由，社会常选择强调或创造一些过去。因此春秋时期为何有"勾吴王室为太伯之后"这样的历史记忆保留下来，他认为这是华夏边缘人群"寻得或假借华夏祖先,以及华夏寻找失落祖先的后裔"来解释。在文中他分为:考古证据——长江下游"西周青铜器文化"及其渊源,另一种考古证据——渭水中游的矢国遗址,作为历史记忆的太伯传说,华夏化的策略——寻得或假借一个华夏祖先传说,作为集体记忆媒介的文献与文物等五节来深入分析。他在最后一节特别分析了历史资料和考古文物在此探索中可能扮演的角色。他认为苏南出现的商周青铜器只反映新石器以来当地与中原愈来愈密切的往来关系,而不能当作商末周人的移民证据。商周铜器是社会记忆的媒介,上层阶级制作、收集、拥有此种青铜器,由此他们便获得一些商周的文化价值与集体记忆。这些文化价值和集体记忆终于使他们在太伯传说中发现了自己华夏的祖源,并产生了如季札般深度华夏化的人物,也使华夏相信他们找到了失落的祖先后裔。对于历史文献,他认为历史文献作为一种历史记忆,它所传递的有时并非完全客观的历史事实,而是主观选择性的历史,是选择重组他们认为重要的过去以合理化社会现实而留下的记忆遗存。但是它并不是没有价值,制作这种历史记忆的意图就是某一人群的心理构图。考古文物的制造、收集、拥有,都可能表现行为者的心理构图,这种心理构图表现所有者的文化倾向、族群认同或认同危机。我们见到的只是这种心理构图下的社会记忆遗存。

在张敏最近出版的《吴越文化比较研究》第一章第一节中,作者参考陈桥驿的观点,也认为吴国是姬姓之后的说法是虚构的,并指出这一说法最先源自吴王夫差黄池之会。在第二章中他又指出吴文化的真正起源是王油坊类型的龙山文化,其发展历程为王油坊类型龙山文化——南荡文化遗存——点将台文化——湖熟文化——吴文化。王油坊类型属于东夷部族集团,东夷是吴文化的族源。吴在立国后自号勾吴,在中原青铜器铭文中称作南淮夷。

此说彻底抛开了文献与考古文物的羁绊,以全新的视角和理论对此问题做了合理的分析与解读,联系到后来周边民族如匈奴、鲜卑、突厥等在追溯自己的祖源时,往往也力图虚构一个华夏远祖的史实,这一研究无疑很有启发性。但在湖熟文化和春秋晚期吴文化之间,目前尚有很大的缺环,也就是说西周早期江南本土文化的面貌依然不是很明了,突然出现的各式带足器如䍃、鬲、甗等都明显带有北方的特征,这仍然是一个需要探讨的问题。而迁移说中就有沿淮河东下,再折而往南的说法,这个路线恰好和带足器传播路线重合。

## 六、新资料、新思考、新探索

太伯奔吴的文献和文物证据大家已经阐发殆尽,但依然难以达成一致意见。如果我们把重点放到文物考古资料相对丰富的春秋时期吴国上来,由流溯源,也有一些新的线索值得重视。经过我们对吴国金文资料,特别是吴王人名和吴国国名的分析,我们就可以发现,寿梦是和北方比较接近的,有实际意义的名字,但是诸樊、馀祭、馀眜、吴王僚的金文名字分别写作"姑发者反"、"戲勾此馀"、"姑馦雅"、"足以吴"等,这些人名显然带有强烈的吴越特征。而勾吴在金文里写作工吴的各种形式,直到阖闾时期,方渐渐固定为吴。在商周时期虽然有因袭都而改国名的,如唐改为晋,魏称梁,韩称郑,但从没有一个国家的名字忽然减去一个字的先例,并且不是简单地去掉一个字,而是彻底由虞改为吴。而在金文里,吴是早已存在的常见字,且作为人名很常见。因此,勾吴改为吴,虽然是个简单的字数的改变,但我们认为这里面存在着一个吴国力图去蛮夷化的过程。对于吴国王室的姓氏问题,过去因为只有诸樊各剑铭文里的"姑发"可资参考,后来苏州博物馆馀眜剑[16]上出现了"攻吴王姑馦馀眜"的字样,我们认为"姑馦"就是姑苏,是吴国王室的姓氏一类的字符,并进一步推论,诸樊剑铭中的"姑发"应该读作"姑殳",也就是姑苏。这样一来,姑苏氏、姑苏台、姑苏城,都与吴国王室有关。显然,姑苏不可能是姬姓的氏族。如此种种都提醒我们,春秋吴国的来源可能和太伯无关。

最值得关注的是,近年出土了一批青铜器,其中五件已收入吴镇烽《商周青铜器铭文暨图像集成续集》[17],苏州东吴博物馆最近展出了其中一件盂,就其形制来看,时代绝对在春秋早期,但铭文里却有"吴季大"等字样。据传此批铜器共有十二件,除了盂、簠、甗、匜、盘,还有鼎、扁壶等,出土地点在江苏与山东交汇处。这一信息虽然模糊,但是却提醒我们,宜侯夨里的宜,过去有人就考证可能在泗水下游某处,这个地区正合这批铜器的出土地域。另外,吴国强大起来首先是北侵齐鲁,而这个吴季大的墓也在这条线路上。因此,我们或可大胆假设,吴季大是宜侯夨的后裔,也就是太伯后裔之吴,工吴国强大起来后,侵灭了吴国,将自己的国号顺势改为吴,从而掩盖了自己本是江南于越民族的本色。

附记：对此问题的研究有大量的文献，本文只是罗列了一些具有代表性的观点，未能提及者请见谅。为了行文的简洁，对各位学者直呼其名，并无冒犯和不敬之意。为了便于大家进一步讨论，故大段引用了原文，在文中指明了篇目，如有兴趣大家可以自行查阅。

2018年5月16日草于忘忧草堂

主要参考文献：

［1］崔凡芝：《史记太伯奔吴质疑说》，《山西大学学报》2010年第十期。

［2］王卫平：《勾吴立国与吴越民族分合》，《民族研究》1992年第一期。

［3］唐兰：《宜侯夨簋考释》，《考古学报》1956年第二期；唐兰：《西周青铜器铭文分代史征》，上海古籍出版社2016年。

［4］李学勤：《宜侯夨簋与吴国》，《文物》1985年第七期。

［5］李学勤：《宜侯夨簋的人与地》，《走出疑古时代》，辽宁大学出版社1994年。

［6］关于宜侯夨簋问题综述可以参见王文轩：《宜侯夨簋及其相关问题研究综述》，《苏州文博论丛》2016年；张广志：《宜侯夨簋与吴的关系研究的历史回顾与再认识》，杜勇主编：《叩问三代文明：中国出土文献与上古史国际学术研讨会论文集》，中国社会科学出版社2014年；王一凡：《宜侯夨簋学案综理》http://www.gwz.fudan.edu.cn/web/show/4236，2018年4月16日。

［7］黄盛璋：《铜器铭文宜、虞、夨的地望及其与吴国的关系》，《考古学报》1983年第三期。

［8］王晖：《西周春秋吴都迁徙考》，《历史研究》2000年第五期。

［9］何光岳：《姬姓吴的建立与南迁》，《江西社会科学》1997年第八期。

［10］彭明瀚：《太伯奔吴新考》，《殷都学刊》1999年第三期。

［11］卢连成、尹盛平：《古夨国遗址墓地调查记》，《文物》1982年第二期。

［12］刘启益：《西周夨国铜器的新发现与有关的历史地理问题》，《考古与文物》1982年第二期。

［13］尹盛平：《西周史征》，陕西师范大学出版社2004年。

[14] 尹盛平：《宝山文化与荆蛮句吴族》，《苏州文博论丛》2016年总第七辑。

[15] 王明珂：《华夏与边缘：历史记忆与族群认同》，台湾允晨文化出版公司1997年。

[16] 苏州博物馆编：《兵与礼——苏州博物馆新入藏吴王馀眛剑研讨会论文集》，文物出版社2015年。

[17] 吴镇烽：《商周青铜器铭文暨图像集成续编》，上海古籍出版社2016年。

# 关于宜侯夨簋

钱公麟　许　洁

## 话题的提出

《中国地域文化通览·江苏卷》在第三章《吴韵楚风·江苏出土的多样性文化》第一节《夏商时期的江苏文化》中说:"湖熟文化是宁镇地区的青铜文化,最终发展演进为吴文化。马桥文化是太湖地区的青铜文化,最终发展演进为越文化。"在第二节《西周时期的江苏文化》中说:"烟墩山西周墓是1954年被发现的墓葬,位于烟墩山顶部……引人瞩目的是有一百十八字铭文的宜侯夨簋的出土……夨即吴国第一代国君周章,也就是说,宁镇地区是吴文化发源地,吴国王陵区在宁镇地区,苏州则是越文化发源地。"这一论点,是否正确呢?

我们将涉及宁镇地区出土周代青铜器的原始报告进行综合梳理和分析,将宁镇地区吴文化核心的宜侯夨簋作为研究对象,先后发表两篇文章。在2016年10月21日《中国文物报》的《从宜侯夨簋谈起》中指出,虽然宜侯夨簋和伯簋都是西周青铜器,但出土遗存的性质是窖藏而不是墓葬,时代为东周。所以宜侯夨簋这件西周重器是舶来品,而不是吴器。从2018年2月23日《中国文物报》的《从宜侯夨簋再谈宁镇地区周代青铜遗存》中,我们发现,迄今为止,宁镇地区没有出土过一件吴国青铜器。"皮之不存,毛将焉附",什么湖熟文化最终演进成为吴文化,什么宁镇地区是吴文化的发源地,乃至是吴国王陵区,诸般论点,就不攻自破了。

此次应《泰伯文化研究》编者之约,我们将这个问题再次提出,并补充了新的观点,以期引起大家的关注。

## 宜侯夨簋并非吴器

《文物参考资料》1955年第五期发表《江苏丹徒县烟墩山出土的古代青铜器》,报道了宜侯夨簋的出土,引起学术界的广泛关注,陈邦福、陈梦家、郭沫若、岑仲勉、谭戒甫、唐兰、陈直、马承源、刘启益、黄盛璋、李学勤、董楚平、曹锦炎等一大批专家、学者先后撰文,重点是对这件青铜器本身尤其是对其铭文进行考证,各抒己见,对它的讨论一直延续至今,莫衷一是。六十多年来,对宜侯夨簋的争论,都集中在器物本身及其铭文,进行广泛深入的诠释、考证,而忽视了发现时遗存的性质和同时出土遗物的分析、论证,以及遗存所在年代的科学性和合理性。

《江苏丹徒县烟墩山出土的古代青铜器》是一篇非常客观报道发现青铜器的文章,反映了当时对遗存认识的实事求是态度,更反映了《文物参考资料》编者的慎重。但仅隔八个月,《文物参考资料》1956年第一期上发表《江苏丹徒烟墩山西周墓及附葬坑出土的小器物补充材料》,标题有了变化,从发现青铜器变成了发现西周墓葬,而整篇文章没有相关文字说明,更没有关于这个墓葬的应有信息。

从当时的历史情况分析,可比对的材料少,专家学者对宜侯夨簋的关注,沉浸在当事者的兴奋之中。一切以宜侯夨簋为中心,以其为标准,定性为时代西周,性质墓葬。在早期考古发掘中,"一器定乾坤"的断代方式,直接影响了以后发现的考古遗存。如1982年江苏丹徒大港母子墩的时代确定,多处依宜侯夨簋的共存器为标准,所以将时代定为西周早期偏晚一些。随着考古发掘工作的深入,研究视野的开拓,对遗存、遗物的判断、鉴定,有了新的认识。"一器定乾坤"的方法存在较大缺陷,容易造成误导。就如上述器物,宜侯夨簋本身的时代没有问题,但有些人将它作为整个遗存的标准器,以个别来概定全部,也就是说,与宜侯夨簋同时出土的器物,都是同一时代的,真是后患无穷!

六十多年来,对宁镇地区青铜器的系统研究,不少都以宜侯夨簋为标准器,进而与其同时出土的器物,也是西周早期标准器,以此类推进行排比研究,从而形成了这一地区青铜器文化的研究系列。

可喜的是，跳出这一圈子，进到全方位综合研究的专家、学者也有不少，其中以马承源先生《长江下游土墩墓出土青铜器的研究》为代表。马承源先生曾率他的青铜器研究团队，先后到所涉青铜器的收藏单位做针对性的考察、咨询、揣摩，尤其对青铜器的细部进行考察，进行了拍摄和描绘，同时与相关人士做了访谈，进一步了解出土、发现的情况。他在调查研究的基础上，回馆后再进行考证、研究，形成了这篇文章，发表于《上海博物馆集刊》1987年第四期。宁镇地区出土青铜器最多的遗存，有烟墩山、母子墩、丹阳司徒公社青铜窖藏及与烟墩山隔江相望的仪征破山口四处。这四处是了解当地青铜器出土的核心，也是判断宁镇地区青铜遗存年代和性质的关键。文章中多处提出这四处出土青铜器年代可商榷的地方，如青铜矛，母子墩的Ⅱ、Ⅲ、Ⅳ式矛，和破山口出土的，时代应该不会比春秋中期更早。破山口和母子墩的矢镞，为春秋战国之际所常见。更如烟墩山的龙纹盘，属于春秋中期有铭文可据的中原系统青铜器。当然，这几处出土的宜侯矢簋、伯簋都是西周器。文章不仅以出土的青铜器类型、纹饰做了详尽的比较、分析，尤其对出土的兵器、青铜尊、青铜盘、匜等的时代进行分析，从而证明出土这些青铜器的土墩墓时代不属于西周，而是属于春秋，乃至春秋中晚期。今天来看，又有大量新的资料证明了马承源先生的先见之明，如镦、镈都是东周时代发展起来的，而在烟墩山和母子墩遗存中都有发现。宁镇地区在六合和仁东周墓地也发现了镦。在丹徒北山顶春秋晚期墓中有镦、镈。为什么同一遗存同出土的遗物的时间相距这么大呢？这些情况的出现，不得不使我们重新回到原点，去探索一下问题的症结所在。

重读《江苏丹徒县烟墩山出土的古代青铜器》，它这样报道："1954年6月间，丹徒县龙泉乡下聂村农民聂长保的儿子在烟墩山南麓斜坡上翻山芋地垄沟时，无意间在地表下三分之一公尺的土里掘出一只鼎，他就小心地扩大挖的范围，在三分之二公尺的深度，共掘得铜器十二件，计：鼎一、鬲一、簋二（其中一只是有铭的矢簋），大盘一，小盘一，盉一对，牺觥一对，角状器一对。聂长保把这些东西统统交给当地乡政府，转送丹徒县人民政府送省保管……调查小组于十月十七日到下聂村实地勘查，在调查中并清理了残坑和毗邻住宅的两个小坑。"

四个月过后的结论是，原坑南北宽1.2米，东西长1.3米，深0.44米。这样我们就知道，先"在地表下三分之一公尺"发现的一只鼎和"在三分之二公尺的深度"发现的十二件青铜器的关系是什么。至于用现代考古的标准要求当时的情况，未免太苛求了，但有些问题不得不使我们思索、求证。同为早期出土较多青铜器的遗存都朝着墓葬性质去迎合，去求全。直到1963年，郭沫若先生在对陕西扶风齐家村青铜器群铭文进行考释时提出，在遗存中出土较多青铜器的情况，不仅要考虑是墓葬，也可能是属于窖藏性质。这开拓了对青铜器遗存性质认定的视野。1976年12月，在丹阳县城东面四公里处的司徒公社砖瓦厂发现一批青铜器，有鼎十一、簋七、尊四、盘三、瓿一，共二十六件，最终在调查分析基础上，认为应属于窖藏，时代不晚于春秋早期。

如何来区别墓葬和窖藏？当我们把同一区域内的同一时期的墓葬，如宁镇地区的墓葬、北山顶墓和六合程桥墓，与上述四个遗存对比一下，就可发现端倪，程桥一、二、三号墓，不仅都是竖穴土坑墓，出土的青铜器都是时尚的，其中一部分有铭文的，如一号墓编钟"攻敔钟终月戈之外孙之藏孙"，三号墓匜称"吴王之佳子口公口坪之子"。而北山顶墓出土成套的乐器，如青铜编钟一套十二件，遘邻镈钟五件，遘邻钮钟七件。与烟墩山、母子墩、司徒公社、破山口遗存相比，程桥墓和北山顶墓出土的青铜器时代比较一致，遗存年代也较一致，且合乎时尚。而烟墩山等四处的青铜器群，不仅时代跨度大，种类比较杂乱，没有一定的规律，不成体系，并且摆放的方式随意，没有递嬗关系，不合礼制。

丹阳司徒公社的遗存已经告诉我们，遗存的性质应该是窖藏，而青铜器窖藏的出现，多数是由于战乱引起的。翻阅一下这段历史，楚人东渐，"楚在春秋吞并诸国凡四十有二"（顾栋高《春秋大事表》卷四《楚疆域表》按语）。吴国崛起，《左传·成公七年》："巫臣请使于吴，晋侯许之。吴子寿梦说之。乃通吴于晋。以两之一卒适吴，舍偏两之一焉。与其射御，教吴乘车，教之战陈，教之叛楚。置其子狐庸焉，使为行人于吴。吴始伐楚、伐巢、伐徐。子重奔命。马陵之会，吴入州来。子重自郑奔命。子重、子反于是乎一岁七奔命。蛮夷属于楚者，吴尽取之，是以始大，通吴于上国。"吴楚之战，从此未间断，号称"吴头楚尾"的宁镇地区，也成了吴楚拉锯战的前沿阵地，大量的战利品、盗掘品、掠夺品……这些舶来品，作为财富的象征而被窖藏。另一些诸侯小国受到楚国威逼，纷纷投奔吴国，或联姻，或称臣，吴国则礼遇"他乡之客"，进贡品、馈赠品也随之以另一种形式出现在宁镇地区的遗存中。因此，在吴楚战争的前沿宁镇地区出现的烟墩山、司徒公社、破山口青铜器群，都属于"财富类"窖藏。由于战乱等原因，大量青铜器舶来品作为时代财富的标志"吉金"而被临时仓促埋藏。

那么母子墩青铜器群是否也是窖藏？随着人们对青铜器遗存的不断认识，首先将青铜器窖藏从墓葬中区分开来，对青铜器遗存有墓葬和非墓葬的分类，又将青铜器窖藏区分为财富类、祭祀类、青铜原料类等。如果我们回到原点，重温《江苏丹徒大港母子墩西周铜器墓发掘简报》，就不难看出一二。首先它是人工堆筑的土墩，先是平整基址，先用长、宽、厚约为40×35×30厘米的不规则石块，垒砌成一长610厘米、宽320厘米东西向的长方形石框，内垫60厘米高，其上铺垫一层厚3厘米的草木灰。这就是问题没有交代清楚了，草木灰的形式，应有多种状态，一种为原来就是草木灰，另外是否铺垫了如芦苇、稻草等茎秆植物，两千多年来碳化而成呢？应该说是后者。另在器物底部残有席子的痕迹，说明其上都铺有席子。归纳一下，石框形成之后，内先填土，再有序地铺上成把小捆的芦苇、稻草一类的植物纤维，其上盖席子，形成一个高60厘米的台基，这样祭台就形成了。这些原本是战利品、盗掘品、舶来品的青铜器作为祭品分类放在祭台上，尤其是在其中还发现了残存的一些骨渣和一段长7厘米的肢骨，却不见使用棺椁之类的葬具，这充分说明了这是典型的祭祀台，其中发现的骨殖可以送检，若是人骨就是人祭，若是动物残骨，就是牺牲。所以这里应该是一个东周时期宁镇地区祭祀性质的遗存，可以用之祭天地、山川等。所以上面的土堆，为黄褐土，土质较松，厚140厘米，整个土墩封土纯净，未经夯打。它在宁镇地区的出现，丰富了东周时期宁镇地区青铜器遗存的内涵。

事实上，对任何事物，都有一个渐进的认识过程，如吴县（今苏州吴中区）五峰山烽燧墩出土的青瓷（《吴县五峰山烽燧墩清理简报》，《考古通讯》1955年第四期），由于当时对原始青瓷没有认识，把东周的原始青瓷认为是六朝的，也是很正常的。这里以宜侯夨簋作为一个对象，换一个角度把问题提出来，认为宜侯夨簋是一件舶来品，因为突发事件或战乱所致，和其他共存的舶来品作为"吉金"而被窖藏，埋于烟墩山西坡，至1954年被发现。

## 宁镇地区没有出土过吴国青铜器

我们在《从宜侯夨簋谈起》中，主要陈述了江苏宁镇地区的烟墩山西周墓、母子墩西周墓，应该如同丹徒司徒公社西周窖藏一样，性质都为周代青铜器窖藏，而且这三座窖藏的年代应该为东周，虽然三处遗存中出土了不少西周青铜器，如宜侯夨簋、伯簋，但在每个遗存中，都有东周时期的遗物，所以窖藏的年代无疑应为东周时期。

宁镇地区出土了较多周代青铜器的其他遗存，除上述介绍的三处之外，较为典型的还有六合程桥东周墓地、丹徒青龙山春秋墓、丹徒粮山春秋大墓、丹徒北山顶春秋大墓及丹徒王家山春秋墓。这些遗存的情况又是如何呢？

六合程桥东周墓地，地处长江之北，在南京市六合区程桥镇程桥中学内，1964年6月24日该校开土方挖出马衔、管状车饰、剑、镞等青铜器；26日函告省文管会，发掘工作从7月18日开始至28日结束，属于抢救性发掘。土层填土已经大部分被挖去，有些土层（出土青铜器）已经挖到墓底，因此墓口面貌已无法了解。葬具都已经腐朽，只有西北部残留一片赭色漆皮，东西0.44米、南北0.41米附近有零星的漆皮分布，漆皮下有人牙八枚，人骨已腐朽……另一组人牙发现于坑中部，共十四枚。随葬器物都出现在深2.3米左右的坑底，考古人员正式清理前，挖出的部分器物，根据发现人的回忆，大体复原了位置，在图上用虚线画出，以供参考。而最重要的发现是一批青铜器共五十七件，分食器、乐器、兵器、车马器和工具五类，令人关注的是，编钟九件，形制、花纹皆相同，大小渐次成编……编钟正面均有铭文，多为反文，内容基本相同，最完整的铭文三十七字。铭曰："隹王正月，初吉丁亥，攻敔中（仲）冬（终）朕之外孙，坪之子戕（臧）孙，择氒（厥）吉金，自乍（作）龢钟，子子孙孙，永保是从。"（江苏省文物管理委员会、南京博物院：《江苏六合程桥东周墓》，《考古》1965年第三期）还有刻纹铜器和一件铁器。此墓被破坏后，进行了抢救性清理，对其的认识，当事人主要根据出土的青铜编钟上的铭文有"攻敔"二字，在文章的结语中，认为墓葬时代相当于春秋末期，国别为吴国，墓主身份为贵族，这样在宁镇地区第一座春秋末期的"吴国墓葬"就被确定了。

六合程桥东周二号墓（M2）发现于1968年2月20日，程桥公社长青大队在镇东的陈岗坡地上取土，发现一批青铜器，有鼎、编钟、编镈等，共二十余件。1972年1月22日至25日，南京博物院对出土地点进行清理，又出土了剑、戈、矛等青铜兵器和一些残陶器，可知是一座东周墓。由于M2距离M1仅100米，这次清理在原出土地点又向四面扩展，共42平方米的耕土层下，是质地坚硬的黄胶土，墓葬全貌已不甚清楚。根据墓底白泥和器物分布，可知此墓范围近长方形，东西长5米，西北宽4.5米，墓底离地面1.3米，随葬品如鼎、镈、编钟等铜器都出土在墓坑西南部。从发现此墓葬到清理，相距近四年后的结论又是如何呢？关于墓葬的年代，M2出土的Ⅱ式鼎、编钟、Ⅱ式剑、戈、矛和小方格纹印纹硬陶小罐，在M1中都有出土，于是报告中顺理成章地将时代定为春秋末期，虽未说明国属，但确认是一处值得注意的春秋时代的墓地。（南京博物院：《江苏六合程桥二号东周墓》，《考古》1974年第二期）

三号墓（M3）是1988年1月1日六合程桥中学在建筑施工中于地下发现了一批青铜器，农民工将其中一部分取回家，另一部分砸碎后卖废品收购站。校方得知后积极追缴文物，并电告文保部门，南京市博物馆立即派人赶赴现场，这次发现的铜器地点距离M1西边仅80米，现场被农民工破坏，墓圹与葬式不清。因此处遗存位于程桥一号墓西边80米，定为三号墓，该墓共随葬器物十二件，分青铜器、石器和陶器三类，其中青铜器九件、鼎二件、甗一件、盘一件，并有铭文："工虞大（太）叔口口自乍（作）行盘。"簠一件，有铭文："曾子义行自乍（作）饮簠子孙其永保用之。"匜一件，有铭文："罗儿口口吴王之姓子口公口坪之子睪（择）氒（厥）吉金自乍（作）盥鉈（匜）。"（南京博物院、六合县文教局：《江苏六合程桥东周三号墓》，《东南文化》1991年第一期）还有舟一件、勺一件、剑一件等。虽然M3遭到毁坏，受M1、M2的影响，文章中肯定其为春秋末期的墓葬，也应当属吴国墓葬，但M1、M3又为"吴王外孙"和"吴王之甥"，所以整理执笔者认为此墓是一处特殊的吴国墓地。吴王之甥实际不是吴国之人，而是死后葬于吴国。

事实上，程桥东周墓地都是遭到破坏后于数周或数月甚至若干年后才得到清理、征集，所以如何看待这批遗物的性质，必须慎重考证分析，才可下结论。更之对六合程桥墓的认识也始于吴国墓葬，变为值得注意的春秋时代的墓地，又变为吴王之甥不是吴国之人这样的一个渐进的判断过程。

长江以南的宁镇地区，典型的周代青铜遗存，首选为北山顶春秋大墓，墓葬位于北山顶部，海拔81.6米，为大港——谏壁之间诸山的最高峰，西面青龙山，北临滔滔长江，该墓封土底部南北长32.75米，东西宽32.25米，高5.15米。墓室长5.8米，宽4.5米，深1.35—1.45米，墓道偏墓室，南北长5.8米，宽2.35米，呈刀字形。

（江苏省丹徒考古队：《江苏丹徒北山顶春秋墓发掘报告》，《东南文化》1988年第一期）

磨子顶大墓，坐落于青龙山顶，海拔74米，封土底径长60米，残高8米。此墓凿山为穴，墓室长12米，宽7米，深5.5米，墓前正中有长方形斜坡墓道，长13米，宽4.3米，呈甲字形。粮山二号墓位于粮山顶部，海拔78.3米，封土底径为14米，高4米，封土堆下为人工建成的斗式石穴，穴口东西长11.2—12米，南北宽6.4—7米，底部东西长9.4—9.8米，南北宽5.2—5.9米，深9米，呈口字形。

这三座墓，分别位于北临长江，毗邻相望的北山、青龙山和粮山，墓上都有高大的封土，都有人殉，都出土了大量的青铜器等随葬品，这些共同点，标志着这些墓主人均有一定的身份和地位。有些学者推断它们是春秋各时期的吴王墓，似乎也不无道理。但奇怪之处在于从上述介绍的三座墓葬的墓室形制分别为刀字形、甲字形和口字形，而且墓室形制差异较大，丝毫没有一脉相承之感。如果认定墓主是各代吴王，那么任何诸侯国总有其风俗、典章制度，总有一定的相同嬗递规律，其墓形制各异不得不使人疑窦顿生。

出土馀眜矛的北山顶馀眜墓又如何解释呢？事实上，在东周时期，青铜大墓中就是发现如馀眜矛一样的器物也是常见的，不能说明问题，东周时期列国之间相互利用，或联姻通婚、结盟抗争，或兵戈相见、占地掠物……馈赠品、盗掘品、战利品……在诸侯之间交流十分常见，死后随葬的现象也十分普遍。而对"馀眜"兵器的认识，2015年5月18日苏州博物馆举办了"兵与礼——吴王馀眜剑特展"及其研讨会，并对馀眜铭文隶定，认为馀眜矛是值得商榷的一件兵器。

反之，对墓主的国别和地位的确定，在青铜大墓中应看其主流，也就是青铜器中的礼乐器而不是兵器。在北山顶墓中出土的有铭文的 ![字] 编钟和 ![字] 鼎，都是徐国青铜器，这说明了其墓应为徐国贵族墓，碳-14年代测定为2355±95年，树轮校正后为距今2370年。越灭吴为公元前473年，所以此时正值越国统治时期。是越王礼遇徐国贵族而葬之，是越国统治下的徐国贵族墓葬。而且在墓葬中发现了一批越国典型器，如鸠杖、錞于、丁宁等。

王家山东周墓又如何解释呢？当我们重温《江苏镇江谏壁王家山东周墓》（《文物》1987年第十二期）时，报告中描述墓坑南北宽约3米，东西残宽6米，深约6米，墓内东部为生土二层台，残长3米，宽3米，高1.2米，生土台以西为一方坑，边长约3米，坑内除西南角空敞外其余地方放置了十三件瓮，瓮口皆盖一灰陶盆。瓮内多有谷类、鱼骨、蛤壳、牛骨残迹，那么棺椁置于何处，这能是墓葬吗？

遗存内发现铜器共一百〇二件，包括容器、杂器、乐器、兵器、车器和车饰、生产工具之类。陶器为瓮、盆、纺轮共三十件，而且铜器出土的分布有一定的规律，墓坑的二层台北壁有铜盘、铜削及陶纺轮等，另一组遗物在东侧，主要是铜器，有戟、矛、镞类等兵器和軎、辖等车器和车饰。

从出土遗物的分布，特别是坑内的十三件大瓮的分布来看，此处应该为一窖藏，从其兵器、乐器的放置，可以看出其早期应为一建筑的遗存，是否可以将它作为具有仓廪性质的建筑遗存去探索呢？

总之，宁镇地区周代青铜器研究中出现的宜侯夨簋的"一器定乾坤"，六合程桥东周墓的"一锤定音"，更有北山顶墓的"先入为主，喧宾夺主"等。这一系列的研究方法是值得商榷的。

# 春秋吴爵位考释

吴恩培

**内容提要**：爵位为商周时期天子以下的五等禄爵，即公、侯、伯、子、男。《春秋经》中记载吴君寿梦及其后历代吴君爵位为"吴子"。《史记·吴太伯世家》记载西周初年，吴五世周章受西周朝廷"封之"。后世学者注，太伯被"武王追封为吴伯，故曰吴太伯"。《史记索隐》引《国语》则说："吴本伯爵也。"春秋后期吴国君寿梦时，晋推行"联吴制楚"战略后，吴国与中原列国通好。在吴与中原列国国君晤面的外交场合，《春秋经》记载中原列国国君爵位时，却不记吴国君爵位，且多用模糊吴爵位的"会吴"及"会"、"吴人"等记之。《国语》记载吴国君夫差在黄池盟会与晋争霸时所说的"孤欲守吾先君之班爵，进则不敢，退则不可"，表明了夫差对吴君爵位"吴子"的不满，而这一时期发生的"吴来征百牢"事件，则既反映吴国君夫差以极端形式表现出对吴君爵位排次较后的反弹，同时也表现出他对中原文化及其礼制的不满。

**关键词**：春秋时期　吴国君　爵位　考释

## 一、爵位与《春秋经》记载的诸侯五等爵位

《春秋经》记载诸侯，多以爵位称之。

爵位：爵号，官位。《礼记·礼运》有"合男女，颁爵位，必当年德"之记载。而《尚书·武成》中"列爵惟五"，指的是商代时诸侯爵位分为五等。《礼记·王制》将商、周时诸侯爵位明确为"王者之制禄爵，公、侯、伯、子、男，凡五等"。《孟子·万

章》也记载:"天子一位,公一位,侯一位,伯一位,子男同一位,凡五等也。"

（一）公：鲁国、宋国为"公"爵爵位。《春秋经·隐公四年》记载了鲁国君与宋国君在同一个场合下："夏,公及宋公遇于清。"前一个"公"指鲁国君鲁隐公,后一个"宋公"则指宋国君宋殇公。

（二）侯：齐国、晋国、卫国、陈国等为"侯"爵爵位。《春秋经·隐公三年》："冬十有二月,齐侯、郑伯盟于石门。"《春秋经·僖公五年》："五年,春,晋侯杀其世子申生。"《春秋经·隐公八年》："八年春,宋公、卫侯遇于垂……秋七月庚午,宋公、齐侯、卫侯盟于瓦屋。"《春秋经·桓公二年》："三月,公会齐侯、陈侯、郑伯于稷,以成宋乱。"

（三）伯：秦国、郑国、曹国等为"伯"爵爵位。《春秋经·僖公十五年》："晋侯及秦伯战于韩,获晋侯。"《春秋经·隐公元年》："夏五月,郑伯克段于鄢。"《春秋经·桓公九年》："冬,曹伯使其世子射姑来朝。"

（四）子："子"爵爵位,有黄河流域的邾国、莒国、徐国以及长江流域的楚国、吴国、越国等。《春秋经·庄公十六年》："邾子克卒。"《春秋经·隐公二年》："纪子帛、莒子盟于密。"《春秋经·昭公四年》："四年春王正月,大雨雹。夏,楚子、蔡侯、陈侯、郑伯、许男、徐子、滕子、顿子、胡子、沈子、小邾子、宋世子佐、淮夷会于申。楚人执徐子。"《春秋经·僖公二十一年》："秋,宋公、楚子、陈侯、蔡侯、郑伯、许男、曹伯会于盂。"《春秋经·襄公十二年》："秋九月,吴子乘卒。"

《春秋经》无越国君"越子"记载,唯《左传》记之。《左传·定公十四年》："吴伐越。越子勾践御之,陈于槜李。"

（五）男：许国等为"男"爵爵位。《春秋经·襄公二十六年》："八月,壬午,许男宁卒于楚。冬,楚子、蔡侯、陈侯伐郑。葬许灵公。"此句中"许男宁"为许国君姜宁的"男"爵爵位,"许灵公"则为其死后的谥号。

## 二、爵位与谥号

上文《春秋经·襄公二十六年》关于"许男"的记载中涉及爵位与谥号。如前所述,爵位指的是前述天子以下的五等禄爵;而谥号则是指古代帝王、贵族、大臣、士大夫或其他有地位的人死后,据其生前业绩评定的带有褒贬意义的称号,或亦指按上述情况评定的各种称号。《周礼·春官·大史》:"小丧,赐谥。"《礼记·檀弓下》:"公叔文子卒,其子戍请谥于君曰:'日月有时,将葬矣。请所以易其名者。'"郑玄注:"谥者,行之迹。"

《春秋经·襄公十三年》记载:"秋九月庚辰,楚子审卒。"《左传·襄公十三年》则详细地记载了"楚子审"(楚君熊审)临死前让大臣们为自己评定谥号的过程。楚君熊审生病期间,说起自己十岁丧父,小小年纪便主持国政,也没来得及向老师学习治国的学问便担当了国君。因此缺乏德行,在鄢陵之战中丧师辱国,等等。为此,他要求说,我死了以后,各位把我的灵牌送进祖庙里时,在谥号的选择上,"请为'灵'、'厉'。大夫择焉"。意思是说,我死后,你们用"灵"或"厉"给我作谥号,究竟用哪一个,请你们选择。这两个字都是不好的字眼,即所谓的"恶谥"。杜预《春秋经传集解》释此句说楚君熊审"欲受恶谥以归先君也。乱而不损曰'灵',戮杀不辜曰'厉'"。因此,对这两个"恶谥",楚国臣子们"莫对,及五命乃许",意即谁都不敢开口答应他,直到楚君熊审连续五次命令,大家才勉强地表示同意。熊审去世后,楚国令尹子囊和大家商量给他谥号时,"大夫曰:'君有命矣。'"意思是说,先王已留下遗命了,要我们在"灵"或"厉"中选一个呢!是时,楚国令尹子囊情绪激动地说:"君命以共,若之何毁之?赫赫楚国,而君临之,抚有蛮夷,奄征南海,以属诸夏,而知其过。"意思是说,君王的遗命中,本身就体现了谦恭的美德,怎么能毁掉它?声威赫赫的楚国,靠先王的治理,安抚着蛮夷,大举征伐南海,让他们从属于中原列国,而且先王又知道自己的过错,"可不谓共乎?请谥之'共'。"意思是说,他这样,可以不说是"共"(恭)吗?就请谥先王为"共"。大夫们都听从了他的意见。

故此,《春秋经·襄公十三年》中的"楚子"为楚国君熊审的爵位,而《左传·襄公十三年》中"请谥之'共'",即为故去的楚国君熊审谥号为"楚共王"。同样,《春秋经·昭公三十年》"夏六月庚辰,晋侯去疾卒。秋八月,葬晋顷公"句中,"晋侯"为爵位,"晋顷公"为谥号。

春秋时,吴国君无谥。

## 三、以邾为例看《春秋经》中诸侯爵位的变化

《春秋经》的记载中,周代诸侯的爵位并非一成不变的,而是呈现出动态的变

化过程。谨以毗邻鲁国的邾国为例。《春秋经·隐公元年》记述："三月，公及邾仪父盟于蔑。"而《春秋经·庄公十六年》则记载为："邾子克卒。"

邾国君在鲁隐公元年（前722）时，《春秋经》作"邾仪父"；而在鲁庄公十六年（前678）则拥有了"子"爵爵位，作"邾子"。两处记载的不同与变化，留下了《春秋经》中周代诸侯爵位变化的动态记载。

关于《春秋经·隐公元年》"三月，公及邾仪父盟于蔑"句，《左传·隐公元年》解读曰："三月，公及邾仪父盟于蔑，邾子克也。未王命，故不书爵。曰'仪父'，贵之也。"对此，杜预《春秋经传集解》注曰："王未赐命以为诸侯，其后仪父服事齐桓，以奖王室，王命以为邾子，故庄十六年经书'邾子克卒'。"

孔颖达《正义》疏"王未"至"克卒"句，表达了不同意见，说："庄十三年齐桓会诸国于北杏，邾人在焉。及十六年而书'邾子克卒'，故知由事齐桓乃得王命也。贾、服以为北杏之会时已得王命，盖以北杏之会邾人在列，故谓其已得命也。列与不列在于主会之意，不由有爵与否。襄二十七年宋之盟，齐人请邾，宋人请滕，邾、滕不列于会，故不书邾、滕。襄五年戚之会，穆叔以属鄫为不利，使鄫大夫听命于会，故经书'鄫人'。然则为人私属则不列于会，不为人私属则列于会，不可据列会以否以明有爵。昭四年申之会，淮夷列焉，未必有爵也。邾今无爵，得与鲁盟北杏，会齐何须有爵？庄十五年会于鄄，传曰'齐始霸'，则齐桓为霸自鄄会始耳。北杏之时，诸侯未从，霸功未立，桓尚未有殊勋，仪父何足可纪？且齐桓未有功于王，焉能使王命之？其得王命，必在北杏之后，但未知定是何年耳。"（转引自《春秋左传正义》）

"北杏之会"为春秋时齐国主持的一次诸侯盟会。鲁庄公十二年（前682）"秋八月甲午，宋万弑其君"，即该年秋天，宋国大夫南宫万弑宋闵公。鲁庄公十三年（前681）"春，齐侯、宋人、陈人、蔡人、邾人会于北杏"。齐桓公邀请宋、陈、蔡、邾等国的代表于齐北杏（今山东东阿）相会，商讨平定宋乱事。

故上文孔颖达就"邾仪父"何时得王命的意见是"必在北杏之后"，即在公元前681年后。本文不就此问题（指"邾仪父"得王命的时间）展开论述，但着重说明的是，在鲁隐公元年（前722）时，这位"邾仪父"尚"未王命，故不书爵。曰'仪父'"，而在时隔四十四年后的鲁庄公十六年（前678）他去世时，已拥有了"邾子"的爵位。

## 四、《春秋经》记载的寿梦及其后历代吴国君爵位——"吴子"

《春秋经》中，关于吴国君的最常见方法是以爵位称呼，即称为"吴子"。

按《春秋经》记载的年代顺序，情况如下：

（一）吴十九世国君寿梦（乘）

《春秋经·襄公十二年》："秋九月，吴子乘卒。"

（二）吴二十世国君诸樊（遏）

《春秋经·襄公二十五年》："吴子遏伐楚，门于巢，卒。"

（三）吴二十一世国君馀祭

《春秋经·襄公二十九年》："阍弑吴子馀祭。"

（四）吴二十二世国君馀眜（夷末）

《春秋经·昭公十五年》："十有五年，春，王正月，吴子夷末卒。"

（五）吴二十三世国君僚

《春秋经》无吴国君僚"吴子"记载，唯记吴君僚被弑事。《春秋经·昭公二十七年》："夏四月，吴弑其君僚。"

（六）吴二十四世国君阖闾（亦作阖庐，名光）

《春秋经·定公四年》："蔡侯以吴子及楚人战于柏举，楚师败绩。"

《春秋经·定公十四年》："五月，於越败吴于檇李。吴子光卒。"

（七）吴二十五世国君夫差

《春秋经·哀公十三年》："公会晋侯及吴子于黄池。"

## 五、《史记·吴太伯世家》中的西周初周武王"因而封之"与"吴本伯爵"及春秋时吴夫差"欲守"的"吾先君之班爵"

吴国立国，当追溯到商末太伯、仲雍兄弟南奔至太湖流域并建立勾吴国的史实。据《史记·吴太伯世家》载，商朝末年，西周部落首领古公亶父的长子太伯、次子仲雍奔"荆蛮"后，"文身断发"接着又"自号句（勾）吴。荆蛮义之，从而归之千余家，立为吴太伯"。其后，吴国传至五世周章，"是时周武王克殷，求太伯、仲雍之后，得周章。周章已君吴，因而封之"。因此，西周初年，吴五世周章受西周朝廷

033

"封之"的事实表明，是时吴国已作为与西周王室有着血缘关系的姬姓诸侯国身份为西周王权承认。

然而，周武王"因而封之"，封的是什么？如果是爵位的话，又是什么爵位？

《史记·吴太伯世家》中"吴太伯"句，南朝宋裴骃《史记集解》引韦昭曰："后武王追封为吴伯，故曰吴太伯。"显然，三国孙吴时的韦昭认为周武王时，追"封"太伯为"吴伯"，所以又称之为"吴太伯"。

唐司马贞《史记索隐》引《国语》曰："黄池之会，晋定公使谓吴王夫差曰：'夫命圭有命，固曰吴伯，不曰吴王。'是吴本伯爵也。"

今本《国语》，有"夫命圭有命，固曰吴伯，不曰吴王"句，而无"是吴本伯爵也"句。

《史记索隐》另引范宁解《论语》曰："太者，善大之称；伯者，长也。周太王之元子故曰太伯。称仲雍、季历，皆以字配名，则伯亦是字，又是爵，但其名史籍先阙耳。"

按上述文献，可以看出：西周初年周武王对吴太伯、仲雍后人周章"因而封之"，封的爵位为伯爵，故"吴本伯爵也"，且"伯亦是字，又是爵"。

《国语》记载的夫差在黄池盟会与晋争霸时的一句名言——"孤欲守吾先君之班爵，进则不敢，退则不可"。班爵：班，次也。"班爵"即按不同次第的爵位排列，以示贵贱。《国语·周语上》有"为班爵贵贱以列之"句，即此。然而，"欲守吾先君之班爵"句中，夫差所要"守"的"吾先君"指的是谁？而这位先君的"班爵"或爵位，又是什么？联系黄池盟会上"吴、晋争先。吴人曰：'于周室，我为长。'"（《左传·哀公十三年》）来看，夫差所要"守"的"吾先君"，就是吴国的开国国君、昔日周部落首领古公亶父的长子太伯。而太伯的"班爵"，正如前文所述的为"伯爵"。

退一步讲，夫差"进则不敢，退则不可"的基准点若是放在"子爵"的爵位上，《春秋经》记载夫差前的历代吴国君如诸樊、馀祭、馀眜、阖闾等，均已是记作了"子爵"爵位，也就是当时中原诸国都已认可吴国为"子"爵，且其时也没哪个国家或哪个人提出要将吴爵位从"子"爵退到"男"爵去。一句话，吴为"子"爵并未遇到任何障碍。如果夫差满足于这一爵位（指吴"子爵"爵位），大可不必宣示什么"进则不敢，退则不可"。

因此，夫差"进则不敢，退则不可"的基准点只能是放在吴先君太伯的"伯爵"爵位上。若此，则夫差"进则不敢，退则不可"所表述的意思就成为：吴国是"伯爵"爵位，让我们进到侯爵、公爵的爵位上去，我们不敢；但是让我们从"伯爵"爵位退到"子爵"爵位上来，那也是万万不行的。

前引范宁"伯亦是字，又是爵，但其名史籍先阙耳"之言，范宁为东晋时经学家，可以肯定的是，先秦有关太伯所封伯爵位的文献，至东晋时多已湮灭阙佚，故范宁有此语。然而，距范宁再倒溯近八百年前的吴夫差时期，这些文献或传说或许还存在或流传。否则，很难理解，夫差会发出"孤欲守吾先君之班爵"的壮语了。

## 六、《春秋经》中模糊吴爵位的"会吴"及"会"、"吴人"

由于地理的阻隔，太伯后在相当长的历史时期内，封为"伯爵"的吴国王室，虽为"周之胄裔"但"弃在海滨，不与姬通"（《左传·昭公三十年》），以致在几百年后，当吴国君位传至十九世吴君寿梦时，晋推行"联吴制楚"战略后，吴国才开始再与中原国家相通。可在相关外交活动中，吴国君的爵位称呼，却成了一个说不清、道不明的事。

前文引述《春秋经》中记载吴国君为"吴子"爵位的最早记载为《春秋经·襄公十二年》："秋九月，吴子乘卒。"吴子乘，即十九世吴国君寿梦。这是《春秋经》中第一次记载吴国君的爵位——"子"。此记载与韦昭、《国语》和范宁的说法相比，在公、侯、伯、子、男的五等爵位中，吴国被拉下一个等级，即从"伯爵"变成了"子爵"。

同时，在明确记载"吴子"以前的《春秋经》中，中原诸国国君与吴国君寿梦会面的外交记载并非如惯例记为"会吴子"，而是含糊地以"会吴"记之。

这些记载及分析如下：

（一）《春秋经·成公十五年》："癸丑，公会晋侯、卫侯、郑伯、曹伯、宋世子成、齐国佐、邾人同盟于戚……冬十有一月，叔孙侨如会晋士燮、齐高无咎、宋华元、卫孙林父、郑公子鰌、邾人，会吴于钟离。"

如上可以看出，其他诸国均记国君爵位，而吴国君则以一个"吴"字代之。此次盟会背景，须指出的是：值此六年前的鲁成公九年（前582），晋国为协调与中原诸国的关系,邀请鲁成公和"齐侯、宋公、卫侯、郑伯、曹伯、莒子、杞伯同盟于蒲",但"是行也,将始会吴,吴人不至"。原诸国国君参加的蒲地盟会,原准备作为和吴国君会见的开始,但是吴国人(指吴君寿梦)却没有来。故此,鲁成公十五年(前576)"十一月,会吴于钟离,始通吴也"。诸国代表那年在钟离会见了吴国人,这是中原国家开始和吴国往来。杜预《春秋经传集解》从吴国的角度亦予以评述道:"始于中国接。"本次盟会与会者名单(除吴国和未提姓名的邾人外)如前所述是"叔孙侨如会晋士燮、齐高无咎、宋华元、卫孙林父、郑公子鳅、邾人",比起六年前蒲地盟会的参加者多为国君,此次与会者级别较低。吴国系何人参加,《春秋经》和《左传》均未指说。

（二）《春秋经·襄公五年》:"仲孙蔑、卫孙林父会吴于善道……公会晋侯、宋公、陈侯、卫侯、郑伯、曹伯、莒子、邾子、滕子、薛伯、齐世子光、吴人、鄫人于戚。"

关于此次"会吴"的背景,参阅《左传》的解经文字,可知值此两年前的鲁襄公三年(前570),"六月,公会单顷公及诸侯。己未,同盟于鸡泽。晋侯使荀会逆吴子于淮上,吴子不至"。周王室的代表单顷公和晋、鲁、宋、卫、郑、莒、邾等国国君以及齐国太子会见,并在鸡泽举行盟会。晋侯派了荀会到淮水边上去迎接吴王寿梦,但寿梦没有来。过了两年后的鲁襄公五年(前568),"吴子使寿越如晋,辞不会于鸡泽之故,且请听诸侯之好。晋人将为之合诸侯,使鲁、卫先合吴,且告会期。故孟献子、孙文子会吴于善道"。意指吴王寿梦派寿越到晋国,解释前年没有参加鸡泽盟会的缘故,并且请求听从晋国的号令。晋国打算为吴国的加盟召开一次盟会,并要鲁、卫两国先与吴国进行会面,同时告诉吴国举行盟会的日期。所以鲁国的孟献子和卫国的孙文子在善道会见了吴人。对孟献子和孙文子在善道会见吴人事,杜预《春秋经传集解》直截了当地指出:"二子皆受晋命而行。"于是,这就有了戚地盟会。鲁襄公五年夏天筹备的盟会,到秋天就开了。"九月丙午,盟于戚,会吴,且命戍陈也"。意思是说,九月二十三日,晋、宋、鲁、陈、卫、郑、曹、莒、邾、滕、薛十一国的国君和齐国太子以及吴国、鄫国的代表,在戚地召开盟会。盟会议题,一是"会吴",即完成接纳吴国为反楚联盟成员的民意和组织程序;二是鉴于"楚人讨陈",联盟大会命令各国出兵戍守陈国。

经上述分析可知,《春秋经·襄公五年》中"仲孙蔑、卫孙林父会吴于善道"

句,其中的"吴",可能为"吴子"寿梦,亦可能为"吴子"寿梦的代表。而戚地盟会中的"吴人",从戚地盟会出席的其他诸侯国国君如"公"(鲁国君)、晋侯(晋国君)、宋公(宋国君)等来看,吴国的出席者也当为吴国君寿梦,但此处《春秋经》的记载,却未记为"吴子",而是记作了"吴人"。

（三）《春秋经·襄公十年》:"十年春,公会晋侯、宋公、卫侯、曹伯、莒子、邾子、滕子、薛伯、杞伯、小邾子、齐世子光会吴于柤。"

此次"会吴",《左传·襄公十年》解为:"十年春,会于柤,会吴子寿梦也。"从而明确指出《春秋经·襄公十年》中的"会吴",即是"会吴子寿梦"。

关于本年的"会吴",孔颖达《左传正义》引刘炫"诸侯盟会,会则必自言其爵,盟则自言其名"后议论:"故盟得以名告神,会得以爵书策。吴是东夷之君,未闲诸夏之礼。于此自称为吴,不知以爵告众,故从所称书吴也。""未闲诸夏之礼"句,指地处长江流域的吴国"蛮夷"不懂或不了解黄河流域中原国家的礼制、法度。

由上可以看出,在当时,"会则必自言其爵,盟则自言其名",别的国家的领导人都或有"爵"、或有"名",如上述的"公"(指鲁襄公)、"晋侯"、"宋公"、"卫侯"、"曹伯"、"莒子"、"邾子"、"滕子"、"薛伯"、"杞伯"、"小邾子"以及"齐世子"(齐太子)等,而"未闲诸夏之礼"的"东夷之君"(东方的蛮夷国君),则"不知以爵告众",即在这种外交场合下不知以什么爵位介绍自己,告知众人,于是,在上述史书《春秋经》中模糊地处理成一个"吴"字了。

"自称为吴,不知以爵告众",究竟是怎么回事?是西周初年周武王"因而封之"的吴"伯爵"爵位,因久"不与姬通",故而不被中原列国认可;还是因"吴是东夷之君,未闲诸夏之礼",且国力不强,处蛮夷之地,在被中原列国认为是"蛮夷"的情况下连吴国君亦自卑到当初"因而封之"的吴"伯爵"爵位也说不出口,故"自称为吴,不知以爵告众"了?

不管何种原因,可以肯定的是:鲁襄公十年(前563)召开柤地盟会时,吴国君寿梦竟"不知以爵告众"了。

然而,在两年后的《春秋经·襄公十二年》记载吴国君寿梦过世时,却又记为"吴子乘卒"了。这是《春秋经》、《左传》中第一次记载吴国君的爵位——"子"。至此,我们已无法探究同一部《春秋经》中两处不同记载的变化。但自此以后,历代吴国君在《春秋经》的文献记载中,却有了一个连贯而又一致的爵位——"吴子"。

然而，在这以前的《春秋经》相关记载中，如《春秋经·襄公五年》中的"会"、"吴人"；《春秋经·襄公十年》中的"会吴"等，则大可值得探讨了。若吴本有爵——"子"爵爵位，则《春秋经》中记为"会吴"者，必为撰者刻意回避吴国君的这一爵位。这种刻意回避，又正反映了一种文化的歧视。相比之下，《谷梁传·襄公十年》记载相地盟会时，则直截了当地使用贬义色彩极浓的"会夷狄"了。

若是吴本无爵，则此处的吴爵位变化，是否如前文所说的和邾国一样，诸侯爵位发生了变化。但由于《春秋经》及《左传》的记载阙如，后世已无迹可寻。

## 七、《春秋经》记载吴夫差时的"会吴"及其映现的文化冲突

十九世吴国君寿梦时期，中原诸侯国国君与吴国君的会面在《春秋经》中被模糊地处理成"会吴"，是因为是时被视为"蛮夷"的吴国刚开始崛起，国力不强且尚处上升阶段。

到了寿梦重孙——二十五世吴国君夫差时期，吴国已是"西破强楚，入郢，北威齐晋，显名诸侯"；同时，在寿梦后的七世吴国君中，如前所述也只有夫差这位吴国国君对吴"先君之班爵"提出了要求——"进则不敢，退则不可"。

而在夫差黄池盟会做这一宣示（指"孤欲守吾先君之班爵，进则不敢，退则不可"）之前，记载夫差时期史事的《春秋经》中，依然不断出现模糊而又带有歧视意味的"会吴"。如《春秋经·哀公七年》："夏，公会吴于鄫。"《春秋经·哀公十年》："公会吴伐齐。"《春秋经·哀公十二年》："公会吴于皋鼬。"

与此对照的是，在吴王夫差在黄池盟会上与晋争霸，且取得霸权的《春秋经·哀公十三年》的记载中，才记载了吴国君的爵位，但依然是"子"爵爵位——《春秋经·哀公十三年》："公会晋侯及吴子于黄池。"

掌握着历史记载话语权的鲁国史官——《春秋经》撰者——在留下上述不规范的文字记载背后，既反映着他们强烈的中原文化优势意识，也反映着他们对长江流域"蛮夷"文化的鄙视与排斥，更反映着其时黄河流域的中原文化与长江流域"蛮夷"文化之间的冲突。

以前述《春秋经·哀公七年》"夏，公会吴于鄫"的记载为例，谨做分析，或许

会对《春秋经》撰者的历史话语权处理,同时也对吴国君夫差北进之时的文化心态历程,有更深刻的认识。

前引《春秋经·哀公七年》"夏,公会吴于鄫"句,《左传·哀公七年》解之说:"公会吴于鄫,吴来征百牢。"意谓鲁哀公与吴国君夫差在鄫地会盟,吴国人提出,要以"百牢"级别的规格接待吴国君夫差。所谓"百牢",就是用牛、猪、羊各一百头为享燕品。唐代司马贞《司记索隐》对《史记·孔子世家》中"吴与鲁会缯,征百牢"句加注说:"百牢,牢具一百也。周礼上公九牢,侯伯七牢,子男五牢。"而《周礼·秋官·大行人》上也记载"上公之礼……礼九牢";"诸侯之礼……礼七牢";"诸子……礼五牢"。因此,吴国"子"爵爵位,在周礼规定的诸侯爵位中,只能享受"五牢"的待遇。可吴国人要的却是颠覆性的"百牢"。

夫差何以提出"征百牢"的要求?指导其行为的真正思想又是什么?联系到前引夫差的"欲守吾先君之班爵,进则不敢,退则不可",即夫差要守住先君太伯的伯爵爵位以及"侯伯七牢"的接待尊严,可鲁国却依中原礼制,将吴国放在子爵爵位以及"五牢"的接待规格上。国力强盛的吴国则反弹为"征百牢",并以此向鲁国以及整个中原文化挑衅。

面对吴国的文化挑衅,鲁国尽管想据"礼"拒绝,但惧于吴国恃强加害鲁国"乃与之",即让吴国君夫差享受超级别的"百牢"待遇。《史记·鲁周公世家》记载此事时,还记载了一个细节说,吴"征百牢于鲁,季康子使子贡说吴王及太宰嚭,以礼诎之"。意思是说,鲁国首相季康子等企图以中原文化的礼制来使吴王夫差屈服时,"吴王曰:'我文身,不足责礼。'"意为我夫差是个文身的"蛮夷",你不要用礼制的说教来责难我!

在"吴来征百牢"的背后,可以见到在夫差身上,吴国军事力量强大却始终伴随着在文化领域里的自卑。正是这种自卑情结,使得吴国人踏进中原时,一直自感在周朝姬姓诸侯国中低人一等。前述周礼等级的"公、侯、伯、子、男"及吴国王室的"子"的级别,事实上已将这一时期吴王的地位定在一个较低的级别上。自感"于周室,我为长"的吴夫差显然并不安于这一定位,西周初周武王"因而封之"的吴伯爵爵位,夫差必有所闻且已形成一个固定的看法。而吴国综合国力的强大,使得充满霸气的吴国君臣在对外交往中借军事实力做后盾,以一种极端形式表现出对中原文化及其礼制的不满了。

现存《春秋经》、《左传》等先秦文献，多出自中原国家的史官之手。这些掌握着历史话语权的史官们，出于中原文化的优势意识及其价值观，记载吴国"蛮夷"向中原文化挑战的史料，其目的是为记录"蛮夷"在"夷乱华"中不讲礼制的劣迹。然而，也正是这些记录，为后世留下了那一时期不可多得的不同区域文化互动的珍贵记录。

吴国人提兵访鲁是为求取霸权，而并非为接待规格而来。"征百牢"式的文化挑战表象背后，是吴国国君夫差企图通过这一文化手段迫使别国承认吴国的大国支配地位，同时，也以之作为圈划吴国势力范围、进而求取霸权的政治手段。在这次"征百牢"式的盟会上，吴国就迫使鲁国承认将邾国划入了吴国的势力范围。其后，吴、鲁为邾国而起争执，进而发展到吴国胁迫鲁国联合伐齐，并在艾陵战中打败齐国。在其后的黄池盟会上，吴王夫差与晋侯争而夺取了霸权，从而一步步地实现了吴国北进的战略目标。

《谷梁传·哀公十三年》的评述，将吴国北进争霸与吴国的"子"爵爵位联系起来，曰："黄池之会，吴子进乎哉！遂子矣。吴，夷狄之国也，祝发文身，欲因鲁之礼，因晋之权，而请冠端而袭，其藉于成周，以尊天王，吴进矣。"意思是说，黄池的会见，吴国接近了中原啊！于是乎被称为"子"爵了。吴国，是蛮夷一类的国家，剪短头发、在身上刺刻花纹，却想用鲁国的礼仪，仿效晋国的权威，而请求戴上帽子、穿上礼服来遮蔽身体，向周王室进贡，来尊奉周天子，这说明吴国接近中原了。

上述文字，对吴国"蛮夷"北进中原充满着一种嘲讽口吻。不仅如此，《谷梁传·哀公十三年》还描述了一个充满政治、文化色彩的寓言故事："吴王夫差曰：'好冠来。'孔子曰：'大矣哉，夫差未能言冠而欲冠也。'"

冠者，冕之总名。手拿布帛之类的制品加在人的头上，即"冠"。上述寓言故事的意思是，吴王夫差说："拿来漂亮的帽子。"孔子说："太过分了，夫差不能阐说帽子的等级种类，却想戴帽子。"这里，中原文化代表人物孔子口中所说的"冠"，实际上指的是中原礼制和中原文化。按此，该故事所要表达的情感则是：太过分了！吴国不懂得什么叫"礼"，却想要得到"礼"并装作一副知礼的样子呢！

# 原始图腾崇拜与吴文化发端

陈　益

内容提要：

良渚中期以后，神人兽面纹基本上主宰了玉器的纹饰。统一纹饰的出现，说明已在共同的地域内形成了共同的文化、共同的语言、共同的信仰，表明良渚文化由原始多神崇拜向一神崇拜进化，为早期文明社会一元化意识形态和宗法政治的形成奠定了基础。

泰伯（亦作太伯）奔吴，从生活条件相对优越的国度去往落后贫困地区，并扎下根来，很容易被称颂为"高风亮节"。但依照良渚图腾崇拜推论，不妨以文化认同来解释。缺乏深层次文化认同，泰伯的"高风亮节"是难以持久的。

广袤的江南原野上，耸峙着一个个土墩。宽而厚的堆土层中，隐藏着难以计数的黑皮陶器、石斧、石钺和玉琮、玉璧，几乎每一个土墩中，都有良渚先民祭祀的遗迹。考古学家把人工堆筑的土山称作"中国的土筑金字塔"。土筑金字塔是江南水城的滥觞，吴文化由此发端。

关键词：良渚神徽　泰伯奔吴　文化认同　吴即是鱼

## 良渚神徽的含义

图腾崇拜是一种最原始的宗教形式。"图腾"一词来源于印第安语"totem"，意思为"它的亲属"、"它的标记"。在许多图腾神话中，人们认为自己的祖先来源于某种动物（植物），或者是与某种动物（植物）有亲缘关系。图腾，也可理解为一种文化标志。本文试图从良渚文化时期的原始图腾崇拜，论及吴文化的发端，就教于方家。

我们考察太湖流域众多良渚文化遗址，印象最深刻的，是出土玉器上镌刻的神人兽面纹。1986年浙江余杭反山遗址出土的"玉琮王"，是最具代表性的。青浦福泉山、昆山赵陵山和少卿山、苏州草鞋山和张陵山等遗址出土的玉琮，也有极其相似的纹饰。纹饰上部的神人纹，是根据氏族显贵者的形象塑造的，为人格化的神。头戴宽大的羽冠，冠上羽毛呈放射状排列，脸面呈倒梯形，大口獠牙，双眼有小眼角，鼻子以刻画长条形的鼻翼为特征，双臂平端，肘部下弯，双手五指平伸插在兽面两侧。下部是兽面纹，重圈环眼，眼眶之间有短桥相连，宽鼻阔口，上下各一对獠牙呲于唇外。在兽口两侧有弯曲的两腿，足部呈爪状相对。

这个图案，是良渚人的神徽，是良渚神秘文化的象征。

那么，神徽究竟含有怎样的宗教意义？良渚人究竟在实际存在物上做了怎样的衍化？那兽形又究竟是哪种动物的抽象呢？有专家说是虎，因为张开的口中有两对獠牙，嘴闭合时獠牙恰好紧紧相扣，必是食肉动物无疑。也有专家说是水中之龙——扬子鳄。良渚时期，太湖流域广泛分布的沼泽地，成了扬子鳄繁衍的温床。如果说成群结队的鼠雀骚扰人类，收获季节总是与人抢夺粮食，那么捕食鼠雀的扬子鳄恰恰是人类的保护神。扬子鳄乃水中神物，与良渚时期人们的鱼鸟崇拜是契合的。

昆山赵陵山77号大墓，是一座良渚文化早期墓葬，不仅人体骨架保存良好，葬具有彩绘痕迹，并且出土了丰富的随葬器物，有各式各样的陶器、玉器和石器，仅玉器就有一百二十五件之多。这些随葬品说明，墓主是一位集神权、军权于一身的巫师和军事首领，在当时极有政治和经济地位。

在墓主腰部右侧放置的大石钺钺孔中，放置着一件透雕玉坠。玉坠主体是一个侧身人像，用钻出的圆点表示眼睛；头部戴冠，冠上方有一束高高耸立的羽翎；在脸部右方、平举的手臂之上是一只走兽，前后肢与羽冠相接；而兽头和羽翎两端，是一只浮雕的小鸟，肥身翘尾，嘴喙微微张开，形象十分生动。

这种由人、兽、鸟构成的图案，是原始宗教信仰的产物。人、兽、鸟合一，即天神、地祇、祖先三位一体，是良渚先民天人合一观念的体现。其中的鸟，当视作良渚人的图腾。良渚先民普遍存在崇鸟的习俗。他们从鸟类特别是候鸟的生活习性中，揣摩到节令、时辰、天气等自然界的变化信息，用以指导生产和生活。鸟类有翅膀，能在天空中到处飞翔，具有超人的魔力，让人产生崇敬感。良渚先民把鸟图腾作为氏族的保护神，是毫不奇怪的。四处飞翔的鸟，似乎能自由地与日月接近，他们便认为鸟就是太阳的精灵，神鸟是太阳神的化身。把鸟崇拜和太阳崇拜结合起来，成为良渚时代宗祖神与自然神合并崇拜的重要现象。

这件透雕玉坠将人、兽、鸟合为一体，可破译为巫师和氏族首领借助兽和鸟这些自然之神，上天达地，与神灵沟通，为人们消灾祈福。

良渚文化既崇拜鸟，又崇拜鱼，这已经为学界所公认。很多遗址出土了鸟形和鱼形的玉器，我见到的有上百个品种，它们构图各异，令人叹为观止。除了玉器，还有陶器。《礼记·檀弓》云："夏后氏尚黑。"良渚文化时期盛行黑陶，与夏人尚黑的心理，如出一辙。良渚黑皮陶无论是礼器、祭器，还是生活用具，不仅形态精美，而且擅长以高温烟熏的方式将碳元素与陶土紧密结合。如周庄太师淀遗址出土的一件飞禽纹黑陶贯耳壶，黑色陶衣黝黑闪亮，颈部、腹部浅刻着六十七只飞鸟图形。飞鸟也颇像飞鱼，排列成行，颇有韵律感，线条简洁而形象生动。显然，良渚先民自认为是远古鸟族和鱼族的一支。

良渚人的图腾崇拜，说到底是太湖流域自然环境的产物。试想，五千年以前，长江下游地区只不过是一片荒芜苍凉的沼泽草原，偶尔才见稀疏的森林。良渚人开始种植水稻，兼而捕鱼、狩猎。他们开垦小规模稻田，利用自流井灌溉，文身断发，惨淡经营。可是好不容易获得的成果，既有鼠雀抢食，更有野蛮部落的无理掠夺。于是，他们把莫大的希望寄托在能抵御侵犯的勇者身上，创造了驾驭猛兽的勇者形象，镌上唯独部落首领才能拥有的玉琮，用以祭祀天地。神人兽面纹，不正是我们的先人降龙伏虎、挺立于天地之间的崇高理想的体现吗？

良渚中期以后，神人兽面纹基本上主宰了玉器的纹饰。统一纹饰的出现，说明那个时候已经在共同的地域内形成了共同的文化、共同的语言、共同的信仰，地缘关系代替了亲缘关系。同时，这也表明良渚文化由原始多神崇拜向一神崇拜进化，为早期文明社会一元化意识形态和宗法政治的形成奠定了基础。

## 泰伯奔吴并非为让权

吴国的建立，人们通常认为是从"太伯之奔荆蛮，自号勾吴"开始的。包括《史记》在内的文献记载，吴君自泰伯（太伯）至寿梦一共有十九世，"寿梦立而吴始益大，称王"。但是在泰伯和寿梦之间除了世系，长达五百多年的历史我们找不到可靠的文字记载。近些年，越来越多的考古发现，正促使我们在拓宽思路、转变观念的同时，逐步廓清弥漫于史实之上的团团迷雾。

吴文化，作为一个历史学、考古学或者社会学名词，日益引起人们的关注。一般说来，它的内涵是指商朝末年（公元前十一世纪末）周太王之子泰伯、仲雍奔吴后开始，至春秋末年吴王夫差二十三年（前473）吴国被越国灭亡为止，大约七百年间在吴国范围内的物质和精神文化史。尽管专家们在多年的研究工作中，对吴文化的时间和空间界定有所争论，有一点却是十分明确的，这就是吴文化自泰伯奔吴始。

那么，泰伯和仲雍为什么要不远千里地奔吴呢？

司马迁在《史记》中的解释是，他们为了遵从父王的旨意，将继承权让给弟弟季历，然后再传位给季历的儿子昌。泰伯和仲雍宁可不要王位，而去往几千里以外的荆蛮之地，与当地人一样断发文身、刀耕火种，显示了难能可贵的高风亮节。古往今来，研究吴史、吴文化者都取"让权说"，极少有人提出异议。

然而仔细想想，问题就来了。先从地理空间分析，自黄土高原的岐山到长江以南的太湖，即使是走直线也有三四千里，路途遥远而又坎坷。兄弟二人带上随从，在荒无人烟的崇山峻岭、丛林草莽间踩出一条路来，绝非易事，遇到的困难必然会超出我们的想象。打个比方，假如身后有敌军追来，为求生欲望所驱使，或许会铤而走险，而为仁义道德计，似乎不必刻意历尽艰险，从中国的西北边陲窜奔到东南沿海地区。他们只要在离故乡不远的地方寻找生存之处，便可成全父王和季历了。再看自然环境和风土人情，泰伯他们自幼生活在干旱少雨、刚直粗犷的黄土高原，突然来到温润潮湿、湖荡环绕的太湖流域，水土不服且不说，语言、风俗、宗教和生活方式等，也都有很大差别，他们居然甘心情愿地遵从当地的风俗习惯，与荆蛮人一样，断发文身，以表示再也不回到渭水流域去。在这片荆蛮之地，他们与百姓一起引水入江、种植水稻，并授予礼仪，教化人民，赢得了百姓们的爱戴，被推崇为首领，及至由他们创建了历史上第一个国家——勾吴。这似乎已成为信史。然而，这样的解释是否过于理想化？是否涂抹了太多的王权意识和救世色彩？

黄河中下游地区在一个相当长的时期内，是历代皇朝的统治中心。这一事实却在卷帙浩繁的旧史料中被偷换成了"文化中心"，且是唯一的和固定不变的。由这个"文化中心"单向发出的信息，替代了四面八方、此起彼伏的文化现象。不难看出，司马迁当年正是站在黄河流域是唯一的皇权中心和文化中心的立场，提出泰伯奔吴"让权说"的。

事实上，中国的文明是多元一体的，不仅仅起源于黄河流域，也起源于长江流域、珠江流域、辽河流域……是熠熠闪亮的满天星斗，点燃了文明的曙光。试想，早在六七千年前就能够利用自流井灌溉，种植水稻的吴越先人，为什么要让来自黄土高原以黍稷为食的泰伯和仲雍来教会自己饭稻羹鱼呢？早在五千多年前就人工堆筑大祭台，制作了精美的玉石礼器的吴越先民，又为什么非要他们来做原始的启蒙呢？

泰伯奔吴缘由究竟何在？作为一种文化现象，我不揣冒昧地认为，这是为了寻根，返回先祖的故土。寻根是人类的一种最原始、最本质、最普遍的情感。恰恰是源于血缘的文化认同感，促使他们不辞艰险，长驱数千里，来到先祖曾经生活过的地方——太湖流域，并很快与荆蛮之地的人们融为一体。文化的凝聚力不可低估。

让我们来看看泰伯奔吴时的历史背景。大约在距今三千年前，古公亶父"在周原上筑城郭室屋，以邑为单位居住归附人，改革戎狄旧俗，设立官司，形成一个粗具规模的周国。……经王季文王武王三世继续发展，终于强大到足以翦灭大国商"（《中国通史》第一册）。到了季历继承周太王的权位时，周国渐渐强盛，商王承认季历做西方的霸主，号称西伯。

在太湖流域，当时确是一片荆蛮之地。但是不要忘了，考古实践告诉我们，早在崧泽文化、良渚文化时期，这里已经创造了辉煌的史前文明。尤其是距今五千多年的良渚文化时期，人类的生产、生活的范围已达到相当规模。那时的人们已经不满足于简单的生活方式，开始有了精神生活追求。在此基础上，原始宗教开始萌生，与之相适应的祭坛、巫觋和用玉、石打制的礼器相继问世，甚至还出现了体现思维智慧的原始刻符文字和图腾纹饰。

在距今四千年左右，有着蓬勃生命力的良渚文化突然消亡了。消亡的原因，与自然环境的急剧变化有着深刻联系。连续三次九星地心会聚事件的发生，导致了灾害群发现象。尤其是洪水泛滥、肆虐天下，给先民们筚路蓝缕、苦心经营的生活环境造成了极大的破坏。有许多历史文献对此做过记载。"汤汤洪水方割，荡荡怀山襄陵，浩浩滔天。"（《尚书·尧典》）"当尧之时……洪水横流，泛滥于天下。""禹疏九河，沦济漯而注诸海；决汝、汉，排淮、泗而注之江。然后中国可得而食也。当是时也，禹八年于外，三过其门而不入。"（《孟子·滕文公上》）在连续二三百年间，特大的洪水、持续的严寒，使自然生态严重失衡，这不能不影响到文明初始时期人类的发展。业已高度繁荣的良渚文化，几乎陷入灭顶之灾。

然而祸不单行，在洪水侵袭的同时，战争又降临到先民的头上。《史记·五帝记》中有关于黄帝大战蚩尤的记载："蚩尤作乱不用帝命，于是黄帝乃征师诸侯，与蚩尤战于涿鹿之野，遂擒杀蚩尤。"黄帝与蚩尤的战争进行得异常激烈，黄帝先是五战五不胜，后来与炎帝联合起来，倾尽全力才将蚩尤战败并擒杀之。许多专家认为，古史传说中的蚩尤部落集团，正是创造了良渚文化的吴越先民。黄帝战败蚩尤后，蚩尤部落的成员有很多人当了俘虏。前秦王嘉在他所著的《拾遗记》中说："轩辕去蚩尤之凶，迁其民善者于邹屠之地，迁恶者于有北之乡。"邹屠之地在何处，难以考证，"有北之乡"当指北方高寒地区。二十世纪七十年代，陕北延安碾庄曾经发现一批良渚式玉器，与太湖流域发现的良渚玉器有许多共同之处。有专家说，这很可能就是被黄帝迁往"有北之乡"的蚩尤部落集团的遗民所遗留下来的器物（见纪仲庆《良渚文化的影响与古史传说》，《东南文化》1990年第五期）。

在古史传说神奇的外壳下，包含着的是真实的果实。

良渚先民遭受的打击，无疑是沉重的，尽管当时他们所拥有的文化远比黄帝、炎帝拥有的文化先进。不过，蚩尤部落集团失败后，他们的许多文化因素却顽强地保留了下来，并且影响着中原地区的文化。商周文化中的璧、琮、兽面纹（饕餮纹）以及某些青铜器的形制明显带有良渚文化色彩，就是明证。

文化落后的民族在征服文化先进的民族以后，往往会被先进民族的文化所征服、所融合。类似的例子，在欧洲历史上也能找到。当西罗马帝国摇摇欲坠时，来自北方的日耳曼民族的入侵，加速了它的瓦解。野蛮的日耳曼民族在西罗马帝国的废墟上建立起来的查理曼帝国，日后分裂成德、意、法三国的雏形。日耳曼人中的盎格鲁-撒克逊人入侵不列颠，这就是英国的由来。日耳曼人入侵欧洲前，正处于原始社会向奴隶社会的过渡时期。在入侵的过程中，民族组织迅速分化，并且承袭当地的生产方式，形成封建的大土地所有制。这样，日耳曼人不经奴隶社会而直接进入封建社会。这是人类历史上一个野蛮战胜文明的活例。当然文明并没有因此被扼杀。恰恰相反，新的文明出现。

在良渚文化之后，是马桥文化。马桥文化明显带有文化低落期的特点。它继承了良渚时期的文化面貌，但是没有发展和进步。它无法像良渚文化那样具有强大的扩张优势。而中原商文化因素，却在马桥文化中渐渐呈现出来，不难看出它蓬勃的生命力和渗透力。

至此，泰伯奔吴时太湖流域一带为什么是荆蛮之地，我们就完全可以理解了。从生活条件相对优越的国度去往落后贫困地区，并扎下根来，很容易被称颂为"高风亮节"。但依照良渚图腾崇拜推论，不妨以文化认同来解释。因为，假如缺乏深层次的文化认同，这样的"高风亮节"是难以持久的。

## 吴文化就是鱼文化

如果不是我的妄自揣测，泰伯、仲雍应该是被洪灾和战争所逼迫，不远千里迁往"有北之乡"的蚩尤部落成员的后代。也就是说，他们身上流淌的是良渚先民的热血。尽管迁移到黄土高原、渭水流域已经有近千年的历史，世世代代的良渚人与当地人已经同化，可是太湖之滨这片丰沃而神奇的土地，饭稻羹鱼、丝帛麻纺的日子，被今人称为"中国的土筑金字塔"的人工堆筑大祭台，以及许许多多闪烁着无穷智慧的玉石礼器，在先人们的声口相传中，始终有着难以抗拒的诱惑力。到先辈生活过的地方去开辟一块新的天地，每一个血性男儿都可能产生这样的雄心壮志。泰伯、仲雍没有理由鄙视荆蛮之地，因为他们知道，在大禹治水以前很多年，这里曾经是如何的生机勃勃、繁花似锦。更何况，这里是真正意义上的故土，是他们"根"之所在。他们甘心情愿地历尽艰辛，前来寻根——寻根或许是一个现代的名词，可是用它能解释原始的举动。

考古学家们对黄淮平原龙山文化遗址在文化上的归属，曾经有过争议。他们认为这与当时不同文化系统人群的流动迁徙，有着密不可分的关系。"这种人群的汇集与流徙则与这一地区历史上频频出现的水患息息相关。我们不应忘记'大禹治水'的传说故事，这或许是打开这一地区所谓'混合类型'或'混合文化'之谜的一把钥匙。"（见韩榕《海岱文化区刍议》，《中国考古学论丛》，科学出版社，1993年）

在全国很多地方都流传着"大禹治水"的故事，说明大禹是四面八方的人们共同敬爱的神。故事既形象地勾勒了距今四千年前发生的特大水灾，也表明了各种不同背景文化的交融。泰伯奔吴，与当地的荆蛮人相互交融，并被推举为氏族部落首领，也毫不奇怪。当时的氏族部落首领，在举行宗教活动时是巫师，在遇到部落冲突和战争时是指挥员，平时则领导着生产劳动。不过，要让吴地的人们"义之，从而归之"，并不是一件容易的事。人们不可能平白无故地推举一位"外行"来领导自己。据《左传·哀公七年》记载："太伯端委，以治周礼，仲雍嗣之，断发文身，赢以为饰。"原来泰伯来到吴地后，首先推行的是周朝的那一套礼制，并没有收到预想的效果。后来仲雍做了很大的变易，不仅在外表上断发文身，还起了一个字"孰哉"——吴语中可理解为"熟了"。正是因为他完全与当地人打成一片，融入了当地社会，才受到了人们的拥戴。

泰伯和仲雍在吴地成立了一个小国，"自号勾吴"。勾吴的含义是什么？郭沫若、周国荣、魏嵩山、颜师古等专家、学者做了许多考证，或认为是勾国与吴国的合称，或认为是沿用了先吴族的族号，或说"勾"只是夷语的发声词，或说"勾"是实词，勾、工、攻都是干的音变，勾吴即干地之吴。一时众说纷纭，迄无定见。但我们只要采用文化融合的观点去理解，这个结就容易解开了。起初勾吴只是泰伯和仲雍的自号，但当地的荆蛮人闻知后，义而归之，"共立以为勾吴"（《吴越春秋·吴太伯世家》），这意味着勾吴是一个周人和荆蛮人双方都能接受的词汇。他们找到了一个土著词语，用周地的文字书写，读音和含意都很相近，便很快得以流传——采取这样的办法是最容易得人心的。

勾吴一词究竟如何解释？有专家认为它有勾画鱼纹、文身之意。早在七十年前，史学家卫聚贤先生就曾经从字形、字义、字音三方面，对"鱼"字和"吴"字做过考证。他认为吴字像鱼形，吴和鱼是相通的。吴人把鱼纹刻画在身上，与他们的图腾信仰有关。他们"常在水中，故断其发、文其身，以像龙子，故不见伤害"。当时有许多人说他论据不足。但到了今天，这样的例子便很容易找到了。周庄太师淀遗址出土的一件黑皮陶壶的壶肩上，镂刻着一个原始字符。我们不难看出，那是一副清晰的鱼骨，是一条抽象的鱼。同时它又是一个"吴"字。它确凿地证明，在先民的眼里，吴就是鱼，鱼就是吴。直到今天，在吴方言中，吴和鱼的读音仍然是不容易区分的。

泰伯、仲雍奔吴，在隆重地完成断发文身的仪式后，终于与当地的荆蛮人实现了文化认同。他们建立的以鱼为图腾的勾吴国，被载入史册，成为吴文化（鱼文化）的始端。从中我们不能不看到，任何地域文化都不可能是孤立的，所谓源和流也是相对的。恰恰是在地域辽阔的中华国土上的文化融合，从文明萌发之际就已经开始了，几乎没有任何力量能够将融合的潮流阻挡。

自从1936年杭州西湖博物馆年轻的研究人员施昕更先生在杭州西北郊良渚镇发现了新石器时代遗址，出土了黑衣陶等一批文物，至今已有八十多年。考古专家越来越多的研究发现，在绵延长达一千多年的良渚文化繁荣时期，先民创造的史前文明无比灿烂。既有的奴隶社会史或许将由此被改写。

广袤的江南原野上，耸峙着一个又一个土墩，称为山，却缺乏突兀险峻的山势；称作陵，倒也耐人寻味。这不是地壳变迁的结果，而是人工堆筑，是用最原始的劳动工具和方法筑成的大土堆。那宽而厚的堆土层中，隐藏着难以计数的黑皮陶器、石斧、石钺和玉琮、玉璧，几乎每一个土墩中，都有良渚先民祭祀的遗迹。考古学家把一座座人工堆筑的土山称作"中国的土筑金字塔"。因为无论形状、用途，还是堆筑的年代，它们与埃及的法老在尼罗河畔修建的金字塔，都有着惊人的相似。

这些用于埋葬氏族首领、贵族和平民，也用作祭坛的土筑金字塔，四面环水。先民们是挖取了四周的泥土，堆筑成中间的大祭坛的。这使人想起城池与它的护城河。土筑金字塔四周的河流，在当时确实是发挥着护卫的作用，它成为水做的城墙，构筑了一座水城。手里握有祭祀权、军权和财权的氏族首领，就居住在水城的中央，常常手持玉琮，点燃火种，祭拜苍天，祈求风调雨顺，生活安宁，在河里能捕捉到鱼儿，田里栽种的稻子不受野兽和鸟雀的侵害。

四面环水的土筑金字塔，正是江南水城的滥觞，吴文化由此发端。

# 明末清初"西风东渐"对江南学风的影响

陆 咸

明末清初,在中西文化交流史上,发生了一件大事,就是一批欧洲天主教传教士来中国传教,同时带来了西方的科学技术,包括数学、天文、地理、医学。影响最大的是利玛窦等意大利耶稣教教士。这些教士来到中国,为了传教,一方面他们学习中国文化和生活习惯,以儒生装扮和士大夫阶层接触,同时也把中国的儒家经典翻译成西方文字;另一方面,又把《圣经》和大量西方科学知识翻译传到中国,对中国明清之际的学术思想发展有重大影响。

唐宋以后,随着全国经济中心从中原地区向江南转移,文化中心也开始南移。原来处于中华文化边缘的东南沿海地区的文化,到明清时期,已经成为中华文化的主流。这一时期,江南地区商品经济有大的发展,对文化的转型起了催化作用。历史上,儒家学者主要研究心性道德之类的学说,认为"君子不器",拒绝对工业、农业等实务进行研究。到明代中期,江南地区商品经济发达,要求文化转向,多研究经济方面的实际问题。一些知识分子提出了研究学问要"经世致用",实学思想已经逐渐形成气候,出现了一批研究实务方面的著作,如徐光启的《农政全书》、李时珍的《本草纲目》等。在这一时代背景下,意大利传教士利玛窦等人来到中国传播西方科学文化,也就易为当时中国的一些知识分子(士大夫阶层)所接受。

利玛窦等传教士来到中国的时候,欧洲已经度过了中世纪黑暗时代,近代科学有了起步,而且已经奠定了坚实的基础。欧几里得的《几何原本》已经广泛散布，哥白尼的"日心说"得到了肯定，牛顿的《自然哲学的数学原理》也已经出版。哥伦布发现了美洲大陆，对世界的全貌有了比较全面的认识。利玛窦等传教士带来的欧洲的科学，打开了中国知识分子的眼界。

利玛窦到中国后，先是在澳门、广州等地活动，后来又到北京、南京，和士绅广交朋友。尤其是在南京，结交人士最多，他的住所成为士大夫聚会之处，所谈的除了基督教教义，都是天文、地理、历算等科学知识。中国的知识分子向他吸取外国知识，对比中外学识的差异。利玛窦在中国用汉文出版了大量书籍，一半是宗教方面的内容，如《圣经》等，还有一半是自然科学和人文科学方面的书籍。《圣经》等宗教方面的书籍对中国知识分子也产生了一定的影响，有一些人后来还加入了基督教。但比较起来，那些科学方面的书籍，影响更大。利玛窦和中国的士大夫共同翻译了大批科技方面的书，如由利玛窦口述，徐光启翻译的《几何原本》；利玛窦口述，李之藻翻译的《同文算指》；杨方筠和传教士艾儒略合译的世界地理书籍《职方外纪》等。这些书籍传播的西方的科学知识，对中国的士大夫阶层产生了深远的影响。当然，对西学传入中国，总有一些思想保守的人抗拒，议论纷纷，说这些西学不过是"工匠技艺流"，不符合"君子不器"的中国传统。但一些有识之士不这么认为，他们在努力学习和积极传播西方知识的同时，也引进了西方的科学思想和科学方法，十分重视在学习的基础上有所创造和发明。可以说"西学东渐"引发了当时社会研究科学的热潮，在东南地区表现得格外突出。清代的《畴人传》是一部记录明、清两代科学家名录的书籍，其中有明确籍贯的二百〇一人中，江苏有七十五人（其中苏州一府就有十六人）、浙江四十四人、安徽三十二人、江西十二人。（熊月之《西学东渐与晚清社会》）

明清时期的"西风东渐"，对东南地区文化的影响，表现在以下几个方面：

一、极大地扩大了知识界的眼界。中国古代有许多发明，对人类文明发展做出了重大贡献，如火药、造纸术、指南针、活字印刷等。中国古代在天文、地理上也有重要发现。但在长时期中，由于儒家学说中"君子不器"的影响，知识分子没有把主要精力用在科学研究方面，有许多错误认识牢固地存在于人们的思想中，长期不能得到澄清。如在天文的认识上，长期认为是"天圆地方"；在地理的认识上，认为世界就是"九州"，中国是在世界的中央；在人体的认识上，认为"心是思之官"，对大脑的作用没有认识。经过西方科学知识的传布，大家知道了地球是圆的，是太阳系中的一个星球；知道了中国以外还有四大洋五大洲；知道了人的大脑对人的身体起指挥的作用……当然就大开眼界了。出生于上海的大学者徐光启是翻译西方作品最多的一位。有人批评他说，"君子不器"，何必在这些"工匠技艺"上花大力气。徐光启说："学问原不问精粗，总期有济于世人，亦不问中西，总期不违于天。兹所录者，虽属技艺末务，而实有益于民生日用，国家兴作甚急也。"他毫不畏惧他人议论，积极从事翻译工作。他翻译是为了创新服务，他说："欲求超胜必须会通；会通之前，先须翻译。"他翻译的西方科技书籍最多，《畴人传》中说他的译作"洋洋乎数千万言"，而且是"反复引申，务使其理其法，足以人人通晓而后已"。他是当时引进西方科学知识贡献最大的重要人物。

二、比较中西科技知识，加以融会贯通。当时热情引进西方科学知识的知识分子，对中国古代传统文化都有很深的造诣。他们在学习了西方科学知识以后，一般都能进行中西方科学知识的对比研究，取长补短、融会贯通。出生于浙江仁和（杭州）的李之藻概括了中西在数学方面的差别，他说在加减乘除方面，中西没有不同，"至于奇零分合，特自玄畅，多昔贤未发之旨：盈缩勾股，开方测圜，旧法最难，新译弥捷"。他翻译的数学著作很多，而且在引进地理学、逻辑学方面做了贡献。出生于江苏吴江的王锡阐从小喜爱天文历算，他努力学习西法，每遇天色晴霁，就登屋顶仰察星象，以验证中学和西学的正误，所以他能有所发明和创造。《畴人传》中说他能"考正古法之误而存其是，择取西说之长而去其短"，乃是当时中国最杰出的天文学家。

三、研究学问的动机发生根本变化。中国传统知识分子，研究学问往往空谈"心性"，目的是实现"内圣外王"。宋代以后开始出现"经世致用"思想，就是研究学问要探讨如何能有利于国家和人民。这两者之间有很大不同，但也还没有领会现代科学研究的真谛：即"探索宇宙的奥秘"。西方一些有贡献的大科学家研究学问，如哥白尼、伽利略、牛顿等，大多没有直接的功利目的，而是为了探求客观世界的奥秘，也就是以"求真"为目的。明代后期，中国也出现了这样的学者，如江阴的徐霞客，独行游西南，写出了被称为"天下奇书"的《徐霞客游记》。这是一部生动详尽的地质学调研报告，重在记录山川地貌，特别是对广西、四川、贵州一带的地理，做了详细的考证，完全不同于一般的游记。所以近代地质学家丁文江先生称此书是"舆地之学"。清代人潘次耕为此书作序，指出徐霞客写作此书完全是"无所为而为"。丁文江先生说:"言先生'无所为而为',乃真能知先生者。"(《徐霞客游记序》)潘次耕在序言中还说:"造物者不欲使山川灵异,久秘不宣,故生斯人以揭露之耶。"说明了这一类科学研究的价值就在于揭示了宇宙的奥秘。这样的评论在过去是没有的。又如前面所介绍的天文学家王锡阐,他本人一生贫困,并不是管理天文的官员,只是对天文现象有兴趣,经过长期的考察和推算,形成了新的理念。他所著的《晓庵新法》是一部极有科学价值的天文学书籍。他的研究,完全是用自己的力量,并不借助于官方。他研究天文和徐霞客研究地理,有同样的旨趣。

四、引进了西方研究工作中重视求证和严密的逻辑思维方法,丰富了中国知识分子研究学说的思想方法。"西风东渐"不仅引进了新的知识,也引进了新的思想方法:重证据、讲逻辑。明末清初,黄宗羲、王夫之、顾炎武诸大家的著作中,都重视证据和逻辑推理。顾炎武做到"论一事必举证,尤不以孤证自足,必取之甚博,证备然后自表其所信",开创了一代新的学风。近代著名学者梁启超评论顾炎武"此所用者,皆近世科学的研究法"(《中国近三百年学术史》)。也就是说:顾炎武的方法是西方传入的科学的研究方法。盛行于乾隆、嘉庆年间的吴学(又称朴学、汉学)是当时中国最重要的学派,史称"乾嘉学派"。这一学派继承了顾炎武的方法,现代人熊月之教授曾对这一派的主要人物阎若璩对古文《尚书》的考证做了研究,他发现阎氏"所用的内证、外证的方法,便是演绎法与归纳法。这与西方几何学中的求证颇为类似"。阎氏还把西洋天文历算知识成功地运用到考据学中。他运用西洋天文历算的方法,倒推古代月食日食时分,与古文《尚书》有关文字对照,从而确证此书为后人伪造(熊月之《西学东渐与晚清社会》)。有的学者指出:"乾嘉诸儒,无不通习西法。……然汉学之发展,亦受助于西学,如上述西法之影响,则乃近于事实。"(张维华《明清之际中西关系简史》)

明代后期,中国的科学有很大发展。一些著名的科学著作,如李时珍的《本草纲目》、宋应星的《天工开物》、徐光启的《农政全书》、徐霞客的《徐霞客游记》、王锡阐的《晓庵新法》等一大批在世界科技史上有重要地位的著作,都出现在这一时期,可以说这一时期是中国科学史上又一个黄金时代。到了清代初期,乾嘉学派又表现了严谨的治学作风,为后人树立了治学的榜样,所以近代学者王国维说,"乾嘉之学精"。

西学对明清之际东南地区的学风有如此大的影响，何以到了鸦片战争时期，中国那些士大夫对西方事物，表现得那样昏庸无知呢？我认为原因是多方面的。除了传统的"君子不器"的思想极为牢固，还有就是政治方面的原因。明代末期，那些重视学习西法的人，如顾炎武、王锡阐等，无一不是反清志士。清朝代替明朝以后，他们或隐居起来，或出走他乡，无从在社会上发挥影响。而清朝统治者，虽然当时也接触到西方科学，一些传教士还在清朝宫廷活动过，康熙对学习西方知识也很有兴趣，但他只是作为个人的兴趣，并没有加以传播的意思。他重点考虑的是用理学的那一套，把知识分子的思想禁锢起来；用八股、科举的方法，对汉人士大夫进行怀柔。到了乾隆时期，宫廷中从西方传来的新事物不少，但乾隆只把西方事物如钟表等，当成"玩意儿"，根本想不到它们有什么重要意义。传统的教育制度和科举考试制度更是不利于传播现代科学技术。因此，西方科技在清代虽也还有传播，但只能是少数人的事，难以影响到整个社会层面上来。这是清代中国科技落后于西方的一个重要原因。今天，我们在回顾这一段历史时，不能不感到非常遗憾。

# 苏州话先秦因子探微

柯继承

两千五百多年来，由于各种历史机缘，吴地方言，特别是苏州方言（苏州闲话），保留并活跃着相当数量的先秦时期的词语，其中一些字或词，能在至今遗存的先秦文献中直接找到使用范例，而在今天其他方言或普通话中反而难以寻觅到相应的读音和语义了。这充分证实了尽管苏州方言从来没有停止过变化发展的进程，但它坚持着语言传承，坚持着本初，保留着古代字、语的本义与"出典"。苏州话不仅足资历史学家、语言学家、社会学家予以深入研究，也别具趣味与启示，今试揭十数字（词），以飨关注者。

## 一、"濛濛雨"

苏州人把小而密的雨形容为"濛濛雨"，一作"濛松雨"。这种小雨的雨滴极为微小，是"沾衣欲湿杏花雨"的那种，若有若无，但不经意中，你衣服被淋湿了，头发被淋湿了，路面也被淋湿了。这种雨江南地带多见，即《诗经·豳风》中所谓的"零雨其濛"。

许慎《说文解字》对"濛"的解释就是："濛，微雨也。"《诗集传》云："濛，雨貌。"《大宋重修广韵》作"空濛，小雨"。小雨为什么称"濛"呢？因为就像其他事物初起的那样"蒙幼未大也"。现代汉语中活跃的语言有"雨濛濛"。

例：①啊哎，天勿好哉，落濛松雨哉。②覅小看濛濛雨呵，"小雨莽（网）点子，丠（落）煞老头子"，撑把伞吧。

## 二、"病央央"

苏州人把病人因体虚不想动或懒洋洋、慢吞吞的样子,称作"病央央"。《黄帝内经·灵枢》中"央央然腰脾痛"是它的出处。央,通"殃",《素问·生气通天论》:"味过于辛,筋脉沮驰,精神乃央。"高士宗注:"央作殃……筋脉阻驰,则阴精不濡于筋,神气不充于脉,故精神乃殃。"《无极山碑》中有"来福除央"一语。

这里的"央央"与《诗经·小雅》中的"出车彭彭,旂旐央央"中的"央央"不是同一个概念,《诗经》中的"央央"为"鲜明貌"。

例:①一日到夜病央央格,阿是生仔大毛病哉?②倷去招工啊?神气一点,振作一点,病央央格,啥人要啊!

## 三、"㲺"

苏州人将此字念作"吞",指气味熏得人难受。《大戴礼》:"与小人游,㲺乎如入鲍鱼之次,久而不闻,则与之化矣。"这与孔子所说的"与善人居,如入芝兰之室,久而不闻其香,即与之化矣。与不善人居,如入鲍鱼之肆,久而不闻其臭,亦与之化矣"(《孔子家语》)的意思是一样的。

苏州人将难闻的气味熏得人几乎熬不住,或者味道浓得让人透不过气来,都称作"㲺"。胡文英《吴下方言考》指出"㲺"就是"秽气难闻也。吴中以秽气熏人而不可受曰㲺"。由于"㲺"不是常用字,民间多以"吞"字代替,有时就用现代汉语中的"熏"字表达了。

例:①该格气味忒浓,㲺得我眼泪水也出来了。②该格油有问题,一加热,气味㲺得我只想往外逃。

## 四、"皴"

一写作"皲",苏州话念作"春",原指人皮肤因寒冷干燥而裂开,如:天冷得来,我手背侪(全)皴哉。现代汉语中有"皴裂"一词。

其实,皴字原应写作"龟"。《庄子》:"宋人有善为不龟手之药者。""不龟手之药",大约相当于今日"防裂膏（尿素霜）"之类吧？"手不皲"写作"不龟手"，疑与龟壳有关。早先将龟壳放在火中烤裂，以裂纹卜凶吉，无裂缝，当然就是"不龟"。但龟字作为乌龟与龟壳之义是常用的，皮肤"龟裂"的"龟"与龟壳之"龟"易混，就专造一"皲"字来表达，所以许慎《说文解字》中无"皲"字，到了《说文新附》中才开始出现"皲"字。

例：①看看，倷格手也皲了，快点涂防裂膏吧。②小人抵抗力勿强，天冷，不戴手套，就是不生冻瘃（念作"祝"，苏州话称"冻疮"为"冻瘃"），手也会皲格。

## 五、"密密莽莽"

苏州人把草木长得很密，叫作"莽"，最早见《楚辞·九章·怀沙》篇："滔滔孟夏兮，草木莽莽。"在许慎《说文解字》中，写作"茻"，又常作叠声词为"密密莽莽"（密密猛猛），现代汉语写作"密密麻麻"，引申为又多又密，词义扩大，指密布着许多同一类的事物。

例：①该格草长得忒莽哉。（这种草长得太密啦。）②这块面包上密密莽莽爬满了蚂蚁，还能吃吗？③站在十几层的高楼上，打开窗往外看，广场上密密莽莽立满了人，伊笃（他们）也在看倷。

## 六、"一米米"

苏州话将很少或很小的一点点，叫作"一米米"（又作"一密密"）。这个"米"是米粒的米，形容小，与现在通用的计量单位（长度）"米"，不是一个概念。

《吕氏春秋·先识览第四·察微》："郑公子归生率师伐宋，宋华元率师应之……宋师败绩，华元虏。夫弩机差以米则不发。战，大机也。飨士而忘其御也，将以此败而为虏，岂不宜哉？"故事是说华元在率军抵御敌兵时，对部下所有人都款待好了，就忘了御车的士兵，御车的士兵心怀不满，故意捣乱，结果华元吃了败仗，被俘。故事后的一段短评，说：弩这种射器，使用时要精准，不能粗心，哪怕弩牙相差一个米粒大小，就不能发射。苏州话的"一米米"就是从这段短评中沿用下来的。

例：①倷眼睛不好，该个物事一米米大，倷那亨看得清？（你眼睛不好，这个东西一点点大,你怎能看得清楚?)②就推背一米米,啥事体大惊小怪!(就相差一点点,为什么要大惊小怪!)

## 七、"隐"

苏州人称火熄灭为"隐":火隐脱哉,即火熄灭了。先秦时,隐字就有隐没、熄灭义。《国语·齐语》中有"隐武事,行文道"句。到了南朝梁简文帝《咏栀子花》诗,就明显表示光隐灭、不见之义:"日斜光隐见,风还影合离。"所以顾野王《玉篇·阜部》就干脆说:"隐,不见也,匿也。"《列仙传》中有"赤松子能隐火"句。小说《欢喜冤家》第八回:"往那盛梅水坛中,兜出一碗水,往火炉中一浇,那一缸旺火通浇隐了。"

在民间文学中,又常写作阴、窨、应、映等,取其同音或谐音而已。

例:①《三宝太监西洋记》第八十五回:"把个船舱头上的灯早已打阴了,阴了灯,没有指路的亮。"②《报恩缘》第十二出:"吹窨子灯火,我搭唔困(睡)罢。"

## 八、"断黑"

苏州人将太阳下山后,天色完全变暗,叫作"断黑"。断黑一词是由"黮闇"演变过来的。《庄子·齐物论》:"我与若不能相知也,则人固受黮闇,吾谁使正之?"(我和你都不知道,凡人都有偏见,我们请谁来评判是非?)黮,拼音为dǎn,原有云作黑色、阴暗的意思。而闇字,音义同暗,本身字义可包含在"黮"中,所以黮闇一词指暗昧不明,有所偏蔽的意思。苏州话黮与断近音,而暗与黑近义近音,演变组成"断黑"一词。

例:①《二十年目睹之怪现状》第五十九回:"县大老爷出了告示,今天断黑关闸,没有公事,不准私开的啊!"②《续海上繁华梦》第三集:"直至天光断黑已久,始闻门铃声响,先是醉月楼回来。"③天断黑哉,回转(回家)去吧。

## 九、"柴"

苏州人把过分热心,或出于某种目的而抢在前面关注、干涉某事物、某事件的，叫作"柴"，俗写成"惹"，贬义。如：该格事体与傓吭关，傓柴（惹）勒牵前头，作啥？（这事与你无关，你挤在前面，为什么？）

因为柴字的字义中，作为动词，本来就有堆积、堵塞的意思。《淮南子·道应训》："乃封比干之墓，表商荣之闾，柴箕子之门。"高诱注道："纣死，箕子亡之朝鲜，旧居空，故柴护之也。"

又，《诗经·小雅·车攻》："射夫既同，助我举柴。"《毛诗故训传》："柴，积也。"

所以《庄子·天地》："且夫趣舍声色，以柴其内，皮弁鹬冠，搢笏绅修，以约其外。内支盈于柴栅，外重缰缴，睆睆然在缰缴之中而自以为得，则是罪人交臂历指而虎豹在于囊槛，亦可以为得矣！"（况且好恶声色充塞心中，冠冕服饰拘束体外，内心塞满了栏栅，体外束缚了绳索，眼看在绳索捆缚之中还自以为得意，那么罪人反手被缚，虎豹囚在兽槛里，也可以算作是自得了。）"以柴其内"的柴，就是堵塞的意思，因而后来又有"柴塞"一词。

苏州人把挤在前面，挡在前面，抢在前面，都说作"柴勒前头"；硬出头叫作"柴出来"；介入里面叫"柴勒当中"、"柴勒里厢"；抢在前面十分起劲叫作"柴勒前八尺"。在这个意义上，苏州话又念作"跒"，通常又俗写成茄子的茄（苏州人念作gá），如"柴勒前头"又写作"茄勒前头"；"柴勒前八尺"又写作"茄勒前八尺"。严格地说，按照字义，这个读作"茄"的字应写成"跒"。《字汇补》中存有"跒"字，今《汉语大字典》已收入。

例：①傓啥体柴勒里厢？（你为什么介入其中？）②大人打相打，傓小人跒勒前八尺，要吃生活格！（大人打架，你小孩子起劲抢在前面，怕要挨揍。）

## 十、"肉皵"

苏州人习惯把人指甲附近因干燥、毛糙而叉起的小皮，叫作"肉皵"（皵，苏州人念作"雀"），一般又写作"肉刺"。

"皵"字现存最早见《尔雅·释木》："大而皵，楸；小而皵，榎。"郭璞注为："皮粗皵。"郝懿行《尔雅义疏》："《左传·襄公二年》正义引樊光云：'大，老也，皵，楷皮也，皮老而粗楷者为楸。'"可见"皵"起初是形容树皮粗糙，指翘起的木纤维。后引申为人的皮肤皴裂，也可称皵丝。范寅《越谚》卷中："皵，凡指甲

触起皮及皮触起皆是。"又后来,指无事生非、挑剔,有意识寻找毛病,叫作"扳<br>
敨丝",俗语有"象牙筷上扳敨丝",相当于普通话中的"鸡蛋里面挑骨头"。弹词<br>
《白蛇传·踏勘》（表）："陈彪吃公事饭格,事体犯到俚手里,鸭蛋里要寻骨头,象<br>
牙筷浪扳敨丝格朋友,听闲话都要辨味道。"

例：①伊事体做得蛮好哉,㑚覅再扳敨丝哉。（他事情做得很好了,你就不要再找岔子了。）②扳啥个敨丝,㑚试试看!（找什么岔子,你试试看!）

## 十一、"砉"

苏州人将"砉"读作"笃",起初指以石子掷东西,《周礼·秋官》："掌覆妖鸟之巢。"注："谓以石投击其巢而去之也。"《说文解字·石部》段玉裁注："（砉）从石折声,谓古人以石掷毁物,故从石折会意,而折亦声也。"现泛指手持小物体掷向对方,甚至,丢掉东西,都称"砉"。

例：①㑚格小囡忒蛮皮哉,一有空就拿小石头砉我屋里格狗。（你的孩子太顽皮了,一有空就拿小石子掷我家的狗。）②该格物事呒啥用,砉脱吧。（这东西没什么用处,丢掉吧。）

## 十二、"愎气"

"愎",现俗多写作"别","愎气"常写作"别气"、"惝气"、"憋气",苏州人指人闹情绪、脾气倔强、赌气,叫作"愎气"。最早见于《左传》、《韩非子》等。《左传·哀公二十六年》："君愎而虐"。杜预注："愎,很也"。对于"很"字,《说文解字》解释为"不听从",即乖戾、固执,汉语成语有"刚愎自用",但苏州方言中有词汇"愎气",就被写成"惝气",《吴下方言考》："吴中谓故意倔强曰'惝气'"。另有写作"弊气"："不若别了妻子,图取进步,偏要弊口气,夺这西川节度使的爵位,与他交代,那时看有何颜面见我。"（《石点头》九卷）

例：①㑚愎啥个气,呒不用格。（你愎什么气,没有用的。）②该次,我愎气赤仔脚也要超过伊。（这次,我赌气哪怕赤了脚也要超过他。）③覅愎气,犟到底,苦到死!（不要赌气,倔犟到底,苦头要吃到死。）

# 古吴札记两题

王稼句

## 吴宫寻梦

甪直旧称甫里,在苏州古城东南五十里,吴淞江之南,正当江流环抱处。郑文康《思诚斋记》说:"苏城葑门东去一舍许,有沃壤焉,曰甫里,茂林荫翳,平畴环绕,清江浸其后,室庐数百家,烟火相接。虽古聚落,米粟布帛鱼虾蔬果之饶,过于山川野县,矧无官府轮蹄之轇轕,心目爽豁,民不作伪。自唐天随子肥遁其地,甫里之名,遂闻于天下,不求闻达者,亦多隐其间。"时至如今,那里的风物景象依稀还在,就以水乡古镇作号召,即使不是春秋佳日,也游人如织。

然而在两千五百多年前的春秋后期,那里的水土和聚落情况如何,如今已很难去推想,只知道吴王阖闾(也作阖庐)、夫差曾在那里建造离宫别苑。

阖闾使专诸刺杀吴王僚,篡夺王位,既勤政,又节俭,在诸侯中是有名的。《左传·哀公元年》记子西说:"昔阖庐食不二味,居不重席,室不崇坛,器不彤镂,宫室不观,舟车不饰,衣服财用,择不取费。"然而至其晚年,作风大变,《吴越春秋·阖闾内传》说,阖闾让太子夫差屯兵守楚,"自治宫室,立射台于安里,华池在平昌,南城宫在长乐。阖闾出入游卧,秋冬治于城中,春夏治于城外。治姑苏之台,旦食鲲山,昼游苏台,射于鸥陂,驰于游台,兴乐石城,走犬长洲"。南朝梁任昉《述异记》卷下说:"木兰川在浔阳江中,多木兰树。昔吴王阖闾植木兰于此,用构宫殿也。"槜李之战,阖闾阵亡,夫差继位,《左传·哀公元年》记子西说:"今闻夫差次有台榭陂池焉，宿有妃嫱嫔御焉。一日之行，所欲必成，玩好必从。珍异是聚，观乐是务，视民如雠，而用之日新。"《国语·楚语下》记蓝尹亹对子西说："今吾闻夫差好罢民力以成私好，纵过而翳谏，一夕之宿，台榭陂池必成，六畜玩好必从，夫差先自败也已，焉能败人。"当夫差败越于夫椒后，勾践偕大夫范蠡来吴为质臣三年，夫差释怀放归。勾践回国后，一方面发展生产，另一方面阴谋亡吴，《越绝书·内经九术》甚至具体为文种的"亡吴九术"，其中之一就是"遗之巧匠，使起宫室高台，尽其财，疲其力"。故在阖闾、夫差时代，建造了姑苏台、馆娃宫、南宫、宴宫、长洲苑、水精宫等宫室园囿，几乎都在太湖东岸的山水间，在吴淞江流域今甪直一带，则有阖闾浦、吴宫、梧桐园等，它们的规模如何，建筑构架又如何，文献记载甚略，不但无可考证，即使去做一番想象，也有点脱脱空空。

先说阖闾浦，在陈湖之东。浦者，既是水道，亦指河岸。彭方周《吴郡甫里志》卷十六记道："阖闾浦，即阖闾离宫也，在甫里西南，一名合塘，为苏松水路之要津。"在我想来，当时战争频仍，阖闾在那里驻扎水军，他去巡行视察，也是必然的事，因此后人便称之为阖闾浦。由于地处江乡深处，前去访游的人不多，最早的诗咏，已在元末明初。倪瓒《归阖闾浦》云："极目烟江尽头，屈指摇城渡口。世人不理曲肱，自饷黄鸡白酒。"又《寄卢士行》云："阖闾浦口路依微，笠泽汀边白板扉。照夜风灯人独宿，打窗江雨鹤相依。畏途岂有新知乐，老境空思故里归。拟问桃花泛春水，船头浪暖鳜鱼肥。"虞堪《阖庐浦》亦云："阖庐浦口画船开，兴逐秋潮海上回。霜树露花红窈窕，梵宫仙馆碧崔嵬。南飞越鸟双双过，北带吴山隐隐来。欲把一杯观浩荡，乘风樯舵苦相催。"沧桑变迁，历史无情，哪里还会有一点遗迹。

再说吴宫，当为夫差所建，自乡都制度建立后，那里便是吴宫乡所在。初唐时，卫万来游，吴宫早已灰飞烟灭，他就在相传故址的临水地方，想象吴宫的殿台钟鼓，想象吴宫的珠帘美人，作《吴宫怨》一首，咏道："君不见吴王宫阁临江起，不卷珠帘见江水。晓气晴来双阙间，潮声夜落千门里。勾践城中非旧春，姑苏台下起黄尘。只今惟有西江月，曾照吴王宫里人。"真是吊古情深，语极凄婉，末两句尤其神韵天然，为人称绝，后被李白拿去，写入《苏台览古》。晚唐汶阳人刘沧，曾漫游齐鲁、吴越、荆楚、巴蜀等地，也曾来到这里，有《题吴宫苑》云："吴苑荒凉故国名，吴山月上照江明。残春碧树自留影，半夜子规何处声。芦叶长侵洲渚暗，蘋花开尽水烟平。经过此地千年恨，荏苒东风露色清。"他还有一首《长洲怀古》，长洲即长洲苑,在太湖水东一带。至周武则天万岁通天元年(696),析吴县东隅置长洲县,长洲县与长洲苑并无关系,两者相距至少七八十里。当时甫里隶属长洲县,一个远道而来的旅人,总以为长洲苑在长洲县范围内,便以此为题而作,诗云:"野烧原空尽荻灰,吴王此地有楼台。千年事往人何在,半夜月明潮自来。白鸟影从江树没,清猿声入楚云哀。停车日晚荐蘋藻,风静寒塘花正开。"真含无限伤今吊古之意,眼望寒塘日晚,风犹昔日之风,花犹昔日之花,而楼台终归无有,唯有"野烧空原"而已。金圣叹对这首诗很推重,《贯华堂选批唐才子诗甲集七言律》卷七下评道:"此落手七字最奇,意欲先写'空原'直空到尽情,便只荒荒一点芦荻亦不留存,都付野烧尽烧作灰。夫而后翻手掉笔,焕然点出'吴王'、'楼台'四字,使人读之,别自心眼闪烁,不复作通套沧桑语过目也。"

晚唐陆龟蒙,在甫里钓游终隐,自然关心吴宫的事,策杖漫步于田塍,架艇泛游于河岸,翻读典籍,问询长老,终一无所获,于是作《问吴宫辞》,小序说:"甫里之乡曰吴宫,在长洲苑东南五十里,非夫差所幸之别馆耶?披图籍不见其说,询故老不得其地。其名存,其迹灭,怅然兴怀古之思。"尽管陆龟蒙没有找到吴宫的遗迹,但还是写了一首《吴宫怀古》,诗云:"香径长洲尽棘丛,奢云艳雨只悲风。吴王事事须亡国,未必西施胜六宫。"

至于梧桐园,任昉《述异记》卷下说:"梧桐园在吴宫,本吴王夫差旧园也,一名鸣琴川。"范成大将它记入《吴郡志》时,漏了一个"鸣"字,写成了"琴川",于是就有人认为梧桐园在常熟。

在我想来,如果说梧桐园在甫里,本来只是吴宫的一部分,因古乐府有云:"梧宫秋,吴王愁。"进入情景交融的境界,文化内涵大大增加了,使它从吴宫概念中分离出来,成为一处独立的古迹。

梧桐园是有点故事的,据《吴越春秋·夫差内传》记载,夫差将兴九郡之兵进伐齐国,一日,至姑苏台,白日假寐,做了一个梦,醒来很有点惆怅,便对太宰伯嚭说:"寡人昼卧有梦,觉后惝然怅焉,请占之,得无所忧哉。梦入章明宫,见两鬵(鬲)蒸而不炊,两黑犬嗥以南嗥以北,两鋘殖吾宫墙,流水汤汤,越吾宫堂,后房鼓震簸簸,有锻工,前园横生梧桐。子为寡人占之。"伯嚭回答:"美哉!王之兴师伐齐也。臣闻章者,德锵锵也。明者,破敌声闻,功朗明也。两鬵蒸而不炊者,大王圣德,气有余也。两黑犬嗥以南嗥以北者,四夷已服,朝诸侯也。两鋘殖宫墙者,农夫就成，田夫耕也。汤汤越宫堂者，邻国贡献，财有余也。后房箧箧鼓震有锻工者，宫女悦乐，琴瑟和也。前园横生梧桐者，乐府鼓声也。"夫差听了很开心，但心里还有点不踏实，便召王孙骆来问，王孙骆不肯答，推荐公孙圣。公孙圣对夫差说："臣不言，身名全。言之，必死百段于王前，然忠臣不顾其躯。"便以实言相告："臣闻章者，战不胜，败走偟偟也。明者，去昭昭，就冥冥也。入门见鬵（鬲）蒸而不炊者，大王不得火食也。两黑犬嗥以南嗥以北者，黑者，阴也。北者，匿也。两鋘殖宫墙者，越军入吴国，伐宗庙，掘社稷也。流水汤汤越宫堂者，宫空虚也。后房鼓震箧箧者，坐太息也。前园横生梧桐者，梧桐心空，不为用器，但为盲僮，与死人俱葬也。愿大王按兵修德，无伐于齐，则可销也。"夫差听了果然大怒，将公孙圣缚解蒸山野地，让豺狼噬食，还愤恨地说："豺狼食汝肉，野火烧汝骨，东风数至，飞扬汝骸，骨肉糜烂，何能为声响哉？"

"前园横生梧桐"，乃夫差梦里所见，可见梧桐园是吴宫的前园，既有前园，自然有后园。据《吴越春秋·夫差内传》记载，夫差十四年，即公元前482年，太子友见伍子胥忠而被杀，伯嚭佞而专政，便想劝谏父王。一天，太子友"清旦怀丸持弹，从后园出而来，衣裣履濡"，夫差很奇怪，问他为何浑身都湿透了，太子友回答："适游后园，闻秋蝉之声，往而观之。夫秋蝉登高树，饮清露，随风执挠，长吟悲鸣，自以为安，不知螳螂超枝缘条，曳腰耸距，而稷其形。夫螳螂翕心而进，志在有利，不知黄雀盈绿林，徘徊枝阴，踧跃微进，欲啄螳螂。夫黄雀但知伺螳螂之有味，不知臣挟弹危掷，蹭蹬飞丸而集其背。今臣但虚心志在黄雀，不知空垲其旁，暗忽垲中，陷于深井。臣故裣体濡履，几为大王取笑。"太子友说的，也就是"螳螂捕蝉，黄雀在后"的故事，那是妇孺皆知的。从这故事里，可知道吴宫的后园里，高树参天，绿荫匝地，这为早期园林史研究提供了史料。

前人咏梧桐园，很有一些佳构，如王宾《梧桐园》云："七月交秋未变秋，轻轻一叶下枝头。君王不在当时悟，直到凋残后始愁。"杨基《梧宫夜》云："桐阶白露下，湿萤光炯炯。铜盘烧蜡黄，秋衾梦魂冷。粉泪铅华滴，云鬟秋蝉整。何处玉銮声，芙蓉笑孤影。"高启则仿古乐府，作《梧桐园》云："桐花香，桐叶冷。生宫园，覆宫井。雨滴夜，风惊秋。凤不来，君王愁。"相传梧桐园中还有一口古井，佚名。《甫里志·古迹》记道："琵琶泉，在吴王梧桐园内。"并引闺秀郑允端《题吴宫古井》诗云："吴王废苑千载余，尚有寒泉一掬清。巧匠凿成推引手，断弦牵出辘轳鸣。涓涓多似江州泪，轧轧疑如出塞声。一曲难湔亡国恨，空留古井不胜情。"这应该是后世好事者的附会，苏州不少地方，都有吴王和西施留下的遗迹，琵琶泉也不止一处，据范成大《吴郡志》卷六记载，郡治通判厅，"西有琵琶泉，小丘嵌岩，曰西施洞，皆传为往迹，泉清冽，可酿酒"，那是当不了真的。

相传梧桐园坐落在甫里塘北的枫庄，清人许名崙有《梧桐园吊古并序》，诗序说："甫里枫庄吴宫乡者，实吴王夫差梧桐园故迹也。余尝慨然曰，兹固旧游地耶，何寂寞若斯也，亦能如苎萝村畔尚有石上青苔，堪令凭吊客低徊否。时值九月，偶过其地，第见白云遍野，黄草盈地，牧笛数声，农歌四起。欲问红粉余芬，绮罗剩香，不可复识矣。嗟嗟！物换星移，风流云散。亭台丽景，只绕寒烟；粉黛美人，遂成黄土。昔年歌舞，今日黍禾，世邈人遥，引为陈迹。凄其冷落，鲜有过而问焉，并不若馆娃诸迹，暮鼓晨钟，落花流水，虽梳妆弗再，响屟无声，然犹赫赫在人耳目，咸指之曰，此梳妆亭也，此响屟廊也。睹香径之红兰，盼荒台之绿柳，未免有情，无不为欷歔凭吊而感叹悲歌者。此则沦落荒郊，野老田夫，往来踯躅，安得常邀骚人顾盼乎。"这里固然也是古吴遗迹所在，却遭遇冷落，甚至被人淡忘，自然也是有原因的。

战争就像是个噩梦，当硝烟散尽，金戈铁马远去，这里成了一片废墟，残墙断垣，野草夕阳，只听得秃鹫那凄厉的叫声。

过了许多年，在吴王宫苑的废墟上逐渐有了人家，由于这里是水道汇聚之处，人们从四面八方而来，人家越来越多，当这个聚落铺展到几里方圆时，就被称为甫里。

## 姑苏台考

姑苏台，一作姑胥台，历史上实在太有名了，它不但是春秋吴国具有象征意义的建筑群，而且也是苏州这个地名的由来，隋开皇九年（589）废吴郡，改吴州为苏州，这个"苏"字，即取于此也。

姑苏台起造于何时？按目前掌握的文献，乃吴王阖闾所建，夫差进而增崇廓大。也有说是吴王齐玄时建，李日华《六研斋笔记》卷四说："吴王璧羽，训其子齐玄云：'尔维保太王之统绪，无底失坠，余于地下怀尔勋，从兹以往，尔姑苏我民乎？'于是起姑苏之台以志之，非始筑于夫差也。"齐玄不见《史记·吴太伯世家》所记世系，《吴地记》所记世系有之，与阖闾相差十代，齐玄建姑苏台之说，自然是齐东野语。

姑苏台由阖闾经始，《越绝书·外传记吴地传》说："胥门外有九曲路，阖庐造，以游姑胥之台，以望太湖，中窥百姓。"范成大《吴郡志》卷八引《吴地记》："吴王阖庐十一年起台于姑苏山，因山为名，西南去国三十五里。夫差复高而饰之。越伐吴，遂见焚。"又云："阖庐十年筑，经五年始成，高三百丈，望见三百里，造曲路以登临。"可见姑苏台起建于公元前505年或前504年。

夫差即位后，夫椒一战，大败越国，勾践便开始阴谋沼吴，《越绝书·内经九术》记载了文种提出的"亡吴九术"："一曰尊天地，事鬼神；二曰重财币，以遗其君；三曰贵籴粟稿，以空其邦；四曰遗之好美，以为劳其志；五曰遗之巧匠，使起宫室高台，尽其财，疲其力；六曰遗其谀臣，使之易伐；七曰疆其谏臣，使之自杀；八曰邦家富而备器；九曰坚厉甲兵，以承其弊。"勾践称善，"于是作为策楯，婴以白璧，镂以黄金，类龙蛇而行者，乃使大夫种献之于吴"。夫差大喜，"遂受之而起姑胥台，三年聚财，五年乃成，高见二百里，行路之人，道死尸哭"。此事在《吴越春秋·勾践阴谋外传》中亦有记载，文种说："吴王好起宫室，用工不辍。王选名山神材，奉而献之。"于是勾践使三千人入山伐木，"一夜，天生神木一双，大二十围，长五十寻，阳为文梓，阴为楩柟。巧工施校，制以规绳，雕治圆转，刻削磨砻，分以丹青，错画文章，婴以白璧，镂以黄金，状类龙蛟，文彩生光"。夫差不听伍子胥劝谏，受而起建姑苏台。当时越国运来的木材，绝不止一双神木，建筑工地附近的河道里都被堆满了，木渎之名，即由此而来。《国语·吴语》也记伍子胥谏曰："今王既变鲧、禹之功，而高高下下，以罢民于姑苏。"韦昭注："高高，起台榭；下下，深污池。"从上述记载来看，夫差对姑苏台曾大加改建，甚至可能重新建造了。

夫差十四年，即公元前482年，越伐吴，《国语·吴语》记越人"入其郛，焚其姑苏，徙其大舟"。姑苏台是否真的被焚毁，还是有点疑问的，《史记·越王勾践世家》说："吴师败，越遂复栖吴王于姑苏之山。"《国语·越语下》说："吴师自溃，吴王帅其贤良，与其重禄，以上姑苏。"又说："范蠡不报于王，击鼓兴师以随使者，至于姑苏之宫，不伤越民，遂灭吴。"《越绝书·外传记地传》则记越灭吴后，"徙治姑胥台"。可见越人入吴，即使纵火焚掠，姑苏台并未毁去。直至秦汉时尚存,《越绝书·外传记地传》记秦始皇"因奏(走)吴,上姑苏台"。《史记·河渠书》太史公自述:"上姑苏,望五湖。"以后情状,则不得而知了。至唐人来游,则荒芜已久了,如刘禹锡《姑苏台》云:"故国荒台在,前临震泽波。绮罗随世尽,麋鹿古时多。筑用金锤力,摧因石鼠窠。昔年雕辇路,惟有采樵歌。"

关于姑苏台的记载,两汉时都比较简略,六朝以后不断丰富起来。就小说来说,如任昉《述异记》卷下就说:"吴王夫差筑姑苏之台,三年乃成,周旋诘屈,横亘五里,崇饰土木,殚耗人力。宫妓数千人,上别立春宵宫,为长夜之饮,造千石酒钟。夫差作天池,池中造青龙舟,舟中盛陈妓乐,日与西施为水嬉。吴王于宫中作海灵馆、馆娃阁,铜沟玉槛,宫之楹槛,皆珠玉饰之。"至于咏唱则更多了,以赋体为例,唐任公叔《登姑苏台赋》咏道:"是以疆场日骇,板筑未弭,方五载而厥成,造中天而特起。因累土以台高,宛岳立而山峙,或比象于巫庐之峰,或倒影于沧浪之水。悉人之力,以为美观;厚人之泽,以为侈靡。斯实累卵于九层,夫何见乎三百里。"宋崔鶠《姑苏台赋》咏道:"神材异木,饰巧穷奇,黄金之楹,白璧之楣,龙蛇刻画,灿灿生辉。"元杨维桢《姑苏台赋》则咏道:"远而望之,则上摩苍穹,下压后土,日月蔽亏,山川掩翳,碍晴云以不飞,却垒埃于无际;近而视之,则崇基盘薄,壁立巇峗,白垩涂附,玫瑰杂致,缭周垣以萦回,几历阶而后能至也。于是朱甍宿雾,画栋栖烟,金环铸兽,翠瓦藏鸳,危阑屈曲以依倚,回窗玲珑以骈联。"赋体本来应是"敷陈其事而直言之",但姑苏台是消逝已久的风景,宛在虚无缥缈之中,既没有史实依据,也几乎没有什么故事,只能凭空想象,以音律谐协、对偶精切为工,否则是难成篇章的。

姑苏台究竟坐落何处,前人的探索兴趣甚浓,各自据理力争,至少有三说,一说在姑苏山,一说在茶磨屿,一说在胥山。

姑苏山在尧峰、紫石山之北,为横山北出最西之峰。朱长文《吴郡图经续记》中说:"姑苏山,在吴县西三十五里,连横山之北,或曰姑胥,或曰姑余,其实一也。传言阖闾作姑苏台,一曰夫差也。"《吴郡志》卷十五说:"姑苏山,一名姑胥,一名姑余,连横山之北,古台在其上。"后人亦称胥台山,或称和合山,"和合"乃"吴王"之音讹也。需要说明的是,姑苏山之得名,乃是因有姑苏台的缘故,并非台建于姑苏山而名姑苏台。

茶磨屿在横山东北,又称茶磨山。莫震纂、莫旦增修《石湖志》卷二说:"姑苏台,在横山东麓,下临石湖,即今茶磨山是其遗址,与拜郊台前后相望,故云两台,上皆平夷,俨然台殿之迹。或谓在姑胥山者,恐非。其说有五,《文献通考》云,石湖在太湖之滨,姑苏台下。此一说也。周益公《南归录》云,初吴王筑姑苏前后两台,相距半里,俗云拜郊台,为城三重,遗基俨然,夫差与西施游乐之处,前有越来溪。此二说也。《图经》云,姑胥山连横山之北,古台在其上。此三说也。宋施清臣撰《吴井冽泉亭记》云,横山治平梵刹之旁,两台对峙。又云,山不可移,则两台未泐;地不可改,则一井未湮。此四说也。宋崔鷃《姑苏台赋》云,横山之下有台岿然,越来溪、越王城皆在台之左右。此五说也。范石湖云,淳熙十六年(1189)与客登姑苏台,山顶正平,有坳堂藓石可列坐,相传为吴故宫。所谓山顶正平,石可列坐,正指茶磨山而言。"

以上两说,实质一也。《木渎小志》卷一说:"姑苏台所在,人言人殊,惟宋崔鷃《姑苏台赋》云:'其东吴城,射台巍巍;其西胥山,九曲之迤。'盖是台本在横山绝顶,于左右望适中,由此西下姑胥,东下楞伽,诸峰峦皆得以姑苏统之。但旧道从西上(自夫差庙登山),宋以后游人多自东来(自百花洲登山),微有不同耳。"且看前人的四段记载:一、范成大《重九泛石湖记》,"携壶度石梁,登姑苏后台,跻攀勇往,谢去巾舆筇杖,石棱草滑,皆若飞步。山顶正平,有坳堂藓石,可列坐,相传为吴故宫闲台别馆所在"。二、汪琬《游姑苏台记》,"台阯颇平衍,有方石中穿,俗谓吴王用以竿旌者,其旁石壁直下数十尺,矮松寿藤相盘络,类一二百年物。壁上流泉数处,汇为池,其泉清泓可鉴,池畔皆石坡,土人呼为小赤壁,大率泉石拟虎丘而幽僻胜之"。三、宋荦《游姑苏台记》,"由别港过两小桥,遂抵台下。山高尚不敌虎丘,望之仅一荒阜耳。舍舟乘竹舆,缘山麓而东,稍见村落,竹树森蔚,稻畦相错如绣。山腰小赤壁,水石颇幽,仿佛虎丘剑池,夹道稚松丛棘,蒼葡点缀其间,如残雪,香气扑鼻。时正午,赤日炎歊,从者皆喘汗,予兴愈豪,褰衣贾勇,如猿猱腾踏而上。陟其巅,黄沙平衍,南北十余丈,阔数丈,相传即胥台故址也,颇讶不逮所闻"。四、李根源《吴郡西山访古记》卷一,"土人云,去此二里许和合山半,有姑苏台。至则巨石峭拔,有石池、石壁,皆人工造作,非天然物,台四周隐隐有旧建筑遗迹"。可见只是上山寻访的路径不同,看到的遗址则大致在一个地方。

还有一说,姑苏台在胥山。胥山在太湖胥口上,亦名姑苏山,《吴郡图经续记》中说:"或曰姑苏山,一名胥山。"《水经注·沔水》称胥山"下有九折路,南出太湖,阖闾造,以游姑胥之台,以望太湖也"。金友理《太湖备考》卷二也说:"由诸书观之,曰'望太湖',曰'高见三百里',曰'在县西三十五里',皆与胥山合,姑苏台当在此山。又《渎上编》载顾龙光《皋峰纪略》云:'峰之尾直抵胥口。'吴王游姑苏之台,正此山也。尧峰麓小紫石山亦名姑苏台,然云高见三百里,则必以皋峰为正。按胥山连皋峰,筑台亦必相属。《洞冥记》所云'横亘五里'也,紫石山无此广袤。"皋峰在胥山东南,实相连也。据《木渎小志》卷一记载,民国时山顶尚存"石筑吴王殿基"。再说,胥山下即太湖,《国语·吴语》记越人"焚其姑苏,徙其大舟",大舟当在太湖中,徙大舟与焚姑苏连文,台当近太湖。故韦昭注曰:"姑苏,台名,在吴西,近湖。"顾颉刚《苏州史志笔记补遗》也认为姑苏台应该在胥山一带。

台是春秋战国时期常见的建筑形式,各诸侯国都有建造,如秦有章台、凤台,齐有瑶台、琅琊台、祭台,楚有章华台、云梦台,越有灵台,赵有洪波台、野望台,魏有兰台、文台,燕有黄金台、五花台,韩有望气台等。就台的建筑形式来说,高耸而平整,《尔雅·释宫》称"四方而高曰台";"阇谓之台",郭璞注:"积土四方。"《释名·释宫室》说:"台,持也,筑土坚高,能自胜持也。"起初的台,都为一般建筑台基,夯土筑成,高度也受限制。随着建筑技术的进步,台成为一种高大而独立的建筑,一般呈四方形,上建屋宇,周壁列阶折上。台的形制,今尚可从汉画像砖石上看到。台的作用是多方面的,《三辅黄图》卷五引郑玄注:"天子有灵台者,所以观祲象、察氛祥也。"当然也可以察敌情、赏风景。就当时的建筑意识来说,观阴阳天文之变,应该是台最重要的用途。

春秋战国各诸侯国的所谓台,都不是指单独的高台,而是作为苑囿的一个重要组成部分,因为它高耸于其他建筑、景观之上,具有标志性,这一苑囿就以台来命名,典型的例子有楚国的章华台。章华台为楚灵王行宫,建成于楚灵王六年(前535),比姑苏台早二三十年,今湖北潜山龙湾镇为其中心地带。据考古发现,行宫总面积约一百万平方米,有十三个台基,章华台是其中最壮丽雄伟的建筑。郦道元《水经注·沔水》说:"湖侧有章华台,台高十丈,基广十五丈。左丘明曰,楚筑台于章华之上。韦昭以为章华亦地名也。王与伍举登之,举曰,台高不过望国之氛祥,大不过容宴之俎豆。盖讥其奢而谏其失也。"因其高十丈,登上台顶需要休息三次,故又俗称"三休台"。今龙湾遗址内,尚有放鹰台、荷花池、娘娘坟等地名。

姑苏台的情形也是如此，其规模虽不及章华台，但它的范围绝不止在一座山上。整个姑苏台，由宫殿、楼阁、池沼等组成，如任昉《述异记》所举的春宵宫、天池、海灵馆、馆娃阁等，应该都是有的，是否有这样的名字，则是另一回事。这些建筑和景观散布在连绵着的几座山，上上下下，参差错落，它的外围有山峦、森林、河流，甚至以太湖为障距，形成一个相对封闭的宫苑禁区。

姑苏台在中国园林史上具有重要意义，正如童寯在《江南园林志·沿革》里说的那样，"楚灵王之章华台，吴王夫差之姑苏台，假文王灵台之名，开后世苑囿之渐"。由于年代久远，文献阙失，对姑苏台的研究，确实很不容易进行，但至今尚未正式做过田野考古，历代的记载也未好好梳理，还有着不少可供探索的空间，有兴趣的学者，可以去做更深入的追寻。

# 古城林立

陈　益

二十世纪七十年代末的一天，在南京参加"长江下游新石器时代文化学术讨论会"的一群考古学家，来到浙江良渚遗址参观。大家目睹半个多世纪前考古先辈施昕更先生调查、发掘过的水塘，每个人都感慨良多。在大观山果园的一幢农舍前歇息时，苏秉琦先生突然对人说："我打个不太恰切的比方，假如良渚文化是一个国家，眼前的遗址就是它的首都！"他又说："四千多年前的'杭州'就在这里。西湖边的杭州，是后来逐步搬迁过去的。"

考古发掘证实了苏秉琦的判断。总面积达二百九十多万平方米的良渚古城是一座水城，先后发现了六座水门。占地千亩的果园，是一处作为礼仪之用的巨大建筑，不仅有大片红烧土遗存，还有夯层、夯窝和大型柱洞。学者们惊叹：这里曾经是气势恢宏的原始宫殿！

上海青浦福泉山，是一座人工堆筑的土山遗址，发现了保存良好的崧泽文化和良渚文化墓葬。值得注意的是139号大墓，出土了女性殉葬人和丰富的殉葬品，为研究史前社会等级关系，提供了实物资料。福泉山含有黄褐、灰褐、灰蓝、青灰、黄土等五色土层的文化叠压遗存，被考古学家称为"古上海的历史年表"。显然，象征上海发祥的古城在这里。

嘉兴地区的考古表明，马家浜文化正处于母系社会鼎盛期，以水田稻作农业为主。人们用以加工稻谷的陶杵和拖泥板状的木器，几乎与现在农村所用的拖泥板差不多。采集和渔猎也是谋生的重要手段。猪、水牛和狗成为家畜。狩猎业的发达,带来了骨角器制作的兴旺,骨镖和鱼形刻纹匕首最为精美。穿孔石斧打磨得很光滑。最能代表手工业技术的是纺织品。从出土的碳化纺织物残片分析,纤维原料可能是野生葛,织物为纬起花的螺纹织物,呈山形斜纹和菱形斜纹。

湖州钱山漾遗址,出土了四千二百年前的丝绸织物以及绢片、细丝带、丝线和麻布片、麻绳等。这是迄今为止在中国发现的年代最早的丝织品。尽管年代久远,织物的经纬仍清晰可辨。

或许我们同样可以说,马家浜是嘉兴古城,钱山漾是湖州古城,寺墩则是常州古城。

那么,苏州古城在哪里呢?

众所周知,苏州古城始建于春秋吴阖闾元年(前514),为吴国都城,后世称作"阖闾大城"。但,比这早得多的古城,或许在阳澄湖畔草鞋山。

记得多年前,我接待过一支参与草鞋山遗址考古的日本考古队,与他们有交流。他们由宫崎大学教授藤原宏志和大阪大学、金泽大学的专家组成,获得了日本文部省经费支持。当时,日本通过多种学科的结合,在稻作文化研究上取得了很大成绩。但是所发现的包括东京弥生町遗址在内的一百多处遗址,仅两千年历史,相当于中国的春秋时期。

日本国土由险峻的山地和狭窄的平原构成,气候温暖湿润。这样的风土环境不适合畜牧,却适宜水稻种植。学者们承认,日本的水稻种植,是从一衣带水的中国传过去的。随之传播的,是稻作文化。

绰墩遗址,与草鞋山遗址隔阳澄湖相望。我经历了最初的几次考古发掘。根据出土的玉器、石器、陶器,可以确定为马家浜文化、良渚文化层。大量碳化米,意味着这里在六千年前就开始人工种植水稻。碳化米具有长粒型、椭圆型和中间型多种形态。粒型的大小与野生水稻相差无几,但粒型的变异比野生水稻大得多。不难推测,那时的水稻被人类栽培的时间还不长,处于由野生稻向栽培稻进化的过渡阶段。遗址中,还发现了水产品的遗骸,以及用鱼骨制成的匕形器和饰件。先民们已懂得用石箭镞在河荡中捕杀鱼类,并且将鱼骨加工成工具和装饰品。

饭稻羹鱼之外,还能用稻米酿酒。这比传说中仪狄造酒的历史早得多。江南鱼米之乡,正是由此涂抹清丽的亮色。

城市,是人类栽种在地球上的绚烂的文明之花。在今天城市群领衔于中国经济建设和社会发展的太湖流域，拥有如此星罗棋布的史前古城，令人不能不思考其中的文化渊源。

分布于太湖流域的一座座古城，大多在良渚文化时期创始，年代相近于尼罗河畔的埃及金字塔，不过是用泥土修筑的，而不是石砌的，被考古学家称为"中国的土筑金字塔"。昆山赵陵山遗址，是一座规模超过福泉山的人工堆筑的大祭坛。考古发现，当时采用了玉殓葬和殉人制度，墓葬出现可清楚区分的等级，意味着贫富分化日趋明显，显贵阶层已凌驾于一般氏族成员之上，原始氏族也濒临解体，文明正顽强地吐露曙光。

赵陵山遗址发现了大量集体杀殉现象，殉人有的身首分离，有的双腿呈捆绑状，半数下体被砍去，人体骨架旁找不到任何随葬品。这种明显的殉葬现象，在我国良渚文化遗址中十分罕见。教科书上说，我国奴隶社会的始端，是在公元前二十一世纪的夏朝，距今约四千年。而经碳-14鉴定，这批殉人距今已有五千年，也就是说，作为奴隶社会标志之一的杀殉，最早出现在五千年前而不是四千年前。据此，教科书上的观点有可能被改写。

赵陵山遗址出土的大量陶器中，有多件镂刻着精美的纹饰，其中最耐人寻味的是镌刻在56号墓出土的一件陶盖上的图案。陶盖为细灰泥陶，表面曾经被打磨过，刻上图案，填以红色。所镌刻的图案造型精美，布局均衡，意象神圣。刻纹流畅细腻，有的甚至比头发丝还细，在高倍放大镜下能分辨出刀锋的犀利。有专家将它称作"赵陵山族徽"，也称之为"源极图"——太极图的胎形。图案既非中心对称，又非中轴对称。以上下、左右以及对角看它，处处均衡，颇有《河图》、《洛书》之妙。所以，以它作图案的纪念良渚文化发现六十周年论文集，书名为《东方文明之光》。

良渚古城究竟是怎样修筑的呢？我们不妨依据遗址和出土文物，阖目想象。先人们先是围绕居住地的中心部位开挖出一条环形河道，将河道中掘出的泥土堆筑祭坛；接着在居住地外围又挖出一条环形河，泥土继续运到中央，增高祭坛，堆筑墓地；再在内河和外河之间开挖许多小河道，将泥土加固墓地。当时有一些自然河道被利用了，主要河道却是人工开挖的。一个太湖流域最早的水城，就这样形成了。内河与外河分别包围的，当是子城和大城。大城内建有子城。中国古城特有的模式，滥觞于此。

那个年代，不断发生的战争和债务，改变着人与人的原始平等关系，很多人渐渐沦为奴隶。随着手工业的发展和农业的兴旺，贫富差异越来越大。为了争夺更多的财富，氏族之间经常出现掠夺性的战争。植根于部落、凌驾于联盟之上的社会组织及相应的管理机构，开始统治社会。人们不仅制作精美玉器，作为礼器和法器，还堆筑众多祭坛，祭祀天地、祖先。正是在这样的背景下，城应运而生。

《左传·成公十三年》曰："国之大事，在祀与戎。"祀与戎，象征着国家功能。所谓祀，就是宗教，就是观念，就是精神统治。所谓戎，就是军队，就是对外征战，对内镇压。良渚大型祭坛是祭祀的场所，深阔的护城河，无疑是卫戍所需。

当然，那时候的古国与后世帝王扩张统一、封邦建国有很大区别。良渚时期，一国仅有一城，一城即是一国。"古城·古国"的课题，最初也是苏秉琦先生提出来的。他认为，所谓古国是指"高于氏族部落的、稳定的、独立的政治实体"。

这位思想极其深邃而敏捷的历史学家，以"满天星斗"四个字，生动地描绘了文明之火在九百六十万平方公里的中华大地上星星点点地燃起，蔚成燎原之势的动人情景。从早期古国，到方国，再到多源一统的中华帝国，这是中国特有的国家发展之路。而两千多年前的秦始皇统一大业和秦汉帝国的形成，终于使"普天之下，莫非王土，率土之滨，莫非王臣"的理想变成了现实。

# 苏州地区的吴氏家谱与家族

吴建华

**内容提要**：依据《中国家谱总目》统计可知，收录现今苏州地区的吴氏家谱共有三十部，大约可分为十九个支派，其中以苏州原吴县、长洲为最多，而且居于太湖之岛的吴氏有四支，因为避难、隐居而迁居。这些家族的来迁时间，除了古吴国与久居苏州的土著，宋、元、明、清时期都有。而其始祖，则既有源于泰伯、仲雍、诸樊、季子的姬姓吴氏，也有自奉可知的始迁祖的分支，更有始祖以及祖居地不明确的分支。按其来迁地方，有延陵、镇江的，有中原河南的，也有邻近的歙县的。汇聚在苏州地区的吴氏家族为传播吴氏文化、吴文化以及促进苏州地区社会发展做出了贡献。

**关键词**：吴氏　家谱　家族　苏州地区　吴氏文化　吴文化

《中国家谱总目》[1]收录截至2005年，现今苏州地区七百一十八部家谱及家谱资料，约占《中国家谱总目》收录家谱总数五万二千四百〇一种的百分之一点三七。其中苏州三百九十五部、常熟一百三十五部、张家港一部、吴江九十八部、昆山五十四部、太仓三十五部。汰除苏州、常熟、昆山重复各一部，实得七百一十五部。[2]

## 一、苏州地区的吴氏家谱

按照区域，已见现存苏州地区的吴氏家谱分布如下：

（一）苏州二十一部

《吴氏家谱》不分卷、《洞庭吴氏家谱》六卷、《洞庭吴氏族谱》不分卷、《武山西金村吴氏世谱》不分卷、《吴氏世谱》不分卷、《吴氏支谱》十二卷首一卷、《吴氏支谱》十二卷首一卷、《吴氏支谱》不分卷、《洞泾吴氏支谱》不分卷、《延陵吴氏宗谱》六卷首一卷、《皋庑吴氏家乘》四卷、《皋庑吴氏家乘》六卷、《皋庑吴氏家乘》十卷、《皋庑吴氏石斋公支谱》二卷、《延陵（吴氏）谱略》四帙、《延陵吴氏族谱》三卷、《洞庭明月湾吴氏世谱》六卷、《洞庭明月湾吴氏世谱》六卷、《吴氏宗谱》不分卷、《吴氏家谱》不分卷、《（吴氏）至德志》十卷首一卷附录一卷。

（二）常熟、张家港三部

《新修丹阳分常熟吴氏支谱》六卷、《新修丹阳分常熟吴氏支谱》六卷、《海虞城东吴氏支谱》不分卷。

（三）吴江四部

《吴江吴氏族谱》三十五卷、《吴氏家谱》不分卷、《吴江吴氏家乘》不分卷、《吴江吴氏家谱浅释》。

（四）昆山一部

《徽州吴氏迁昆支谱》不分卷。

（五）太仓一部

《（吴氏）莱阳分支太仓延陵宗谱》十八卷首一卷末一卷。

苏州地区现存家谱的数量，从姓氏来看，以王姓五十部居首，其余依次是陆氏三十四部，徐氏三十三部，吴氏三十部，顾氏、钱氏二十六部。[3]吴氏家谱数量排在苏州地区第四位，还是较多的，这与他是吴地世族的延续修谱密切相关。并且，吴氏家谱使用极为专门的名称，如吴氏至德志，表明是很有特色的文化家族。

现存的苏州地区家谱明版仅有四部，其中就有吴氏的，即《洞庭（翁巷）吴氏家谱》不分卷，吴受福等纂修，明崇祯间刻本，一册。

此外，吴氏家谱多为木刻本、木活字本、石印本等。如苏州《吴氏宗谱》不分卷，吴仕能等纂修，清同治十年（1871）延陵堂石印本。

## 二、苏州地区的吴氏家族

以上苏州地区的吴氏家谱大约可以归并成以下家族分支：

（一）苏州吴氏十二支

苏州现见三百九十四部（除重复一部）家谱与家谱资料，大约有二百二十一个家族，其中吴氏二十一部家谱十二支。

1. 洞庭（翁巷）吴氏。始祖季札。季札孙婪，为避祸改姓濮，隐居洞庭东山。历世至南宋高宗，有百生（字承荣）请于朝，开始复姓吴。百生三传至泽（号宣教），生安、宁、昌、盛四子，别为四派。至元代，裔孙通海（字德懋）为翁巷吴氏始迁祖。后裔有迁居浙江湖州的。清人吴定璋出于此族。

2. 武山西金村吴氏。始迁祖啸麓，行六，南宋恭宗德祐间避兵，自苏州郡城盘门徙居武山西金村。明进士吴惠出于此族。

3. 洞泾吴氏。始迁祖璇，明中叶人，字廷贵，号感椿，又号闲可，原姓沈，因出继舅氏而改姓吴。清堂房叔侄状元吴廷琛、吴钟骏出自此族。

4. 延陵吴氏。

5. 皋庑吴氏。始迁祖敏学，字彦行，号朴林，先世歙县人，明成化进士，官苏州府学教授，因而卜居金阊至德庙东皋桥里。

6. 皋庑吴氏石斋公支。始祖维梁，字建南，号石斋，清乾隆、嘉庆间人。此为皋庑吴氏的分支。

7. 白沙古柏延陵吴氏。始迁祖谦，行七，南宋初避兵，自中原迁居太湖洞庭东山白沙里，以墓旁有古柏，遂称古柏吴氏。

8. 延陵吴氏。

9. 洞庭明月湾吴氏。始迁祖咸，原名挺，字韫和，号雅然，世居于蜀，南宋宁宗嘉泰初迁居常州晋陵县，不久再迁太湖洞庭东山明月湾。

10. （延陵堂）吴氏。始祖樊，春秋时人。

11. 吴氏。始迁祖原，字叔本，宋人。始迁祖造，字立文，宋人。

12. 吴氏至德志。汉代起直接奉祀泰伯、仲雍。

其中居住洞庭东山的吴氏二支、西山的吴氏一支、武山的吴氏一支，均在太湖之中，反映湖中诸岛作为隐居之地对吴氏族人深有魅力。

（二）常熟、张家港吴氏二支

现今常熟存有一百三十四部（除重复一部）家谱与家谱资料，大约可分七十三个家族。张家港存有一部家谱，一个家族。其中，吴氏三部家谱二支。

13. 丹阳分常熟吴氏支。始祖文初，宋代人。始迁祖骥，行三，明人。

14. 海虞城东吴氏支。始迁祖家栋，字敬溪，明人。

（三）吴江吴氏三支

现今吴江存有九十八部家谱与家谱资料，大约可分为六十个家族，其中吴氏四部三支。

15. 吴江吴氏。相传先祖千一，从宋南渡吴江。该族奉第十五世明朝中叶人璋（世称全孝翁）为始祖。璋之子洪，号立斋，南京刑部尚书。洪之子山，号讱庵，刑部尚书。明吴洪、吴山、吴邦桢、吴昌时、吴易，清吴舒帷、吴仁杰、吴兆骞皆出于此族。

16. 吴氏。始迁祖甘，字甘翁，元人。

17. 吴氏。

（四）昆山吴氏一支

现今昆山存有五十三部（除重复一部）家谱与家谱资料，大约可分三十八个家族，其中吴氏一部一支。

18. 徽州吴氏迁昆支。始迁祖源寿，字颂三，号泽仁，清人。

（五）太仓吴氏一支

现今太仓见有三十五部家谱与家谱资料，大约可分二十五个家族，其中吴氏一部一支。

19. 延陵吴氏莱阳分支太仓（湖川乡）。始迁祖庆，字安礼，行三，南宋时自句容徙居昆山湖川乡，其地后改属太仓。

## 三、苏州地区吴氏家族来居的时间

以上可见苏州地区家谱的吴氏分支，将始祖直接追溯古吴国的吴氏分支，共三支。

（一）吴氏至德志。汉代起奉祀姬姓泰伯、仲雍。

（二）（延陵堂）吴氏。奉祀始祖为春秋时吴王诸樊，季札之兄。

（三）洞庭（翁巷）吴氏。奉祀始祖为季札。季札孙娶，为避祸改姓濮，隐居洞庭东山。南宋高宗时复姓吴。

将始祖追溯南宋或宋代的吴氏分支，共七支，为最多。

（四）白沙古柏延陵吴氏。南宋初避兵自中原来迁。

（五）洞庭明月湾吴氏。南宋宁宗嘉泰间，初迁常州晋陵县，不久再迁洞庭东山。

（六）武山西金村吴氏。南宋恭宗德祐间避兵，自苏州郡城盘门徙居。

（七）吴江吴氏。相传先祖从宋南渡吴江。

（八）延陵吴氏莱阳分支太仓（湖川乡）。南宋时自句容徙居昆山湖川乡，后属太仓。

（九）吴氏。始迁祖宋人。

（十）丹阳分常熟吴氏支。始祖宋人。始迁祖明人。

将始祖追溯元代的吴氏分支，共一支。

（十一）吴氏。始迁祖元代人。

将始祖追溯明代的吴氏分支，共三支。

（十二）海虞城东吴氏支。始迁祖明人。

（十三）洞泾吴氏。始迁祖明中叶人。

（十四）皋庑吴氏。始迁祖明成化进士。

将始祖追溯清代的吴氏分支，共二支。

（十五）皋庑吴氏石斋公支。始祖清乾隆、嘉庆间人。

（十六）徽州吴氏迁昆支。始迁祖清代人。

（十七）（十八）自称延陵（季子）吴氏，不详何时何处的吴氏分支，共二支。

（十九）只称吴氏，不详何时何处何始祖的吴氏分支，有一支。

## 四、苏州地区吴氏家族的来源地

按照崇奉吴氏始祖的地域，可以分成以下几类：

（一）土著苏州的吴氏，共五支。

1. 吴氏至德志。汉代延续至今。

2.（延陵堂）吴氏。始祖诸樊，春秋时人。

3. 洞庭（翁巷）吴氏。始祖季札。

较早居住苏州的吴氏，共二支。

4. 武山西金村吴氏。自苏州郡城盘门徙居武山西金村。

5. 洞泾吴氏。原姓沈，因出继舅氏而改姓吴。

（二）中原来的吴氏，共二支。

6. 白沙古柏延陵吴氏。

7. 吴江吴氏。

（三）常州来的吴氏，一支。

8. 洞庭明月湾吴氏。

（四）镇江来的吴氏，二支。

9. 延陵吴氏莱阳分支太仓（湖川乡）。自句容徙居昆山湖川乡，后属太仓。

10. 丹阳分常熟吴氏支。

（五）来自安徽歙县的吴氏，共三支，实际二支。

11. 皋庑吴氏。先世歙县人，因官卜居皋桥。

12. 皋庑吴氏石斋公支。清乾隆、嘉庆间皋庑吴氏的分支。

13. 徽州吴氏迁昆支。始迁祖清人。

（六）自称延陵（季子）吴氏，不详何时何处的吴氏分支，共二支。

14. 延陵吴氏。

15. 延陵吴氏。

可以肯定，上述汇聚在苏州地区的吴氏家族为传播吴氏文化、吴文化以及促进苏州地区社会发展做出了贡献，他们的家谱包含丰富的资料和生动的故事，值得开发研究。当然，这些苏州地区吴氏家谱与家族的情况，仅仅依据目前调查到的公藏文献资料进行考察，至于私藏或隐而不见的家谱肯定还有，有待继续发掘，而且这些家族的分布与分支的落实还有待检验，这里只是抛砖引玉，做个基本情况的梳理。不当之处，敬请方家指正商榷。

**主要参考文献：**

[1] 上海图书馆编，王鹤鸣主编：《中国家谱总目》（10册），上海古籍出版社

2008年版。

［2］详见吴建华、董玲：《苏州地区的家谱——基于〈中国家谱总目〉的统计分析》，《江南社会历史评论》第三期，商务印书馆2011年。

［3］详见吴建华、董玲：《苏州地区的家谱——基于〈中国家谱总目〉的统计分析》，《江南社会历史评论》第三期，商务印书馆2011年。下文所引数据均同此。

# 吴大衡的历史记忆

胡伯诚

光绪十五年（1889）注定是个多事之年。七月二十七日，农历处暑。江南下了一天的雨，时作时止。农谚以处暑日下雨为苦雨，稻苗被处暑雨水浸灌后，米粒就难以长足。所以，处暑下雨万家愁。

新任江苏巡抚刚毅是八月二十五日到任的。从这天开始，苏州又下雨，令人没想到的是，这场雨连续下了三十四天。官府开始祈晴，由苏州知府率三首县，开始在太阳祠，后来升格，转至郡庙，再升格至沧浪亭设坛，折腾了将近一个月，雨依然没有停的意思，祈晴再度升格，由江苏巡抚率江苏按察使、苏松粮巡道、苏州知府，亲诣苏州西郊光福镇，恭迎铜观音至沧浪亭。这是苏州地方最高的祭祀规格。

光绪十五年的这场水灾，着实不小，甚至惊动了外邦。英国驻沪领事担文向伦敦报告了江浙两省灾情后，英国王室象征性地捐了一百英镑，并发动新加坡和槟榔屿（即马来西亚）华人向灾区捐助，共收到华洋合捐银三十余万两。清廷获此消息，指示总理各国事务衙门照会英国驻华公使致谢，并赏英国驻沪领事担文三品顶戴。

在京江苏籍高官也闻风而动。同治元年（1862）状元、嘉定人徐郙首先致信翁同龢，称江南奇灾，有公电告急。商定由翁同龢、潘祖荫、徐郙联名上奏请赈。光绪十五年时，翁是户部尚书，潘是工部尚书，徐是礼部左侍郎。

十月十五日，光绪皇帝发出上谕：本年江苏久雨成灾，著于该省藩库拨银五万两，以资急赈。复钦奉慈禧皇太后懿旨，著发去宫中节省内帑银五万两，作为苏州等府赈款。钦此。

同一日，浙江也奉旨赈抚，也是两个五万两。

苏州随即在藩台衙门设了"筹赈官局"，名义上，由司道官员联席协议发赈。根据光绪皇帝的上谕，负责对苏州、松江、常州、镇江、太仓各府州县属的赈灾事宜，并落实"钱漕赋课，分别查明，奏请蠲缓"的最高指示。

另外，在玄妙观设了"筹赈局"，名义上，由苏州知府及三首县联合苏州十位乡绅主持，负责长洲、元和、吴县三县的赈务。以上两家，筹赈官局属于省级单位，筹赈局属于府级单位，均为"官赈"。而实际的操盘手，是吴大澂的弟弟吴大衡。因为吴大衡不仅是江苏布政使衙门（藩台）的钱幕，同时也是江苏巡抚衙门（抚台）的钱幕。有清一代，衙门里要聘请四种师爷，为刑名、钱谷、书禀、签押，其中，以刑名师爷和钱谷师爷最为重要，权力也最大。由吴大衡牵头，分管协调筹赈事务，应该说是不二人选。

吴大衡，号谊卿，吴大澂之弟。据《吴大衡墓志铭》，这位吴家三弟，"同治甲子举于乡，光绪丁丑成进士，授翰林院庶吉士，庚辰散馆授编修"。折算成年龄，二十五岁中举，三十八岁成进士，四十一岁授翰林。单就年龄而论，吴大衡的科举道路走得不算顺畅。但是，江南因为遭受太平天国战乱，从咸丰五年（1855）起，江南乡试被迫取消，包括正科与恩科，连停了八年，积压了大量应试人才。吴大衡能在二十五岁时一举成功，是很不容易的。吴大衡是光绪三年（1877）成进士的。这一榜的状元，为王仁堪。此人后来当了八十四天苏州知府，死在苏州，史称"王苏州"，是个很有故事的人。

吴大衡于光绪六年（1880）庶吉士毕业，授职翰林院编修，往后的履历就有点含糊不清。大约先在方略馆修史，方略告成，循例获得优叙。吴大衡也因此"以道员分省补用"，分在直隶襄助军务。所以其《墓志铭》上，有"一时疆藩大吏暨相国合肥李公、同邑潘文勤公咸引重焉"这样的话。但是，李鸿章既然看重他，何以吴大衡又经吴郁生介绍，到两广总督衙门为张之洞做幕僚？说来，吴郁生是苏州老乡，与吴大衡是同榜进士。吴郁生已经就任广东学政，为吴大衡谋一幕僚差使，自然是一句话的事。但是，吴大衡是堂堂的翰林院编修，带侍讲衔，名义上是皇帝的文字侍从，甚至可以尊为老师。带着这种身份出京，何至于要同乡、同年出面推荐？这有点说不清、道不明。吴大衡还需要通过做幕僚，从而获得晋升的机会？显然不是，而是另有原因，只是我们不知道而已。

吴大衡到了广东后，干了没多久，就因为身体欠佳，据说是患了风痹，静静地回家休养了。苏州这种地方，对翰林公是格外尊重的，故而吴大衡有足够的资格在抚台与藩台衙门担当重要幕僚。

光绪十五年（1889），吴大澂因为成功治理了黄河，深受清廷宠爱，被赏头品顶戴、兵部尚书衔，实授河东河道总督。苏州吴家自然也格外门庭显赫，风光无限。恢恢皇恩，令人春风得意，此情此景，可以想见。

光绪十五年的这场赈灾活动，除了上文所说的"官赈"。民间另有一路，即谢家福主持的上海协赈公所（又名桃坞筹赈公寓）帮助苏州赈灾济民，是为"义赈"。谢家福是苏州府吴县人，自光绪二年（1876）起，谢氏就开始以民间身份做"义赈"了，是晚清国家级慈善家。光绪十五年，他在苏州丁忧养病，吐血卧床。江浙受灾，连续降雨三十四天，他自然难以袖手旁观。当受灾最重的吴江、震泽二县，有友人投奔苏州，托为租屋，寄顿箱笼时，谢家福知道天灾即将激成人祸，于是致电各省协赈公所："苏自八月廿四日至十月初三止，仅晴四日，高低田稻尽在水中。震泽已有集众分米抢船事，再不天晴，须求协赈。谢家福。"提醒各位，防止家乡因灾激变。

十月初，正逢顺天乡试。潘祖荫是工部尚书，兼理顺天府尹事务，是京城一把手。所有顺天乡试的纪律督察、后勤保障，均由他监临。代天子选拔人才，皇帝的差使，责任不谓不大。潘祖荫接到协赈电报，分身无术，急电谢家福四字："出闱必筹。"

潘氏言而有信，出闱后立捐帘银一千两。同时，经请旨，由顺天府拨款，向江、浙二省各捐一万两。工部官员看在潘祖荫的面子上，众人凑捐了五百两。

常熟翁同龢、元和陆润庠也立即响应。

翁同龢也捐了一千两。谢家福与翁氏似乎不太熟，特地亲具收据，致信翁平大司农查核。在家丁忧的山东学政陆润庠，官阶不高，仅是翰林院侍读，长期在内廷当差，收入有限，也捐了一千两。

需要说明的是，光绪十五年，一千两银子可以买一座很有气派的宅子，或四十亩上等良田。绝不是小数目。

江、浙是科举大省，在全国各地做官的不要太多。谢家福很乐观："江苏赈今年

来源尚多，因翁、潘已各省发电报，应者已及十万也。"（《谢家福书信集》第132页）

但经实际操作，谢家福发现苏省办事之难，全国独一。一腔热血，被本地绅士折腾得焦头烂额。他原来坚持的"查荒核实，编口造册，不假手胥役"的三原则，全部放弃。谢家福做赈灾，有独立的评估与支付系统。如先期调查受灾户口，甄别极贫、次贫以及男妇大小，均由协赈公所职员亲自操作。现在不得不与官绅合作了，官赈、义赈，合二为一（《谢家福书信集》第175页），最终演化成官督商办。长洲、元和、吴县三县蒙发的二万五千两，由候补道朱之榛督办。朱之榛官居苏州总捕同知，类似于现在的副市级公安局长，是个十分难缠的家伙。其他震泽、吴江二县及太湖厅，赈款二万八千两，由钱君砚督办。常熟、昭文二县一万两，由沈旭初督办。昆山、新阳二县一万七千两，由李景卿督办。他们都是道台一级的官僚。苏州府属放赈总额八万两，都是谢家福筹来的"义赈"资金，而"官赈"分文未动。他领教了"苏省习气物议最多"。他一心赈灾，后方流言蜚语不断，甚至写匿名信骂他。

谢家福告诫自己，"稍一差池，必致闹出奏案来，不仅坍台而已，大约此次赈事，弟性命必送无异"。他甚至急于探望一次母亲，以备随时送命。（《谢家福书信集》第160页）

谢家福慈善心理的崩溃，与吴大衡有关吗？

谢家福担心什么？他担心解捐者吃没捐款，囫囵吞；也担心抚藩及本地绅士囫囵吞，将自己淹死，而自己将"有口难分"。他致电赈局同仁："如有官款、巨款，请解抚藩宪归入大赈。福只能托友助赈。"而赈款一旦解入藩宪，将"九牛拔不出矣"。谢家福形容其为"猫口撄鳅"，是想也别想的事。而执掌藩台钱粮的，正是吴大衡。

谢家福陷入困境。他在苏州，不仅仅养病，且是丁忧在身。守制之中，未便出具公牍，也不便联络当道诸公，这是礼法。

因为这次苏赈，谢家福锐气顿消，他已经无所谓了："不管荒不荒，熟不熟，尽此万金用完便歇。"他觉得："既有官赈，何必有此义赈？"（《谢家福书信集》第240页）经此折腾，谢家福的慈善事业在苏州画上了句号。谢家福后来转向做文化产业，于是有了五亩园的电报传习班与儒孤学堂和中西学堂，此是后话。

元和县知县李超琼有一细节，不知有意思否？苏赈前，李超琼对吴大衡礼敬有加，称吴大衡为吴谊卿太史，还请吴吃饭。苏赈后，改称吴谊卿编修，从此没有交往。太史是尊称，显而易见。至于何以前恭后倨，只有李超琼自己知道。

李超琼对吴大衡很有一些批评，并写在他的日记中。从历史学的观点来看，对吴大衡其人的评价是小事，但从中能窥见晚清社会官僚体制的现状与无奈，以及苏州绅权的张扬和无所不在，对现今社会是有借鉴意义的。历史是一面镜子，照耀的是过去，折射的是今天和未来。

借李超琼的眼睛来看，吴大衡并非善辈。

李超琼与吴县知县凌焯（字镜之）是密友，两人"共以吴下政治之失为叹，盖抚军、方伯之幕，皆吴谊卿编修（大衡）一人兼之。平日居乡，本有包漕抗粮之习，公事皆以便于己者行之。一时气焰嚣张，其门如市"（《李超琼日记》光绪十八年十一月初三日）。

"吴（大衡）方得意，以气凌人。州县钱谷一席，引荐其门下几遍。犹敢于祸福官场。以故钻营之辈多趋其门如市。吾辈三数人独不之礼。"（《李超琼日记》光绪十八年十月二十八日）吴大衡的飞扬跋扈，令三首县十分不满。这三数人，就是元和知县李超琼、吴县知县凌焯、长洲知县王树荼。

吴大衡是抚台衙门的钱谷师爷，抚台衙门的刑名师爷叫陈允斋，不仅贪财，而且贪色，与自己的门生、臬台衙门师爷黄定甫喜作狎游，日日征逐于妓馆娼寮。要请陈、黄两位办事，先要献上女色。候补同知柴安圃，曾在吴江同里主管江震盐公堂，手上有几个钱，买下醋库巷一处潘家旧园，人称"柴园"，居然就成了藏污纳垢之处。李超琼在日记中写道："一时狎妓之辈，皆假其室以宴集于中，以至外州县牧令之来城者，皆籍之以结好于陈、吴、黄。诸幕风气之坏，莫甚于今秋以后，可慨已。"李超琼所说的"吴"，就是吴大衡。

"今日抚署殊求供亿，叠出不穷，而其幕吴谊卿亦与于其中，婪索琐屑，洵可怪已。"（《李超琼日记》光绪十八年十二月初五日）

光绪十九年（1893），吴大衡还卷入了一桩诈骗案，仗着抚台师爷的身份，威胁债主，吓得债主扔了三千两借卷，不敢再索。这一年的年底，吴大衡因兼踞抚、藩两署幕席，把持贪诈，被言官究参。但此事不了了之。

李超琼身为元和县知县，醋库巷在其治下，他也无可奈何，只能在日记里发发牢骚。吴大衡寿短，于光绪二十二年（1896）提前过了六十岁生日，一个月后就去世了。大殓之日，李超琼往吊之；三七丧期，又往吊之；至出殡时，再往吊之。场面上的事，李超琼照做不误，但李超琼心里在想什么？无人知晓。他在日记里也一字不提。

吴家作为苏州的名门望族，盘根错节结为婚姻的，也同样是名门望族。譬如：吴大衡有三个女儿嫁在苏州。长女嫁给了尤先甲的儿子尤志道，附生。尤先甲是光绪二年（1876）进士、苏州商务总会总理。次女嫁给潘祖年，刑部云南司郎中，是潘世恩的第十一孙。三女嫁给潘承甲，同知衔监生，贵州巡抚潘霨之孙。

关于吴大衡，还有一件蹊跷事，不得不说。按吴大衡的级别身份：进士出身、侍讲衔翰林院编修、候补道，吴家又是苏州的名门望族，去世后的这份《墓志铭》，盖棺定论，顶顶要紧，所谓身后哀荣，是马虎不得的。但吴大衡的《墓志铭》，居然是儿子吴本齐所撰；铭文及篆盖，均是侄儿吴本善一人所书，这就让人大跌眼镜。这时，吴大根、吴大澂均健在。出此意外，只有两种可能，一是家属无颜求人，二是苏州官绅无人愿写。相对照，吴大澂的墓志铭是俞樾所撰，吴大根的墓志铭是汪鸣銮所撰，都很有档次。汪鸣銮是吴家女婿，娶的是吴家二位千金。

讲究一点说，清朝有身份的人，墓志铭上的三大件，分别由三名同样有身份的官绅完成，当是最有面子。譬如任道镕的墓志铭，俞樾撰文，邵松年书丹，汪鸣銮篆盖，三人姓名前均有长长的头衔，气象就大不一样了。

作者在梳理吴家的这段经历时，还发现吴大根、吴大澂、吴大衡三兄弟，大根与大澂显得特别亲近，而两人对吴大衡，都似乎有点冷落。

举例来说，吴大澂的《愙斋诗存》收有四首以"寄大兄"、"送大兄"、"和大兄"为题的诗作，大兄就是吴大根。而吴大根的《澹人自怡草》也收有"送愙斋弟"、"寄愙斋弟"、"忆愙斋弟"为题的诗作九首。而无论是吴大澂，还是吴大根，与吴大衡均无诗作往来，颇为人所不解。

《愙斋诗存》不光收有吴大澂的墓志铭，也收有吴大根的墓志铭，唯独没有吴大衡的墓志铭，为什么？这也颇为人所不解。

《愙斋诗存》是吴大澂的嗣孙吴湖帆先生编纂整理的，吴大根是湖帆先生的本生祖，所以，吴大根就将本生祖的诗作及墓志铭一并编在《愙斋诗存》中，这似乎是一个理由，但并不充分。既然吴大根放得，吴大衡自然也放得。

吴大根、吴大澂与吴大衡很不热络的原因，从中亦可一窥端倪。

# 吴派古琴的传承与发展

吴尤同

## 吴派古琴的渊源

吴地琴文化源远流长,早在春秋时代,孔子唯一的南方弟子言子就在吴地弦歌化俗,传播琴文化。东汉时,琴学大师蔡邕"亡命江海,远迹吴会",曾在吴地传琴十二年,发吴派琴学之端,并流传有"焦尾琴"的故事。初唐琴学大师赵耶利曾对流传于吴地的古琴流派做了高度的概括,曰:"吴声清婉,若长江广流,绵延徐逝,有国士之风。"又对流传于四川的古琴流派蜀派做了高度的概括,曰:"蜀声躁急,如急浪奔雷,亦一时之俊。"由此可以说明,早在汉唐时代吴地就是吴蜀两大古琴流派之一吴派的发祥地,是影响最为深远的琴乐流派之一。

自唐以降,吴派人才辈出,琴学大师相继不绝。如南宋时出现浙派(并不限于浙江范围),明代出现江操(松江派)和浙操,都可以看成那个时期吴派在泛太湖流域的支脉。尤其是浙操徐门,其琴风舒畅、清越,正体现了吴派琴同稍后崛起的虞山派又有一定的渊源。浙派徐天民的孙子徐晓山曾在常熟教过书,让浙派流传深远。到明清时期,吴派琴形成两支琴派:虞山派和广陵派。清代吴中琴家蒋文勋评论:"吴派后分为二,曰虞山、曰广陵。"

近现代吴派仍然是中国琴乐一个重要的传承核心,特别是近现代琴学活动在苏州的展开,使苏州不仅成为古琴艺术的重地,而且几近成为现代古琴艺术发展的圣地,琴人活动频繁。如1919年,苏州盐公堂叶希明邀集北京、长沙、扬州、上海、浙江、四川各地琴家三十三人，会琴于苏州怡园，研讨琴学。会上十五位著名琴家相续抚琴。会后木版刊印专辑《怡园会琴实记》（现存放在国家档案馆）。这是近现代古琴界第一次全国性盛大集会。又如怡园琴会之后，由盐商周庆云、报界要人史量才等人主办，在离苏州并不算远的上海晨风庐邀请各地琴家，召开了另一次规模更大的琴会，会期三天，会上大家讨论琴学问题，散发了周庆云主编的《琴史补》、《琴史续》、《琴书存目》等著作。再如1935年重阳节，吴门著名琴家李子昭、查阜西、吴兰荪、周冠九、彭祉卿等在怡园坡仙琴馆雅集，次年发起成立今虞琴社，并发行琴刊《今虞》。这是近现代中国音乐史上一件大事，为虞山派的传承和发展起到了承前启后的积极作用。由于琴人活动频繁，所以对于吴派琴的传承起到了非常积极的影响，最典型的是继虞山琴派又演化产生了虞山吴氏琴派和吴门琴派。虞山吴氏琴派是近现代虞山琴派的继续和发展，其代表人物是吴景略先生。由于这一支的代表琴家是在音乐学院和音乐研究所里传播，因此其影响有着特殊的作用和地位。吴门琴派也是近现代虞山琴派的继续和发展，其代表人物是吴兆基先生，主要在吴地传播。

## 吴门琴派的介绍

千百年来，古琴因地域之别，形成了各种流派，其中尤著者首推四川之川派与吴地的吴派。四川地处西部高原，多崇山峻岭、湍流大川，其流派特点亦以刚劲雄伟、凝重跌宕见长。吴中山水秀丽清婉，其流派亦以幽静流畅、清微洒脱独胜。

吴门琴派最早的源头可上溯至唐朝的吴派。吴派到明清时期，则演变出现了虞山琴派。直至近现代，明清时期的虞山琴派又派生（影响）、演化产生了广陵派、诸城派、梅庵派、虞山吴氏琴派以及吴兆基为代表的吴门琴派。实际上吴门琴派滥觞于民国之初的苏州，由于当时琴人活动频繁，所以对于吴派琴的传承起到了非常积极的影响。今虞琴社创始人之一、吴门古琴宗师吴兰荪先生为虞山派代表人物，其琴艺严谨而淳实，琴风中正平和、古朴纯正、清微淡远。吴兆基之师吴浸阳先生源出蜀派，因久居江南而深受虞山派影响，其琴艺于刚劲雄伟中寓秀丽洒脱。两位先贤承上启下，渐开吴门先声。吴兆基先生得父吴兰荪、师吴浸阳两位大师的琴学真传，并融会贯通，加上致力于太极拳气功与古琴操缦相结合的研究与实践，弹起琴来已不着意于技，而是在道的层面上操缦、授琴、学琴、听琴、论琴，注重意境、情趣与韵味，不同于二十世纪中后期发起的一股演奏琴热潮，具有中正平和、古朴宁静、清逸洒脱、气韵生动的特点和简、劲、清、和的琴风，形成独树一帜的吴门琴派。

吴兆基先生评价其师演奏风格为："对于一些大曲、名曲，由于含义深度多样，在表现风云激荡、情绪昂扬时，多采用重、实、沉、稳手法；在表现明媚风光、柔情腻意时，则采用轻、虚、流、滑手法，轻重有别，虚实相间，而以轻、虚为主；在处理旋律节奏上，根据乐曲所衬托之情谊、风光，力求抑扬顿挫，流畅顺达，避免吟猱不分、节律刻板，或处处颤抖、绰注、流滑，或卖弄花招，过分增添装饰以哗众取宠；在取音方面，以沉、缓、恬、淡为主，不追求烈度、速度。"

## 吴门古琴世家的传承

从汉寿吴氏宗谱看，家族始迁祖顺阳公携弟楚阳公，是明天启年间由无锡太平街迁湖南汉寿五里牌的，迁居原因是商迁。明末江南形势混乱，而汉寿地处内地，环境可能相对安定，或许汉寿也是顺阳公以前经商的目的地之一，又位于洞庭湖畔，与太湖之滨的无锡地理环境相似，所以，顺阳公最终迁居于此。汉寿吴氏宗谱草修于清代嘉庆年间，正式修成于光绪十一年（1885），1917年又重修一次，谱中文字充溢了家族对祖居地江南的记忆，从顺阳公到吴兰荪先生，已是第十世，但家族对祖籍在江南的记忆，兰荪先生定然没有磨灭。

吴兰荪的同窗好友湖南汉寿人朱熙先生，1879年生，字琛甫、申甫。1908年11月入日本陆军士官学校第七期步兵科学习，1910年5月毕业。回国后任江苏新军第二十三协第四十五标教练官，第五十三标第三营管带、标统。1911年10月武昌起义，11月朱熙率部在苏州起义，后参加南京雨花台战役，因功升任团长。1912年2月，朱熙任陆军第九旅旅长，驻苏州。朱熙随即函邀兰荪先生赴苏任军需官，吴兰荪一家由此迁居苏州，回到三百年前离开的江南祖籍地。后来朱熙在1913年任江苏陆军第二师师长，同年11月被中华民国北京政府授予陆军中将。1923年江浙战争后，时任江苏苏常镇守使的朱熙下野，吴兰荪基于之前回到原籍的愿望，未随之继续宦游各地，而是选择在苏州定居下来。所以，在1917年修订的吴氏族谱里，写上了吴兰荪迁回原籍无锡实为苏州的记录。

吴氏族谱派语：于彼朝阳国、世玉成宏开、正大宗先兆、光明永达昌、文心连启裕、德枝发贞祥。我们一族所取的姓名完全按族谱的派语来取的，例：高祖吴大惇，字蔚芝，曾任江西宜黄县令；曾祖吴宗楷，字伯端，号心斋，英年早逝。

## 第一代传人——吴兰荪

我的祖父吴兰荪（1883—1960），原名吴先炳，后改吴建，字寿乾，号兰荪，以号行。从上述家谱记载，祖辈世居无锡，四百多年前，即明天启年间，因故由无锡太平街迁至湖南汉寿定居，三百年后，即1912年，祖父携全家返迁江南祖籍，应邀到同窗好友朱熙将军麾下当军需官。吴氏由此定居于此并在苏州盘门瑞光塔畔置地筑园，自谓"琴园吴"，从此积极参加当地各种重要的古琴活动。近现代古琴界泰斗查阜西曾是我们的邻居，我祖父与其是结拜兄弟，他经常来我家与祖父一起品茗弹琴，交流琴艺，畅叙友情。

我祖父早年琴艺受教于塾师、岭南派琴家沈再生，迁回江南时琴艺已卓然有成，为此颇受当地琴家器重，与当地琴家关系密切。经常来琴园操缦论琴的有查阜西、庄剑承、吴浸阳、李子昭等名家。其琴风严谨古朴，中正平和，清微淡远。参加的各种重要的琴事活动如下：

一、1919年怡园琴会

1919年仲秋，由吴地名士叶璋伯、顾麟士、川派著名琴家吴浸阳以及吴兰荪等，在苏州怡园倡导并发起了一次全国范围的琴人集会，这场辛亥革命之后吴中地区首次举行的盛大琴会，使得当时分散在东西南北的琴人实现了跨地域的深入交流。而对于当时受到社会经济影响以及崇洋思潮冲击，显得日渐衰微的传统古琴艺术而言，这次琴会同时也极大地促进了各家琴学流派风格的传播与传承，对古琴艺术此后百年的发展产生了极其重大和深远的影响。首次怡园琴会共发出函柬四十九封，莅会琴人三十三位，当场操缦者十五人。吴兰荪演奏了《平沙落雁》，并即兴赋诗："雅奏伶伦赏识稀，何欣浊世遇钟期。林中把臂神先契，海上移情梦欲痴。静座独翻无字谱，忘言共唱有声诗。叶公自解真龙好，箫管敖曹一任伊。""浙潮湘浪本天涯，偶合知音聚一家。客梦秋鸿横远塞，仙声冷雁落平沙。调高空谷能招友，曲罢闲庭只对花。却喜曾无俗事忧，何劳羯鼓动三挝。"

## 二、1920 年上海晨风庐琴会

1920年，吴兴周庆云在上海发起晨风庐琴会，海内外琴界名宿闻讯纷至沓来，九嶷杨时百、诸城王燕卿、西蜀吴浸阳均到场，祖父吴兰荪携次子吴兆基赴会。其中操缦者有三十三人，包括了王燕卿、黄渔仙、彭祉卿、顾梅羹、杨时百、吴兰荪、夏一峰、李子昭、郑觐文、郑玉荪、徐立孙等当时全国一流的名家。

## 三、1935 年怡园琴会

1935年重九，澄江庄剑丞邀请海内缦友会琴于怡园坡仙琴馆。当日查阜西先生主持了怡园古琴研讨会，来自苏、赣、闽、蜀各省的琴家等三十多人到会。其间，吴兰荪演奏了《石上流泉》；查阜西则演奏了《潇湘水云》，并和庄剑丞琴箫合奏《长门怨》。吴兆基和两位姑母吴兆瑜（湘岑）、吴兆琳（湘珩）分别演奏了《阳春》、《渔歌》和《普庵咒》。此次怡园琴会盛况空前，时人评价称："雅集，如诗会，如画会，时时有之。然欲如今日琴会之盛，则前此三十年来未之有也！"琴会还惊动了上海《申报》和《苏州明报》等媒体，这些媒体对琴会进行了详细的报道。此次怡园会琴之后，查阜西先生会同吴兰荪及李子昭、周冠九、彭祉卿、王寿鹤、庄剑丞等诸位琴家，共同发起创立今虞琴社。

## 四、1936 年今虞琴社成立大会

1936年3月在周冠九觉梦庐府第召开今虞琴社成立大会，琴社决定由查阜西先生担任社长，吴兰荪、周冠九、庄剑丞诸君承担琴社日常工作，并举行琴社首次雅集。首次月集祖父弹《阳春》，会后合影留念。

自今虞琴社成立后，祖父吴兰荪踊跃参加琴社月集活动并操曲助兴。首次月集祖父弹《阳春》，第二次月集祖父弹《白雪》；第五次月集并祝李子昭先生八旬大庆，查阜西招待外地琴人到访者住阊门外旅店，今虞琴社方面则由社友黄培根女士（周冠九夫人），及姑母吴兆琳、吴兆瑜等负责照应，雅集毕合影留念。

第七次月集在上海觉园举行，祖父弹奏《白雪》，此次雅集还被佛音电台制成节目播出。据不完全统计，从1934年至1937年短短的三四年间，我祖父参与的有记载的雅集，竟然有十一二次之多。1937年，今虞琴社出版《今虞》琴刊，苏州琴会也盛极一时，成为全国古琴交流中心。惜好景不长，随着卢沟桥一声炮响，日寇铁蹄全面入侵，苏州于当年11月19日沦陷，今虞琴社的活动也被迫中断，并移师上海。

1956年春，北京古琴研究会王迪、许键二位同志莅苏，访问了祖父吴兰荪和父亲吴兆基,并为两人录了音。祖父录了《阳春》、《平沙落雁》,父亲录了《良宵引》、《鸥鹭忘机》、《阳关三叠》、《渔歌》、《潇湘水云》、《胡笳十八拍》。

上述活动,祖父吴兰荪是重要的参与者以及组织者,其中正平和、古朴纯正的琴风奠下吴门琴派基调。

## 第二代传人——吴兆基

我的父亲吴兆基(1908—1997),字湘泉,苏州大学数学系教授,中国近现代古琴名家之一,具有中正平和、宁静古朴、清逸洒脱、气韵生动的琴乐风格,是开创了吴地"简劲清和"琴风的吴门琴派宗师。

吴兆基先生,诞生于湖南省洞庭湖西滨汉寿县,1912年随父母迁居江苏省太湖东滨吴县即今之苏州市。由于祖父吴兰荪为熟派,其琴艺严谨而淳实;吴兆基之师吴浸阳源出蜀派,因久居江南而深受熟派影响,故而父亲的琴艺潇洒灵活,自然淡远兼有蜀、熟两派之长,操缦时琴容端庄,左手吟猱如鱼尾轻摆,柔和其外,刚劲含内,气韵中正平和,静远淡逸。父亲得父、师两位大师的琴学真传,并融会贯通。加上父亲致力于太极拳气功与古琴操缦相结合的研究与实践,弹起琴来似乎已不着意于技,而更注重道与气,注重意境、情趣与韵味。表面看来,清净恬淡,质朴舒缓,其实内中蕴涵着吴门水乡山灵水秀之气,熔诗书气功于一炉,可以说是集吴派古琴之大成,被有识之士誉为"吴门琴韵",在海内外广为流传。

列于"琴棋书画"之首的古琴,历来不是一件向外炫耀、宣泄的乐器,而是使人向内收敛、含蓄的"道"。父亲开创的"吴门琴韵"把行将沦为"器"的古琴重新提升到"道"的层面上来。

操缦、研习古琴乃父亲平生所愿,太极拳气功亦乃其平生所好,并且两者相辅相成。父亲自少爱好武术,二十岁时师从陈微明习杨式太极拳。陈是杨式大架太极拳创始人杨澄甫的入室弟子,曾在上海设立致柔拳社,传授太极拳,名满江南。一年后,父亲又拜北方太极圣手李香远为师。李是武式太极拳传人郝为真的入室弟子,与孙禄堂、郝月如同门。父亲经名师传授后,加上自己一生研习探索,将太极拳与气功相结合,自创"归真太极拳"、"三元气功";又经数十年的实践,把太极拳气功与古琴操缦密切联系在一起。父亲曾撰文《太极拳与古琴》,发表于《中国音乐》1985年第四期,后在香港《音响技术》1989年第六期上转载。

吴兆基先生练拳几十年如一日,从学者甚众。他曾担任中国音乐家协会江苏分会会员、中国音乐家协会会员、上海音乐学院研究所特约研究员、上海音乐学院古琴特约教授、西安音乐学院客座古琴研究生导师等职。

吴兆基的老师吴浸阳先生(1884—?),字观月,号纯白,四川洪都人。吴浸阳少年时曾出家青城山为道士,弱冠后即下江南往来于苏、杭、上海之间,1919年至1920年间供职于苏州盐公堂(堂址在苏州吴衙场,堂主叶璋伯,杭州人,也善操缦),与吴兰荪先生交往甚密。1919年仲秋,由仁和叶璋伯发起的苏州怡园会琴,是辛亥革命后吴中首次盛大琴会。当时先生操《阳春》并与李子昭双琴对弹《风雷引》,尔后还赋诗一首。

1920年,吴兴周庆云在上海发起晨风庐琴会。海内外名宿纷至沓来,有九嶷杨时百、诸城王燕卿,西蜀吴浸阳也在列。后他受聘于史量才先生,辟琴室于申报馆五楼。1925年间,先生得史量才先生之支持,在上海一带县城内觅得大量明代良材,在申报馆五楼琴室,设计监造古琴六十四张,以八八六十四卦命名,琴的形制均较大,迄今也历一甲子多。其学生吴兆基先生得其二(吴兆基之上海表舅母熊淑婉女士赠予,熊女士亦是吴浸阳之弟子),音色洪亮中寓清越,其余六十二张不知散佚何方矣。先生于二十世纪三十年代初,因商务纠葛去香港,一去不复还,后闻于五十年代末殁于香港,身后甚萧条。先生的琴艺潇洒灵活,自然淡远兼有蜀、熟两派之长。操缦时琴容端庄,左手吟猱如鱼尾轻摆,柔和其外,刚劲含内。气韵中正平和,静远淡逸。其擅长之曲有《渔歌》、《潇湘水云》、《秋鸿》、《胡笳十八拍》等。得其传者有李明德先生及关门弟子吴兆基先生等。

吴门古琴世家传到我这里已是第三代,第四代传人为吴明涛。而更令人欣慰的是,百年吴门琴学,后继有人,且欣欣向荣。

## 传承弘扬吴门古琴文化

1986年,吴兆基先生携爱徒裴金宝与姑苏徐忠伟、叶名珮创建了吴门琴社,由此将"吴门"大旗树了起来。自此,每月第一个星期日上午在怡园坡仙琴馆举行雅集,中断了整整五十年的怡园古琴雅集,由此被吴门琴人续上。这可看作是吴门琴派确立的标志。吴门琴社近三十年来，频繁举办卓有成效的琴学活动，影响广泛而深远。

  吴门琴社的主要代表人物除上述的古琴世家外，还有徐忠伟、叶名珮、黄耀良、汪铎、裴金宝、杨晴等。他们为传播古琴文化做了很多实事，如灌制古琴唱片、编撰《吴门琴韵》琴刊、打谱和创作、出版琴谱等。在吴兆基先生主持下，由苏州古吴轩出版社出版了《吴门琴谱》，吴门琴谱从此由减字谱和简谱对照的形式固化下来，这也成了吴门琴人学琴的范本，影响深远。还参加了一系列有影响的活动，如吴兆基早在1946年就在南京参加过中西乐公演；1959年，郭沫若的大型话剧《蔡文姬》在京公演，吴兆基与管平湖、姚炳炎、吴景略、杨乾斋等五位琴家赴京为其配奏琴曲；1983年，吴兆基应邀参加在京举行的全国第二届古琴打谱会，首都音乐界听了他演奏的《秋塞吟》、《胡笳十八拍》等，认为其琴艺既保持了正中平和、清微淡远的传统古琴韵味，又有西方音乐的凝重、厚实风格，自成一家；1984年4月，苏州文化部门在鹤园为其举办了操琴六十周年庆祝活动；是年10月，吴兆基受邀随苏州民族古典音乐演奏团，出访意大利威尼斯等地演出；1989年4月受邀在香港寿臣剧院举办古琴独奏音乐会；1990年出席第一届中国古琴艺术国际研讨会；1991年底至1992年初受邀在台湾地区做有关古琴艺术的讲座和演奏，在当地电台、电视台录音录像；1992年应邀担任杭州古琴邀请赛评委；1994年5月受邀出席在北京举行的中国古琴名琴名曲鉴赏会，中央电视台专门对其做了相关报道；1996年10月苏州举行吴门琴社成立十周年暨吴兆基诞辰九十周年活动。

  二十世纪八九十年代，吴门琴派已有相当影响，进入二十一世纪后，其影响日益深远。嫡传弟子及再传弟子已达几千人之多，纷纷出版唱片、古琴书籍，举办古琴音乐会，广收吴门琴生。进入后吴兆基时代，吴门琴派没有停止前进的脚步，吴门琴社适时推出了《吴门琴谱续》，众多吴门弟子相继在吴地成立各种公益性琴社，如浦江吴门古琴推广传播中心、吴松琴社、无锡江南琴社、吴江鲈乡琴社、太仓溪山琴社、昆山琴社、昆山玉山琴社等，推广弘扬吴门古琴文化。

# 吴国金文书法初探

潘振元

　　吴国姬姓，从晚商时公元前十二世纪太伯立国起，至夫差被灭国，前后二十一世，共七百多年。"吴"字在史籍记载中出现得较早，在《春秋》与《国语》、《战国策》中都有，但字义最初可能仅作为地名。《史记·吴太伯世家》中称："太伯之奔荆蛮，自号句吴。"即以地名为国号，其"句"字无义，是用当时夷俗语的发声，故"句吴"的意思就是"吴"。在吴国青铜器上未见"句吴"用作国名，只有"工獻（漁）"、"攻五"、"攻敔"、"攻吴"或"吴"。这些"句吴"的不同写法，其读音都相似，在古音中"攻"从"工"得声，读作勾；"獻"、"敔"、"吴"从"鱼"得声，皆一音之转，读作鱼，犹如后来的反切。吴国的国名在不同时期采用不同的通假字，目的是区别吴国的不同时期。如徐祭、徐眜、僚等用攻敔、攻吾、攻吴、句敔、敔等不同假借字，既表达了同一吴国，又区别了不同的吴王阶段。

　　阖闾和夫差甚至在青铜器铭文中用攻敔王与攻吴王自称，以示区别。董楚平先生所著《吴越文化志》统计，"吴国具铭青铜器共八十一件，其中出土地点明确者六十四件，按出土地点分，安徽二十一件，江西十件，河南六件，山西五件，山东三件，湖北和浙江各两件，陕西一件，吴国核心所在地江苏共十四件，其中宁镇地区十三件，苏北盱眙一件，苏锡常地区一件都没有。出土于宁镇地区的青铜器，大都是西周和春秋早、中期之器；出土于外省的青铜器，少部分是婚嫁媵器，大部分是国破家亡后被掠夺走的战利品"。这八十一件有铭青铜器，以及该书出版后又陆续出土的吴国带铭青铜器，共计九十四件近一千二百六十四字。虽然数量不算太多,但对研究吴国书法已是非常宝贵的资料。

## 一、吴国金文书法的基本情况

吴国建国后,没有自己的文字,而沿用了中原的金文,在使用中逐渐演变为具有自己特点的文字。吴国最早的青铜器铭文是公元前771年东周庄王时期的者减钟,最晚的是公元前472年夫差攻敔王夫差剑有铭青铜器,前后近三百年。所铸器物主要在寿梦以后,而阖闾与夫差时期为最多。其中,者减钟的铭文明显带有中原的风范,乾隆二十六年(1761)在江西临江民耕地中得古钟十一件。有铭文的计十件,每件铭文大致相同,唯最小的一件无铭文,至今尚可看到四件钟铭的拓本。这批钟出土后藏于圆明园,八国联军入侵时散失。现仅存五件,分别藏于北京故宫博物院、上海博物院、中国历史博物馆与台北故宫博物院。

到春秋晚期出土的吴王光鉴,其铭文已有明显的楚风影响,而同是阖闾铸造的吴王光钟的铭文,则出现了吴国特色的字形变异,初步具有了吴国金文的自身

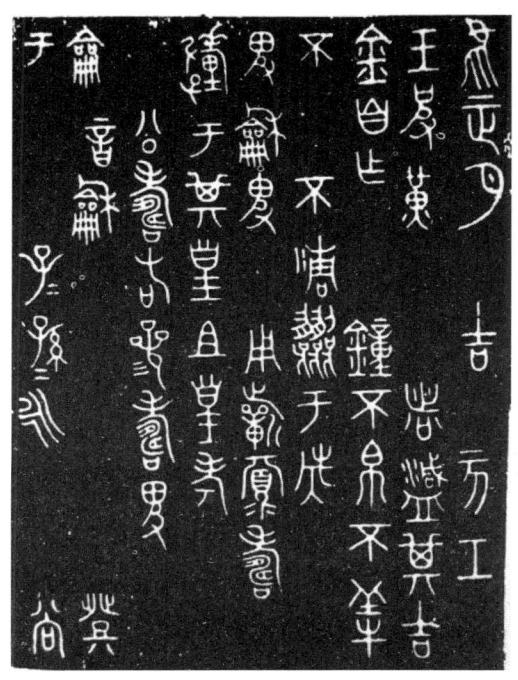

者减钟(局部)

者减钟(局部)

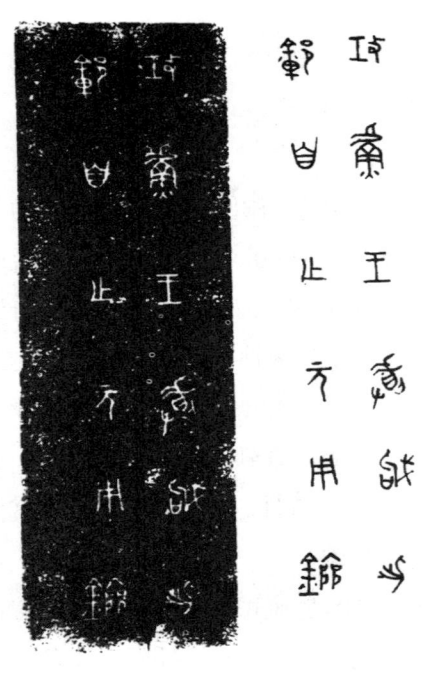

吴国金文（部分）

特点。随着吴国青铜器出现了精美的鸟虫篆，其特色更为明显。李学勤在《吴越题铭研究》序中指出："吴越文字应当与秦、三晋、燕、齐、楚五系文字骈列，视为其时文字的第六系。"说明吴国金文应列为东周文字六系之一。那么，吴国金文有哪些自身特点呢？总体上讲，吴国金文呈现出纤细秀美，淳雅浪漫的特点。按其形态大致可分为三种类型：平直方正型，纤细屈曲型和龙凤鸟虫型。

平直方正型的铭文，如吴王诸樊、馀祭的十多件器物，都属这一类型，兵器铭文为多。如攻敔王姑发者反之子□剑的"姑发者反"即"诸樊"，其铭文延续了西周金文的工丽精整，线条中锋，结构稳重，精神内敛，外形朴实无华的传统，线条稳健而流畅，笔力沉着而遒劲，转折多处带圆，字形方正平整，简洁严谨，显得端庄典雅，疏落有致，有气宇轩昂的气魄，透露出公卿大夫高雅华贵的气息，具有典型的西周金文崇高至尊的风范。

纤细屈曲型的铭文，其纤细的形态可能从楚文化区直接输入，也可能在吴国并吞了书风与楚相同的徐国以后，吸收了该国的余韵。如攻敔王夫差剑，腹内铭文三行十三字，字形长方，点画带尖，线形瘦匀，不加修饰，章法疏朗，整篇文字显得质朴规整。而这个阶段吴国青铜器铭文总体上字势纵方、线条纤细、结构匀整、笔势开张，显现楚金文影子的同时，也说明吴国在自身文化渊源的基础上有了新的审美追求，用丛文俊的话来说，就是确立了新体的规模，形成了自我的风貌。

如吴国的吴王光鉴、吴王光钟等，其铭文除了保持体势修长，起笔或藏或露，行笔宛转温润，线条圆瘦匀一、屈曲摆动。在结构紧密排叠中时露萧散，在笔势开张中更显婉通清劲，展示了亭亭玉立、风姿翩然的新样式。而且，很多主笔的夸张，如画中之笔，诗中之眼，通过修短的伸缩，笔势的摆曲，流露了一点别趣，透出了一丝情性，表达了一种闲适，使人看到另一种清拔秀润的新意和勃勃向上的精神。

在容庚统计的吴国春秋时期具有铭文的八十四件器物中，礼器四十九件，兵器三十五件。鸟虫篆在兵器中的比例最多，计十一件，其中还有六件错金，且制作精良，代表了吴国青铜器的铸造水平。而且，这些铭刻的鸟虫篆又集中在阖闾到夫差这一时段。自夫差继位后，吴国的鸟虫篆突然消失了。

据董楚平研究："夫差在位二十年，现存具铭铜器二十件，两件王子于戈作于阖闾时代，是鸟篆文的杰出代表，其他十八件作于称王以后，无一鸟篆。夫差是怀着对越人的杀父之仇登上王位的。越国有源远流长的崇鸟历史，又是最大的鸟篆母国，夫差即位后突然中止鸟篆，可能与仇有关。"董楚平的这一猜测，虽有一定的道理，但将杀父之仇迁怒于鸟虫篆缺乏依据。我个人认为，可能的原因是太伯南下时，先是驻足于宁镇地区，直至阖闾时才建都姑苏，由此可以判断，夫差中止鸟篆，

吴王光鉴

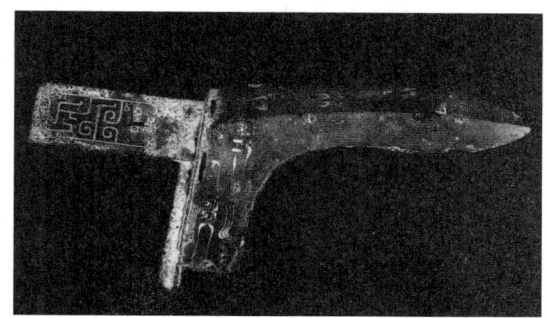

王子于戈

与他个人的喜好以及他对吴地原始鸟崇拜传统缺乏深度了解有关。

## 二、鸟虫篆书法及其美学特征

鸟虫篆是一种把金文线条的表现形式转换成具有鸟形、虫形等盘曲、缠绕的线形文字。从西周开始，到春秋才流行，主要出现在兵器的铭刻文字为多。最初

的兵器铭文，主要以族徽和针对军事组织、征伐、俘获等特定含义铭刻的字符。后来，由于精美的兵器大都为权贵持有，于是兵器上出现了物勒主名的铭刻，而且装饰日益华丽。到了春秋晚期铸剑匠师发明了青铜复合工艺等惊人的创制技艺，如干将、欧冶子等人制成了千古知名的宝剑，使兵器上的鸟虫篆与错金工艺呈现出举世无双的"龟文漫理"与"龙藻虹波"，立即受到王室贵族的青睐，鸟虫篆铭文使用范围随之扩大，不仅作为自用与仪卫的标志，同时用作礼赠赏赐，成为最高礼仪的一种时尚。

鸟虫篆这一名称，有广义与狭义之分。广义是几种鸟虫书体的泛称；狭义可细分为"鸟书"、"凤书"、"龙书"和"虫书"等。鸟虫篆这个名称，在唐韦续《五十六种书》中说："周文王赤雀衔书集户，武王丹乌入室，以二祥瑞，故作鸟书。"这段话虽然带点传说，但把鸟虫篆的起源推到了西周，同时也点明了隐含其中的祥瑞性质与鸟崇拜。因为"赤雀"、"丹乌"与文献中的"朱雀"、"朱鸟"皆为凤的别称。过去对春秋时期流行具象型鸟虫篆的认识，往往只局限于现代人的审美标准，因此普遍停留在"装饰性"与"美术化文字"的字形表面分析，脱离了当时的时代性与审美观去审视这种现象，因而忽略了原始巫教鸟崇拜这一重要因素。其实，吴地的鸟崇拜始于良渚时期，当时的陶器造型到陶器上的刻画文字无不显现出吴地部落对鸟的崇拜。由于良渚晚期距今约四千多年，因严重的海浸将太湖平原的水位上升四米左右，使整个太湖流域的良渚部落被迫迁徙到中原及南方各处，其中一些部落就迁到中原及长江中游地区，这样鸟崇拜也随之传播到各处。现在能见到的刻有鸟虫篆的青铜器，以宋公栾戈为最早。宋为商裔，奉玄鸟为始祖。典籍有"天命玄鸟，降而生商"的传说，表明在商代已崇尚鸟崇拜。而且，考古研究者从出土实物确认：良渚文化的先进因素纷纷出现在中原地区，山西陶寺遗址、甘肃齐家文化、河南龙山文化都出现了大量良渚的玉琮、玉璧，商代的青铜器造型很多受到了良渚陶器鸟崇拜的影响。这种现象使我们联想到良渚文化因海浸迁徙对中原文化的影响，联想到春秋时期楚国与吴、越等国在长江中下游一带流行的鸟虫篆，与远古良渚鸟崇拜之间的关联。否则，东周时期最早的鸟虫篆为什么都集中出现在王室兵器上，这绝不仅仅是为了美化，更是一种崇拜现象，即通过兵器铭刻留存这种远古的鸟崇拜，用以寄托一种对神灵给予保佑的期待；同时，展示王室贵族"上应于天"的特权象征与崇高地位。

鸟虫篆中的"龙书"。见之实物的有王子于戈、吴季子之子逞之剑等。"龙书"之名最早见于《五十六种书》，"太昊庖牺氏，获景龙之瑞，始作龙书"。太昊是东夷部落首领，后人将"龙书"附会于太昊庖牺氏，以增强其权威性与神秘性。其文字原形取自夔龙，其形一足。《说文解字》注："夔（夒），神魖也，如龙一足。""夔"属于宗教巫术功能中的一种神怪。

鸟虫篆中的"凤书"，出现于镠戈、王子于戈等。《艺文类聚》卷九十九引《春秋元命苞》云："火离为凤皇，衔书游文王之都，故武王受凤书之纪。"古人将凤凰衔书，作为帝王受命的瑞应。故《南齐书·高帝纪上》云："凤书表肆类之运，龙图显班瑞之期。"郭璞在《尔雅》注中表述凤的形态称："凤为鸡头、蛇颈、燕颔、龟背、五彩色，其高六尺许。"按其说法，王子于戈铭刻上鸟形，具有"鸡头、蛇颈"的特征，当称之为"凤书"。

鸟虫篆中的"虫书"，出现于王子匜、吴季子之子逞之剑等。《五十六种书》云："虫书，鲁秋胡妻浣蚕所作，亦曰雕虫篆。"这种书体是像蚕丝一般地书写线条，纤细柔曲，略有粗细变化的装饰性书体。如王子于戈的"之"字，上面的上弯多变的三曲；大王光戈的"光"字，中间出现稍粗的笔画，线条又作转曲摆动和拉伸，甚至呈现为飘带状的线条，即为"虫书"。

《鸟凤龙虫书分类简表》中的分类，虽然难于十分精确，但在丛文俊《中国书法史（先秦·秦代卷）》中，已按其审美形态特征分成四类：繁式、简式、最简式、变化式。

繁式，是指文字的繁化，在文字之外增饰了物象图案，结构上密下疏，通过局部的繁密与盘曲，增强其文字的象形性，如王之于戈。

简式，是在繁式基础上的简省，既保持一定的象形性，又简化结构，如大王光戈。

最简式，是在简化式的基础上，变成线条化，如攻吾王光剑。

变化式，从美化整饰出发，在前几种形态基础上对字形加以增省、夸张、变形和美化，强化更多的主观色彩和夸张情趣，如吴季子之子剑。

综上简述，我们将吴国金文的特点及其审美价值归纳为两点：

（一）吴国金文确立了新体，首创了中国书法审美中最早的逸品

吴国金文通过线条延伸、屈曲与摆动，在延伸中展现时间感，在屈曲中拓展空间感，在摆动中增强动态感，在附饰中增强形象感，使字形优美，风姿翩然。这

些文字形态的变化,客观上是对西周书风规整的颠覆,对传统金文朴茂凝重的摆脱,表明吴国国力强盛时在文字上表达的自信,着意在开创自己新的文字风格。事实上,这种通过笔势开张与线条屈曲拓展文字的空间形象,使吴国文字在形态中传递出生命般的律动。这种隐含其内音乐般的妙音,正如刘勰所说:"异音相从谓之和,同声相应谓之韵。"当点画在屈曲摆动中的同异相承与错综呼应,使书法产生内在的节奏与韵律。这些飘带般的线条,在不拘成法的自然变化中,不粘不滞,气势开阖,虚实呼应,展现在人们面前是一幅幅舞蹈般的线纹图案,婉转流畅,生动异常。给人如同袁昂评钟繇书法的那种生动:若飞鸿戏海,舞鹤游天。我们如果再将吴国的鸟虫篆与越国的相比,可以明显看出:吴国的鸟虫篆趋于简洁、疏朗、自然、潇洒而张扬生动;越国的鸟虫篆追求繁密、方整、刻板、雷同而趋于图式。吴国这种在春秋金文中出现的前所未有的潇洒飘逸的书写风格,首开了中国书法艺术的浪漫之风。

(二)开创了金文中最为精致曼妙的鸟虫篆新样式

其最典型的是1961年于山西万荣后土庙附近出土的两件王子于戈,皆是错金,为王僚之物。其铭文的字体拉长,线条纤细,在转折处增宽成块面,其笔画缪曲飘洒,求奇多变,局部冠以龙凤形饰,这两件戈是春秋时期最精美的错金兵器。

再从兵器制作的技艺看,吴国的错金银工艺已达到了时代的顶峰。虽然越国灭吴后,继承了吴国的兵器铸作技术,也拥有了欧冶子这位名匠,但类似于王子于戈这样完美高超的错金技艺的兵器已不复再现。因为错金工艺要錾槽,再嵌入金银丝、片,经捶打使之入槽,然后打磨,工艺十分精细而复杂。而很多遗存下来的金错铜器,那些嵌入的金丝、金片大多已脱落,说明嵌入式工艺在附着力方面尚有缺陷。即使尚未脱落,其嵌入的金片表面尚能看到捶打的痕迹。而吴国在剑、戈等兵器上的错金,其表面的金片与器物熔接得严丝密缝,平整如新,非常牢固,经两千多年依然保存完好。前几年,我在《杜廼松说青铜器与铭文》一书中看到对错金工艺新的说法:"这些金丝、片并非嵌入的,有可能是将液体的金倒入槽内,凝固后牢固不易脱落,为其平整再加以打磨。可想见其工艺之难,'工治巧'之高超。这种工艺方法,实际上就是鎏金,古人则称之为金涂。"我也同意杜廼松的观点。因为这种错金工艺的高超程度,丝状之线条,流畅自然;片状之块面,平整如镜,真是精美得无与伦比。

另外，再从错金的文字形态看，吴国夫差王子于戈上的鸟虫篆就是"龙凤书"，其中的"王"字是"凤书"，因在"王"字上面，冠以一对非常对称的侧身凤鸟，其头角峥嵘轩昂，栩栩如生；而块面化的两个凤身，如在相揖相亲，意态生动；拳曲收聚的一只肢爪，蓄势待发，意欲高翔。这种以法象增构的空间，将生命感融入线条，使图形化的文字充满了生命的活态，文字由此而更具想象，更有意味。而"子"字，则是"龙书"。通过"子"字下部幻化成盘曲的龙形，被高高托起于左侧，与右侧龙形图饰相对应。

王子于戈上这六个错金的文字有一个共性的特征，没有楚器的浓烈和华丽，独显平和优雅的吴国特色。文字结构上紧下疏，每个字的两边各有一条S形竖线弯曲延伸，线形简净纤劲，竖线如飘带一般流畅开宕，形成一双瘦腿"如舞之"一般的意象，婀娜多姿，极尽变化，展现出一种空灵动荡的生命意境。再如其中的一个"之"字，其上部飘荡着鸟首上的三根翎毛，萦纡着向左上方飘升，秀逸灵动，使人感受到氤氲的气韵，线形的流动，以及飘升着生命的激情和活力。这种既在字形结构上作极度的张扬与变化态势，又在线条中显现韵律、节奏、秩序和理性，就像古人形容的"龙舞蛇飞"，令人浮想联翩。

所以这种鸟虫篆的创作者，实际传达的不仅是鸟虫的精神，而且是人的精神与自然之美。从某种程度上讲，吴国鸟虫篆呈现了传统书法创作"纵横有可象者，方得谓之书"（蔡邕语）的原理，使我们看到春秋晚期吴国先民们在这方面的探索中，表达了一种自由奔放、想象丰富、情感恣肆的浪漫情思。而这种探索在吴被越灭亡后，鸟虫篆只注意在排叠盘曲上的变化，更趋工整、繁化、固化、复杂化和图案化，生气逐渐消失。因此，随着吴、越、楚的相继灭亡和实用性的完全消失，

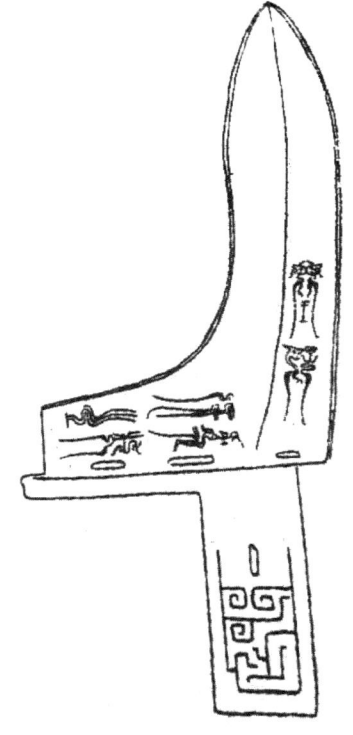

王子于戈

鸟虫篆在这一段的流行也就走到了尽头,前后维持不到一百五十年,但还是给我们留下了美学意义上的"有意味的形式",在我们的脑海中深深铭刻了这段"道法自然"的浪漫印记。

# 小篆不是隶书源头

张士东　张　晞

　　隶变作为书法史、汉字演变史中最重要的内容,是汉字由古文字体系向今文字体系演变的最核心环节,但这个重大理论问题,至今没有真正解决。

　　当今各类权威字典、辞书、教科书等对于隶书起源的问题,虽有各种说法,但核心意义都完全相同,即认定隶书"是由篆书简化演变而成的"[1]。其实,隶书中没有一个字、一个部首是从小篆演变而来的。也就是说,小篆中根本不存在任何隶变的依据。

　　任何事物的演变都有一个承上启下的渐变过程,这个过程应是有轨迹可循的。汉字演变也是如此。古文字体系自甲骨文至小篆的演变以及今文字体系中由秦隶至两汉隶书、楷书的演变亦有其规律可循。独古文字体系向今文字体系演变的问题至今尚未被学术界正确认识。特别是隶书是"小篆省简而成的"、"隶书是草篆变成的"[2]之类论点其实是对社会影响最为深远的误导。这些看似经典的论点其实并没有被有效地验证过,只是因袭旧说、不求甚解的结论。

## 一、众说纷纭的结论

　　隶书到底是怎样形成的?隶书起始于何时?除了小篆省简说和草篆形成说两大结论外,另有如下诸多说法:(一)程邈创隶;(二)班固、许慎所说秦统一中国后"始造隶书"或"初有隶书";(三)西晋初卫恒"隶书者篆之捷也"[3];(四)

"隶书是大小篆共同形成的"[4];(五)隶书萌芽于东周时期;(六)"楚简创造了隶书"[5];(七)"隶书是六国文字中蜕变而成的"[6];(八)《广艺舟双楫》所称"西汉末期才有隶书";(九)睡虎地秦简问世后,被称为"初起的隶书"。如此等等不胜枚举。

同一个问题却有如此纷纭的说法和结论,只能证明其没有结论。且以上结论虽都是学者之言,但就具体的文字字形而言,并没有经过严密、审慎的资料验证,缺乏演变过渡的细节证明。加之时代久远,日常书写的习惯字形又与古代文字形态日相疏远,令一般人不易从直观上了解文字演变的痕迹,故而前人似是而非的观点被后人不加反思,一再重复。

## 二、思想的禁锢

前辈学者都对东汉许慎推崇备至,对许说往往深信不疑,于是他们的隶变思路完全被禁锢在"秦初有隶书"这样一个十分局限的结论中。而想当然的逻辑推理又认为古文字的终点自然就是今文字的起点。尤其因他们都没有见到秦代及秦以前早期古隶的大量实物资料,在秦汉之间缺乏过渡字形的情况下,就将秦诏版、权量之类兼具方形的篆书文字误认为就是隶变的字形,甚至认为秦诏版就是隶书。这样的观点竟然曾经成为共识。在此观念指导下,清翁方纲在《两汉金石记》中将纯小篆的东汉祀三公山碑(117)[图1]说成"此刻虽是篆书,乃是由篆入隶之渐,减篆之萦折为隶之迳直"。对于此碑,清方朔在《枕经堂金石书画题跋》中更有"细阅之下,隶也,非篆也"之说。再如东汉成熟隶书延光残碑(125)[图2],方朔认为"乃篆初变隶,

图1

亦由篆趋隶之渐,所谓隶古是也"。康有为亦在《广艺舟双楫》中论及此碑"由篆变隶,篆多隶少者"。可见前辈学者因不能跨越"秦初有隶"的藩篱,甚至不能明辨篆、隶之区别,便只能在小篆中寻觅非常牵强的隶变"线索"。在这样的思维定式禁锢之下,不仅不能看到东汉不是"篆初变隶"的时代,更不能了解此时的隶书已经走到了隶书体系的终点。

图2

更为遗憾的是,当战国时代的青川木牍、天水竹简、睡虎地简以及与小篆同时并行的龙岗秦简和里耶秦简,还有大量西汉早期简牍帛书面世之后,当今的学者、书论家仍然将这些文字说成是"省写篆书中萌生的"、"篆书的省简和草写而来的"[7]。而无论在对秦篆与秦隶的讨论中还是对西汉篆、隶甚至东汉篆、隶的讨论中,"篆隶之间"的说法都被任意运用。可见学界对隶变的认识仍然处在朦胧之中,思维仍然在原有的窠臼中逡巡不前。

众所周知,一个科学的结论,必须经得起检验,并可以反复验证。假如隶变果然从小篆中发生,那么▨怎样能变成▨?▨下部四点如何能从▨中产生?▨怎样变成▨?▨又如何演变成右▨部?▨如何成为▨?而▨如何变成▨?▨和▨又如何都成为▨的隶法?▨部如何能演化出▨、▨、▨、▨、▨等诸多部件?更有最常用的、仅仅两笔的▨怎样隶变为▨?

所有这些文字隶变的中间过程、细节过渡都不曾被确凿描述过。前人只是给出了一个宏观的结论,却没有具体细节的详实证明,因而隶变的真实历程还需重新考察验证。

## 三、小篆不具备隶变的条件

（一）小篆中没有产生过如点、提、撇、捺、挑等新笔法以及如"辶"这样的部首写法。也没有实物资料证明秦、汉隶书中的这类新笔法是从小篆中产生的。

（二）小篆是严格规范的字体，等大小、等粗细、结构对称、均匀布白，这些标准化的限定都桎梏了隶变的可能。

（三）小篆线条上下伸展，纵向笔势，字形修长，这与隶书横向取势的特征完全相悖。如：艸、卝、㒼的六笔书写法，就不可能向艹、六、大等的三笔法演化。木、林之类合抱的笔法，也不存在演变为上部平横、下部撇捺笔法的过渡依据。更重要的是，变弧线为平横的书写方法以及撇捺笔法在商周时代早已大量运用，尤其是撇、捺之法本就源自甲骨、金文。篆引笔法的运用是在古文字体系的发展中逐步形成的。篆引笔法的普遍使用，使篆书线条向上下伸展，阻断了隶变的可能。

（四）有学者认为"小篆是篆书系统中最简易的一种"[8]。事实上，小篆恰恰是篆书系统中除鸟虫篆之外最为繁复的一种。纵向延伸的篆引笔法本已不便书写，又加大量增曲、增长的线条，更有装饰性的笔画增添。且原本在西周时代已经被一笔写就的诸多平横笔画，在小篆中均被改造成两笔合抱的长弧形笔法；本可以用三笔写成的部首或部件，小篆偏偏用六笔法书写。如此烦琐修饰的字体还需满足等大小、等粗细等规范限定。小篆完全是为了特定的要求而处处取繁，与隶书取简的特性全无共通处。

（五）隶变在小篆中完成的假设从历史时空角度审视完全不可能。秦帝国仅延续十五年时间，这短短十五年间，在信息传递相当缓慢的历史条件下，设想在如此广阔的疆域范围内实现全方位的古文字体系向今文字体系的自然转变是绝不可能的。

文字因其便利识读、传递思想的功能需求，使得它在形态上的稳定性成为其最重要的属性。其本质就是用特定的符号表达特定的意义，假如符号轻易更改，意义又如何能明确传达？因而在一定的历史时空中，文字在字形上都必然有其稳固形态，因此汉字字体的演变是一个缓慢的历史进程，尤其是古文字体系向今文字体系的演变，没有五百年以上的过程根本不可能完成。但有观点认为这种变是很快的,甚至说:"我们却惊奇地发现……竟然在短短的数月之内,成功地实现了从楚文字到秦文字书写的'转轨'。"(引文所称"秦文字"实指里耶秦简。见《中国书法》杂志2005年第九期《里耶秦简文字书法论略》)这种对文字演变史草率的想象力仍然是由于思维固守在"秦初有隶"的藩篱中,完全没有理解文字演变的真实历史过程。

在论述了小篆不具备隶变条件的种种特性之后,本文所要强调的是,如果将眼光直溯西周,我们可以发现,秦汉隶书无论从形体角度考察其字形、笔法、笔顺、笔势,还是从风格上审视其姿态、气息,其实与西周金文有着普遍自然而紧密相关的衔接。所有用小篆无法解答的隶变问题,在西周金文以及甲骨文中基本都能找到完美的答案。所以虽不能说西周已有隶书,但隶书源头却真正肇始于西周。甚至隶书中有一些字、部的写法,还必须到甲骨文中才能找到其确切源头。

## 四、隶书的源头在西周

隶变是全部汉字演变史中最为重要和关键的环节,这种变不能简单理解为一个宏观概念,它在文字演变的历史进程中实际体现在大量文字个体的无数细节之中。当大量文字细节演变的积累达到相当的数量和程度时,才会在宏观上表现为整个字体的改变。而要证明这种变的过程,尤其是证明隶变起始于西周的事实,也必须用尽可能多的实际字例进行仔细勘查、逐一甄辨。只有每一个笔画、部首的演变过程得到了字形上的证明,整个字体的演变才能脉络明晰、有迹可循。前人多从宏观上简单做结论,又因当时资料的限制,没有能够深入进行这一项细琐的比较、勘验工作。正是基于这样的情况,笔者对大量汉字做了逐一梳理工作,从而发现隶变的真正发源处。篇幅所限,本文举数例说明。

图3

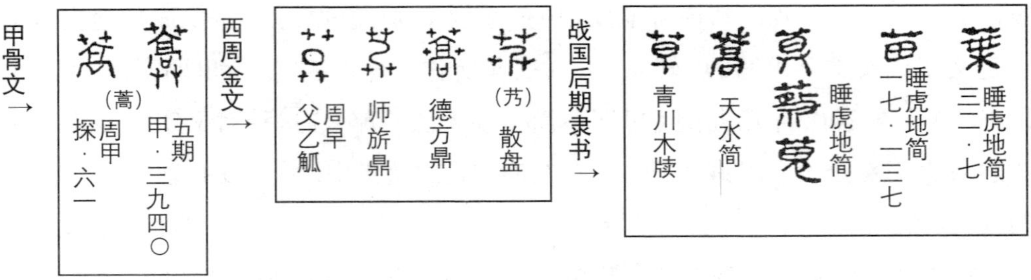

图4

图5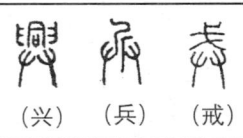

图6

图7

(一)"至"

甲骨文 由上部倒"矢"和下部平横组成,一横以示箭靶,矢射中靶的即表示达到之意[图3]。而小篆 字的"矢尖"因篆引笔法而形成长长的上弧形线条,或许因此使许慎以为"鸟飞从高下至地"之象形,实为误会。小篆 上部左右"尾端"的分叉不可能形成隶书 上部的平横。而西周金文中四例"至"字(部)的"矢尖"部分早已成为平横,即西周时代"至"的下部已写作"土"状。隶书则完全继承了西周笔法,无一例作小篆写法。

(二)"艹"部及"双手"部

由于小篆纵向取势的笔法使前述 、 、 、 等字形完全失去了隶变的可能。而在[图4]中却可以清楚看到"艹"部从甲骨至金文再到秦隶的演变关系,其间一脉相承地保持了 的基本形

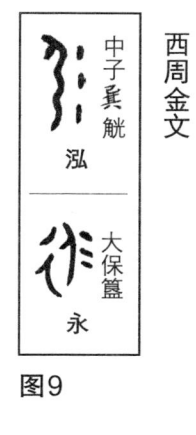

图8

态，几乎没有显著的改变，并且显然也与小篆的形态并无关联。

再如[图5]所示，西周金文中，双手部早就"联手"并笔，只用三笔书写。且这种写法在西周已很多，甚至在商金文中也已有这种"联手"并笔法，如。而东周之后因篆取纵势，形成篆引笔法，到小篆就成为严格的六笔法规则，于是如[图6]中的部就完全失去了隶变的可能。

又如[图7]展示了甲骨文和战国后期隶书的对照。很显然，战国后期隶书中的与甲骨文相似性要远远大于它和小篆的相似性，因而隶书与两者之间的亲缘远近也便分明可见。

最后再查看[图8]中西汉隶书的诸多三笔法书写的双手部，如、、、等形态无不是由西周金文[图5]中的"双手"部逐渐演化而来。反之，它们与小篆的写法都相去甚远。可知隶书笔法唯当与西周金文衔接，其最初的隶变痕迹才能一一呈现。

（三）"氵"

小篆"水"旁皆作，没有作三点形的"氵"旁。笔者在能见到的东周大篆中也找不到一例"氵"旁的字。而在能见到的全部西周文字资料中仅仅见到两例作三点形的"水"旁字例[图9]。因而我们找不到由或其他字形演变为隶书的依据。那么是否由于其间偶然的资料缺失呢？其实不然。

如果把探索的范围扩展到更前的时代，其实可以发现甲骨文中已经有许多写作三点形的"水"旁字[图10]。从甲骨文中诸多此类字例中，我们分明可以发现隶书ᘓ的远因。

此外，统计可知《睡虎地秦简文字编》收"水"部字共六十二例，其中只有一例"江"和二例"暴"字用ᘍ旁，其余全部用ᘓ写法。《银雀山汉简文字编》收"水"部字共一百四十例，其中仅二例"泰"字作ᘍ旁，其余全部作ᘓ旁写法。《马王堆简帛文字编》收"水"部字共三百六十一例，从ᘍ的字也只八十五例（包括上下结构的"水"部字十一例）。从隶书中ᘓ使用频率之高可以得知，自甲骨文一脉继承而来的作ᘓ

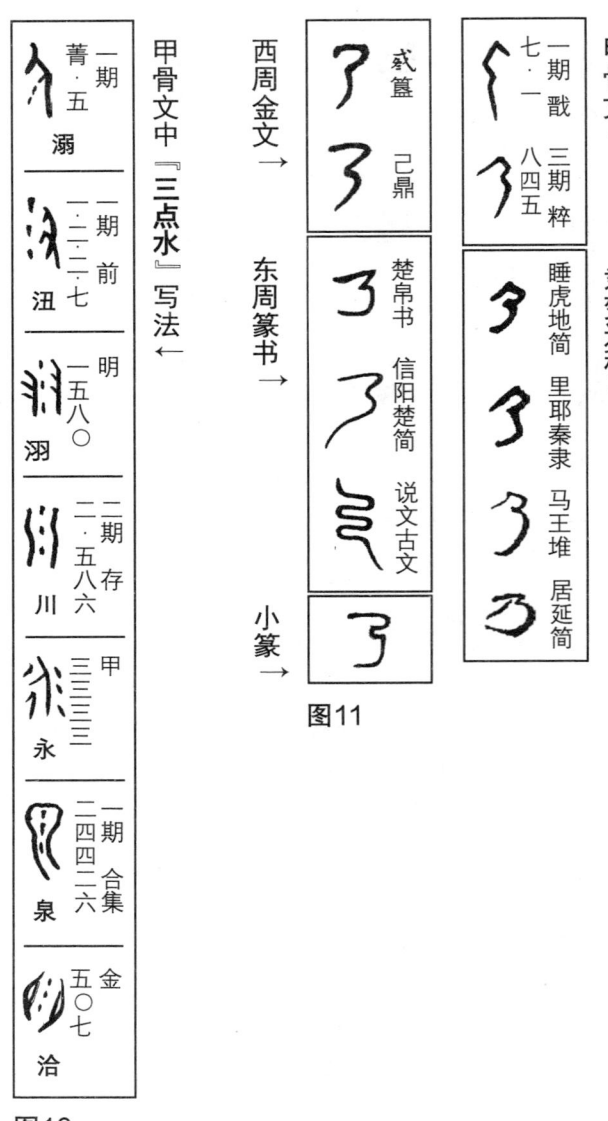

图10　　　　　　　　　图11

形的"水"部在当时是更常见、更通行的书写法，它在小篆ᘍ出现之前应已通行了十分长久的时期。

由此，我们再反思隶变源自小篆的旧说，无疑是没有事实依据的。

（四）"乃"

[图11]中，左列所有"乃"字均不带撇，而右列则都有撇笔。在整个古文字体系资料中，西周金文、东周篆书和小篆中的"乃"字都不用撇。但隶书"乃"字则均

带撇笔，那么隶法之撇出处何在？实际情况恰类似于上例的 ，唯有上溯到甲骨文才能解其渊源。甲骨文"乃"字都带有撇，隶书正是由此继承了这小小一撇，从而与篆书一系泾渭相分。从这一角度观察，可以很清楚发现睡虎地简和里耶秦简的两例带撇的"乃"字比左列各字例更接近于甲骨文形态。

（五）"以"

古文字体系中"以"字均作 ，小篆笔画拉伸、增曲又归于长方形，作 ［图12］。而在西汉以前的隶书体系中，"以"字却绝无一例作此写法，而是写作 。可见隶书"以"字别有渊源，而这一渊源同样可以在甲骨文中发现。因甲骨文"以"字存在两种写法，除了 ，另有写作 。从［图13］中可以看到自战国至西汉各例隶书"以"字写法无不是继承了甲骨文 的基本结构。它们都与小篆 并无关联。

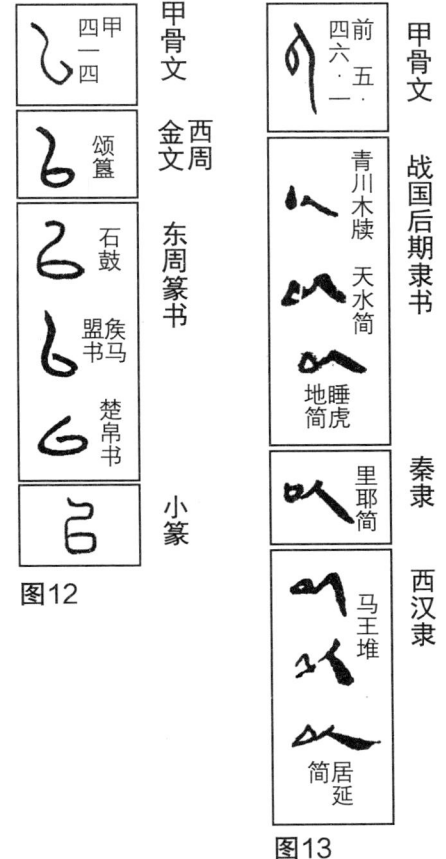

图12

图13

以上诸例都证明了隶书的形成远在小篆之前的事实，在小篆中并没有发生传统认为的"隶变"。隶变初因必须上寻西周，甚至远溯甲骨文才能获得其字形继承性的确凿依据。又如文字资料证明"人"字的撇捺之形早在西周即已完成其演变，隶书 字从西周金文中延续了这一特征，而小篆 先右笔再左竖的笔顺在整个隶书体系中都是没有的。再如"春"字的隶变，也同样必须从甲骨文中才能找寻到最终的根源，由"春"字进而可了解"秦"、"舂"、"奏"等字的演变历程。篇幅所限，暂不详述。

更多字例的解析可参见笔者所著《隶书探源》一书（吉林人民出版社2005年5月版）。

此外，汉字字体的演变，主要体现在笔法、笔势和部首间结构的演变以及整体字形规范化和方块化的渐进趋势，对于组成汉字的每一个部首、部件，其本身的改变并不如我们想象的那样巨大。尽管甲骨文、西周金文在今天的人看来如同天书，然而只要做一下详实比较就可以了解到，今天印刷体汉字的二百个部首中至少90%都与甲骨文、金文部首的形体非常相似甚至完全相同。隶书的许多部首结构和书写特征也都是上承甲骨文、金文的传统而代代延续，越来越多新发现的古文字资料也更有助于证明这一事实。

## 五、结论

（一）汉字字体的演变是非常缓慢的。当我们觉察到篆书（古文字体系的终点）与早期隶书的区别时，其区别的形成已经走过了至少五百年的历程。

（二）若要真正找到隶书的源头，必须突破"秦汉之间"的时空局限。秦国短短十五年历史，根本不可能完成汉字演变史中最最重要的古文字体系向今文字体系转变的过程。

（三）小篆是古文字体系的终点。它严格规范的模式、纵向取势的笔法、增饰添繁的字形彻底阻挡了一切隶变的可能。所以，小篆中是找不到任何隶变依据的。

（四）汉字字体演变的过程是可以验证的。验证方法是将某字（或某部首）在各历史时期中出现的实际字例按时序排列，一般自西周开始至秦即可，通过详细甄别同一字例在各时期中表现出的字形的延续性和差异之处来发现其演变的迹象和过程。而在资料充分的基础上，通过对尽可能多的字例做这样的梳理、验证工作，就可以了解到整个字体的演变规律，而汉字规范化和方块化的全过程亦将自然呈现。

（五）依据上述原则，在对西周至秦代大量实物遗存中的字形做详尽分析之后，可以得到隶变自西周时期即已发生的事实。也就是隶书的源头肇始于西周，少许字、部甚至须追溯到甲骨文方能见其源头。经历了漫长时代的演进之后，隶书在秦代已臻于完全成熟，东汉则是隶书体系的终点。

主要参考文献：

[1]《汉语大词典》第十二卷第177页，汉语大词典出版社，1993年11月第一版。

[2]郭沫若《古代文字之辩证的发展》,《现代书法论文选》第388页,上海书画出版社,1980年6月第一版。

[3]《晋书·卫恒传》。

[4]《银雀山汉简文字编》前言第9页,文物出版社,2001年7月第一版。

[5]《中国书法》2012年第二期第136页。

[6]《中国书法鉴赏大辞典》第50页,大地出版社,1989年10月第一版。

[7]《中国书法鉴赏大辞典》第48、49页。

[8]《书法丛刊》第十一辑第94页注(1)。

[9]王焕林《里耶秦简文字书法论略》,《中国书法》2005年第九期。

# 徐渭书法论

张恨无

徐渭（1521—1593），字文清，后改字文长，别号甚多，有天池山人、青藤道士等，山阴（今浙江绍兴）人。出身于官僚家庭，自幼颖慧，早年热衷功名，二十岁中秀才，以文才名动乡里，与沈錬等被称为"越中十子"。四十一岁前曾八次赴杭州参加乡试，均败北，遂绝意仕途。为人豪宕不羁，蔑视礼法。曾为浙闽总督胡宗宪幕客，知兵好其计。对抗倭军事多有筹划，深受胡宗宪赏识器重。后胡因权臣严嵩事受累下狱，徐渭恐祸及于己等多种因素而致狂，九次自杀未死。嘉靖四十五年（1566）又因误杀继妻张氏，论死下狱，后因同乡友人力救，得免死。五十二岁出狱后到各地游历，同时从事文艺创作。晚年多病，蜗居里巷，穷困潦倒，靠卖字画诗文度日，七十三岁卒于山阴老家。

徐渭秉存天赋，学养精深，不唯专至，且能全造，是中国文艺史上少见的获得特出成就的通才。其书法奇肆纵逸，神采飞扬，以狂放倔强面目一扫书坛颓习时风，为书法开一新境，予晚明书风重大熏沐。

本文通过对徐渭文艺观念与作品的梳理，拟对徐渭书法的构成要素、风格要素、创新体现等做一分析，对其书法寻绎出大致的脉络，以期更深认识之。

## 一、书法观及其美学思想

徐渭的各种文艺观点互相联系依存，不可分割，共同支撑、指导了徐渭丰赡的文艺创作实践过程。由于艺术本质精神的内在一致性及徐渭文学艺术理论与创作的高度统一，除书论外，徐渭述及诗文、绘画、戏曲的观点同样适用于书法，因而谈到徐渭的书法观及美学思想可与其文艺论述综合起来，作为一个整体来看待。对徐渭的文艺观及美学思想，笔者在硕士论文《徐渭诗文论》中已有较详细阐述，为免臃赘，现只择要简述如下：

（一）求变、与时俱进的文艺发展观。社会永在发展，世界变动不居，变是绝对的，文艺的推递发展是必然的、不以人的主观意志为转移的客观结果。故步自封，抄袭前人，一味复古是没有出路的，文艺必须要顺时而改，因时而变，才能发展，才有生命力。

（二）尚真本色的文艺反映创作论。文学艺术作品要反映特定时代、民族、地域、阶级以及自身经历的真切感受，真，才能感染人，文艺的生命力在于其真实性。求真是对一切文学艺术的本质要求。如实反映客观与主观世界，就要去相色，贵本色。本色就是不雕饰、不做作、自然而然、新鲜活泼，一旦涂抹打扮反掩其本来素质，失去真面目。徐渭把本色观作为创作实践中一项根本原则加以贯彻。

（三）缘情的文艺本质论。文艺的本质就是要抒写自己独特的真情实感。喜怒哀乐，将人的各种情感活动无碍地表达出来，就是好文章、好作品。我手写我心，不必代圣人立言，不作虚伪的大话，一切拘缚情感表达的障碍必须清除。尚真本色论的提出，就是为了更好地抒发一己之真情。本着对个体生命、精神自由的确识，徐渭对情的独衷与疾呼是当时思想解放的一个重要组成部分，在当时有着非凡的意义，晚明的唯情论文艺大潮主要由徐渭等人开启。

（四）师心纵横的散逸形式论。徐渭在技法形式上提出了"工而入逸"、"不教工处是真工"的观点。强调文艺创作要无拘无束、自然活泼，不求形似求生韵。把逸笔草草这种形式作为表现物象的主要手段。破除诸象，方得真我，徐渭崇尚散逸，以之作为衡量艺术作品的标准与孜孜追求的理想境界。散逸论与其作品的大写意手法水乳交融，也与其本色尚真的美学观统合无间。

（五）尚奇的文艺创新观。充满奇情异彩是徐渭作品给人最突出的印象，其所想所为，乃至诗文书画皆以不苟合流俗、自标新格而引人注目。他特别强调文艺作品读后要有如冷水浇背，陡然一惊的新奇陌生化效果与创造性品格。求新、求奇必须要符合生活与艺术的内在规律，要有坚厚的现实底蕴做根基，否则就会流于荒唐怪异。离开现实性，就没有真正的奇。

（六）老辣中有娇丽的遒媚审美观。媚在徐渭的眼中是神骨血肉的完美结合，用他自己的话说就是"古而媚"。遒媚强调两种风格基本要素的有机融合与高度和谐。奇崛与遒媚并不矛盾，奇肆纵逸只是徐渭作品的表面现象。他的内核或者说支撑仍是遒媚。徐渭的遒媚观没有脱离中国艺术传统中和之美的规范。

## 二、徐渭书法构成要素及创作特色分析

（一）用墨与用笔。徐渭作书喜用浓墨，墨色新鲜如洗，无常人易患板滞破碎之病。运笔中出现的散锋枯笔，恣肆苍茫，颓放萧索。浓、渴笔的交替运用，形成了丰富的墨色层次变化，节奏韵律感鲜明。浓墨作书极难把握，而徐渭浓墨抹写出的线条却浑劲爽洁，如屈铁，如紫藤，显示出惊人的腕力。在叹为观止的同时，你会真正体味到什么是"干裂秋风、润含春雨"的精髓。徐渭书法用笔斩截利落，常有出人意料之笔。乍看突兀，再看奇特，三看叫绝，令人匪夷所思。临空掷下的尖锋起笔，千姿百态的捺笔，钉头状的收笔，竹节状的竖画，一般人以为病忌，他偏爱用。用笔忽提忽按、忽扭忽挫，笔画忽粗忽细、忽轻忽重。总体上采用米芾以中锋为主、八面出锋的运笔方法，同时又有意识地融入黄庭坚书提按变化，线条粗不显滞，细不显浮，屈曲盘绕，极尽妍态，有着极强的节奏韵律感。这些是徐渭用笔的典型特征。特别值得指出的是徐渭卓越的控笔能力：除了对浓墨的精妙运用外，还体现在快速挥洒中仍能保持严谨的法度，保持万毫齐力的中锋状态。牵丝引带，回环缭绕，点画形态历历可见，不显凌乱浮露，反觉遒劲妩媚，气势飞动。行草书《一篙春水半溪烟》诗轴之"中"字竖笔，苍苍莽莽，仔细审视，竟至少有十六次提按！大草《李白赠汪伦》诗轴多用散锋枯笔，大开大阖，少了诗意之脉脉温情，更多荒寒萧索之态。徐渭狂草线条的质感明显与张旭、怀素、黄庭坚、祝允明等其他草书大家不同，里面浸透的满是苦涩、萧索、粗率、颓放、愤懑和怒号，这正与他的情绪、心态契合一致，因而躁动的线条显示出的激愤气与沧桑感就格外浓重。那分明是对命运不甘的挣扎，是徐渭躯身的血肉化成了茧而从中牵出的连绵不绝的墨丝。墨点无多泪点多，从书法线条中，我们可窥见其炽浓飞扬的情感与坚韧不屈的人格。

（二）结字与章法。徐渭曾在《书李北海帖》中赞扬李邕结体的高妙，显示其对"所谓遇难布处，字字侵让，互用位置之法"是极为注意的。他的行书从米芾、苏轼，草书从黄庭坚、怀素处取法较多，结体章法亦带有他们明显的影响。与米书比，徐渭书更为雄强凝劲；与黄书比，徐渭书更为随意潇洒。徐渭书字形忽大忽小，字势忽正忽斜，字体忽行忽草，极尽变化之能事。行书《女芙馆十咏》字势结体左倾右倒，已到了惊心动魄的地步。他的大草书草法结字疏朗开张，章法多以字距行距紧凑布排。如大草书《幕府秋风入夜清》诗轴，纵幅四行，字多连属，行与行紧挨，间以浓墨粗笔，更显跌宕错落。全篇一气贯之，字势飞纵，如落英缤纷，雪花飘舞。行草书《自书诗七首》长卷，结字学黄庭坚，长枪大戟，正欹忽参，章法布局取米芾《虹县诗卷》，每行多至四字，少则一字，参差起伏，颇具匠心。行书《野秋千十一首》手卷，笔画结字多米芾遗意，字距紧密，改米芾左上右下为右上左下取势，整幅作品气韵流注，洋洋洒洒，从第四行起字开始往左偏离行中线，到最后十行，上部往右偏倒已极为明显，有群雁南飞、大厦将倾之感。他甚至将结字做拆解变形处理，宁支离稚拙也不取习见的端整工巧之态。如其"水夕苍蚊残夏雨，河间红树早秋梨"楹联，结字歪斜散乱，夸张变形，显示出他对结字布局的自觉改造。虽"做"的成分很浓，但因能把全篇宏观统筹兼顾，局部的点画结字服从整体的安排，躬行"迨布匀而不必匀"的原则，所以最后能基本归于自然妥帖。徐渭不顾传统的结字布局的规范和程式，摆脱了严整、中和等传统法则的束缚，于局部的不平衡动荡中求得整体的平衡和谐，于大雕琢中求得自然化工之效。点画结字、分间布白，乍看显得稚拙拘谨，细审却使人感到稚中蕴含苍古，拙中遒媚跃出，紧敛中不乏生动变化之致。

（三）整体效果与创新风格。徐渭书广采博搜，自成一家。其对创作中各个环节的控制与掌握娴熟而精妙。表面粗头乱服，点画狼藉，实则纵放险绝，豪荡奇伟，通运机变，莫可穷测，书者激越迷狂情态汹涌迸泻于笔端纸幅。概因希望既灭，长期遭受的压抑与刺激所蓄积的巨大情感能量皆借笔墨宣发，再不顾社会规范、艺术法度的约束，以能尽情释放胸中狂情愤态为旨归。喜怒窘穷，一寓于书，炽烈的情感，奔腾的线条，飞扬的气势，书法的抒情表现功能被徐渭发挥得淋漓尽致。谁能不为他磅礴的生命之舞深深震撼呢？徐渭书法总的风格，袁宏道已有"苍劲中姿媚跃出"（《徐文长传》）的精准概括，陶望龄亦有"精伟奇杰"（《徐文长传》)之语。徐渭书法既有整体风格的统一性，又有随之展开的各具面目的多样性。这种统一性集中体现在对传统的突破与创新、对气势神韵的不懈追求、对主观自我的尽情宣泄上。再细分的话，其书法表现为两种风格基本形态，一面是狂放恣肆、慷慨奔放、笔墨狼藉，一面是笔触细腻、含蓄凝练、姿媚跃出。徐渭书法由于幅式、书体、心境、书写内容和创作年代的不同，从而体现出风格的多样性。遒媚如草书《千字文》，颠逸如草书《自书诗轴》（幕府秋风入夜清），奇肆如草书《自书诗轴》（子建相迷恐未真），俊朗如行草书《自书诗七首》（客将刀出市），灵厚如草书《李白草书歌行》手卷，精伟如草书《自书诗轴》（春园细雨暮泱泱），等等，真是五彩斑斓，卷卷绝妙。徐渭书法创作与风格力求做到如"冷水浇背，陡然一惊"的效果，其实一切艺术创新的实质就是追求合乎原则、目的、规律的新奇化、陌生化效果。治艺，超越别人难，超越自己更难，重复别人甚至自己是徐渭这样的天才艺术家所不堪忍受的。在更大意义上，徐渭无疑是个成功者。

## 三、徐渭书法创新谈

徐渭书怒不同人，反对帖学桎梏，高扬主体精神，重表现，个性化、抒情化特色十分明显，他的创新主要体现在如下方面：

（一）对书法各个构成要素的突破与重造。如前面所述，徐渭用墨浓而能活，从而已具备气韵生动的第一层物质基础。他不屑因袭固守，起、行、收等各种运笔方法皆与前人时风相异，打破了用笔千古不易的教条。徐渭书线条醇厚蕴藉，柔韧挺劲，从中折射出其内心情绪的律动轨迹。他改变传统方正、平整、匀称的结字方式，大小错落，夸张欹侧，甚至采用对字形重新安排、做拆解变形的处理方式。这使他的结字章法布排更为跳荡活泼，于奇险中求平正，由局部的动荡达至整体的平衡，与他"极有布置而了无布置之痕迹者"（《评朱子论东坡文》）的理论观点相一致。这么我行我素的改变是前所未有的，徐渭对结字的变形改造对后来者如傅山、郑燮有着重大的影响。由此，徐渭创造出了一整套自己的书法表现手段与语言方式，使书法的面貌发生了巨大的改变，书法不再为"理"所缚，体现出鲜明独特的个性风格，有着极强的气势与视觉冲击力，相较先前书风的雷同僵化，千人一面，无疑是巨大的进步。

新的时代与社会环境需要与之相适应的书法形式，徐渭书法不是局部微小的改良，而是涉及各个构成要素的重造，力求"生动"、"生韵"之新鲜意境，这种离经叛道的突破与重造需要多方面的条件方可成就。王洪源先生在《徐渭草书李白诗轴》中说："徐渭所面临的当时书坛现状是一种日趋僵化的帖学一统天下。在这样的境地中开辟新路，一方面要拥有精湛的书法基本功底，另一方面，又要具备知机见微的创新眼光，而更重要的还是要有敢于横冲直撞的创作精神和实践。这三者的兼备还要在特定的历史条件下和生活经历中化合，才能升华出彪炳百代的艺术成果来。"

（二）书法审美特质的扩展。如上述，与明代中晚期追求个性自由、思想解放的思潮相适应，书法领域再保持以往的状态已不可能，必须创造一种新的书法语言，以适应形势发展的需要。徐渭对当时书风臃弱僵硬，由求雅而导致的生意全失深为不满。李东阳、王世贞、王穉登等书家，合与古法，而情的表现并不明显。徐渭则以情役书，笔为心运，重表现、重个性，追求古、拙、厚、重、遒媚的艺术境界。在手段技法上，一改以往的墨色单一，线条净匀，结构平整的创作状况。以中锋逆笔而行，增强笔锋与纸的摩擦力，墨更多地注入纸中，使线条更为滋润厚重，线面的分割组合更为灵活多变，笔画更具张力，呈现出如印印泥、如锥画沙的立体厚重效果。从而使笔画融入更多的内涵，不再是为某种目的服务的工具，而是反映主体的个性修养、情绪心态、审美理想以至时代精神、群体心理等，使书法的表现力、生命力等得到很大的增强，获得了进一步发展的空间。正如徐渭本人所说，书法的线条与风格应是细腻中有老辣，老辣中有娇丽，且复间出新鲜。这样才可称为"大作家也"（《与钟天毓》）。徐渭书扩展了书法的审美质素，开创了新的审美范式，这种审美质素与范式符合自己求新求变的美学理想，能够使自身的情感得到最大限度的抒发，个性得到最大限度的张扬，同时也符合时代精神的需要。

徐渭鼎旧革新，冲击了传统稳定的艺术模式，拓展了书法的意象内涵与美感形式，这种美感形式超出了大多数人的期待视野，不符合传统的占主流地位的审美范式，注定出现少有知音的共鸣，不为当时人理解，甚至不被时人容忍，时人予以种种贬抑的结果。这是徐渭书法长期备受冷落的重要原因之一。但从纵向看，徐渭开启了一段书法新时代，标志着重表现、重个性的浪漫书风的到来，其承上启下之功自不可等闲视之。

（三）行草书掺以隶意章草法。徐渭一些作品的隶意很浓，更确切地说，他把章草笔意融进了行草书中。捺笔多用隶书的波磔，一些长横画以及草法的书写、结字等也多以章草法出之。融入章草法，除了增添古意外，隶书笔法的使用也使字势更加飞动，形式更加活泼，作品憨态可掬，新颖别致，令人耳目一新。符合其"古而媚，密而散"的审美追求。试看其《淮阴侯祠诗翰卷》：作品带有明显的章草笔意，章草法的融入增强了笔画的对比度，隶法捺笔改变了今草体势的圆转，同时又保持其生动流畅，视觉上顿生倔强跳荡之感。有时行笔减速重按，使情感心绪有了绾结停顿之处，线条形态更富于表现力。结构上散散棱棱，寓方于圆，没有做作浮泛的习气。整篇望去，一股浑融俊逸之气扑面而来，流露出干练从容的大家风范。

徐渭行草书的章草笔意与他学索靖、倪瓒及元季明初章草的勃兴很有关系。《徐渭集·逸稿·评字》帖中尝言："学索靖书，人并以章草视之。"他是得章草三昧的。诸体杂糅，东汉魏晋时期多见，有着创新的广阔余地。徐渭选此做独辟蹊径的探索，为黄道周、郑燮等人开出前路。

再者，行书与草书的区分在徐渭作品中已不是那么明显，而是行中带草，草中有行，有意打破两者的界限，其作品多有此倾向。

（四）画意入书。在此方面，徐渭作为开宗立派的大写意画家有着得天独厚的条件。书法中的画意更多体现在对笔画、线条的运用与处理上，"石如飞白木如籀，写竹还应八法通"之类书与画交融相通的例子自是常见，但以画法入书，徐渭书法却体现得较早也较为显著。我们来看其代表作行书《七言诗卷》（东邻西舍丽难俦）：此幅作品用笔大提大按，而又极尽变化，线条粗细对比极为鲜明，奔腾涌动，蕴含着丰富充沛的生命气息。最独特的还有那极细的纷繁缠绕的牵丝，瞧来不觉凌乱纤弱，反更添灵动妩媚。全篇点画纷披，跌宕多变的撇、竖、捺画，恰如落英旋舞、青藤枝蔓，其笔法由来不难从其绘画《杂花图卷》等作品中寻出端绪，所以与其说它是书法，不如把其作为一幅婀娜多姿的水墨写意花卉画来看，亦无不可。其另外一些作品亦复如此。画家作书带有甚至是有意识地带有作画时的笔法意态，自在情理之中，因而徐渭书具有作画时左涂右抹的浓重"扫"意，就让人容易理解了，徐渭已经把画法和书法做到了很好的交融相通。明末张岱亦曾有"青藤之书，书中有画"（《跋徐青藤小品画》）之语，对徐渭书法中的画意做了概括评述，很有见地。

（五）小结。徐渭书法，用笔、结体、章法乃至行草书融入隶法、画意入书等都做了大胆的迥异前人的革新与创造，而这种革新与创造并不是与帖学传统的完全断绝，而是合于艺术发展的内在规律，继承帖学书法的精髓，与之保持了一以贯之的血脉联系，在此基础上的全新改造。务必注意，对传统的破坏首先源于对传统的精熟，破坏本身就是解放，破了就有发展的空间。帖学书法在徐渭笔下又一次大放异彩，但在当时，徐渭的革新改造远远超出了人们的心理承受能力，注定为保守僵化的书坛所不容。今日看来，我们不得不钦佩徐渭前瞻的识见与奋力开拓的勇气。他特立独行，全然不顾是否被接受，他对自己书法也曾有"体刺格乖，人所不愜"（《哀诸尚书辞》）之语，对自己的书法不被理解、不被接受，是心中有数的。另一面，徐渭对书法的重造与革新是建立在对当时书坛弊病深刻体察的基础之上，因而在《题自书一枝堂帖》中写道："高书不入俗眼，入俗眼者必非高书。"对自己的书法，他又有着十足的自信。

另外需指出的是，徐渭的创新除了自觉的求变意识之外，还有一个客观原因，即当时书法创作经历了由尺牍手卷到长轴悬挂、由小不及盈寸到鸿篇巨制的幅式变化，此种改变会促使书法的笔法、结构、章法、墨色等各个构成要素的一系列改变乃至书法本体的变革。此种幅式变化与晚明精神解放、个性独立以及书法自身的发展等因素有关，徐渭书法的开拓创新抓住了此种客观契机。因而我们可以看到，徐渭书多洋洋大幅者，如其草书《千字文》长卷，长近五米；行书《咏墨凤凰台上忆吹箫调诗轴》，纵达三米半；《淮阴侯祠诗翰卷》则长近七米等。

## 四、失法论辩驳

袁宏道在《徐文长传》中写道："文长书决当在王雅宜、文徵仲之上，不论书法而论书神，先生者诚八法之散圣，字林之侠客也。"褒扬之外，还谓徐渭对书法技法的掌握有欠缺未到之处，后人亦多附会此说，由是徐渭书法的失法论遂成定谳。此诚是惯常的谬误无知之说。从某单篇而言，徐渭书法确有失法不当之处，但不能以此涵盖其全部创作。"丹墨毫厘有是非"（《秋葵》），徐渭深谙艺术规律，极为重视法度，为此下过精深的功夫，因而，他对法的把握与理解是极为独到、全面的。由于科举的需要，徐渭很早就打下了良好的书法根基，此其一。再者，从其所著《笔玄要旨》与《玄抄类摘》对执笔运笔详细的论述，到他的各种文艺观点，我们不难印证上述说法的正确。其三，从其书法作品本身来看更是如此。如行书《七言诗卷》（东邻西舍丽难俦）、草书《千字文卷》、大草《自书诗卷》（春雨剪雨宵成雪）等作品，法度的严谨完备实已到无可挑剔的地步，很难想象，如果没有对法的全面准确把握如何能写出如许撼人心魄的作品来。

所谓"法"，一种是对传统之法的遵循，一种是自己"杜撰"之法。在当时的社会条件下，某些成法已僵化失去生命力，不再能满足徐渭特定的需要，徐渭曾多次斥责"其于点画漫不省为何物"（《跋张东海草书千文卷后》）的书坛时风。此种情形下，徐渭勇于扬弃，倾注巨大心力，破坏、解析了前人的"法"，又重建、开创了适合自己个性表现的"法"。他的"法"不再是对情感的压抑围缚，而是更适合自己多种情感的抒发，最大限度地发挥书法的抒情功能的"法"。"我书意造本无法，点画信手烦推求"，无法蕴含了至法。选择、融裁、继承已属不易，探索开拓属于自己的一套书写语言则尤为艰难。徐渭留给后人最大的"法"就是戛戛独造、匠心独运的无畏创新精神。我们决不能以失法涵盖其所有作品，其在醉酒等特定状态下的创作，失法的现象确是有的，其时徐渭已完全忘却了书法的存在，"忧愁不平气，一寓笔所骋"（苏轼《送参寥诗》）。他此时只是把书法作为宣泄其狂情愤态的载体与工具而已，兴起而作，兴尽而止，哪顾得到细枝末节呢？今人黄惇论及徐渭时多次说过："在追求己意的同时，徐渭并不是一个放弃传统书法技法而不求功力的书家。他曾著有《玄元类摘》一书，深解笔法，详论点画。"（《中国书法史·元明卷》）此可谓洞悉之见。

大师的作品或可以找到小疵，但在大处整体却绝对洋溢着本人独有的他人难望项背的鲜明印记。你一看到他们的作品，心就会一下子被其中蕴含的气势攫了去，就会不自主地跟着他们作品的动感节奏飞扬舞蹈，从中喷涌的强旺生命力真是叫人神晕目眩、不能自持。这正是伟大艺术家的魅力所在。

## 五、徐渭书法取法渊源与比较分析

"夫不学而天成者尚矣，其次则始于学，终于天成，天成者非成于天也，出乎己而不由乎人也。敝莫敝于不出乎己而由乎人，尤莫敝于罔乎人而诡乎己之所出，

凡事莫不尔，而奚独于书乎哉？"（《跋张东海草书千文卷后》）

不学而天成者，世间根本不存在，学而天成也只有少数人达到，徐渭就是这少数人之一。徐渭天资超卓，识见精深，不为门户所囿，凡我所需，皆为我用。"越中十子"中，陈鹤、萧勉、杨珂等人皆善作书尤其是狂草，他们极大影响了徐渭，使其较早就从个性思想过渡到艺术创作。从其书论可知，他小楷学钟、王，行书则多从米芾、黄庭坚、倪瓒中来，草书则取法索靖、张旭、怀素、黄庭坚及同时代的祝允明、张弼等人。评各家书，效各家体，皆形神毕肖、几可乱真。其临摹不愿尺寸较之，"凡临摹直寄兴耳，铢而较，寸而合，岂真我面目哉"（《书季子微所藏摹本兰亭》）。师心而不师迹，对各家做有意识的扬弃取舍。弃蔡襄书熟净劲匀，代之以老辣粗涩；对赵孟頫之媚非一概贬斥，取其秀丽温润的一面；对黄庭坚则弃其构密，增以潇洒俊朗；对米书称誉有加，对苏轼书则不太满意。但在创作实践中，徐渭在用笔上有意减少米芾刷味，增添黄庭坚丰富的提按变化，使线条含蓄凝劲，追求如绵裹铁的视觉效果。在线条凝劲这点上，徐渭更多取自黄庭坚、苏轼。

徐渭广采博搜，无复依傍，习众善而终成一大家。其书法领异标新、矫激特出，给当时颓靡的书坛注入了强劲生命力。其可贵的探索使帖学重现生机，给后人留下了宝贵的财富。

## 六、余　论

徐渭尝言"吾书第一，诗二，文三，画四"，后人站在不同的立场多有不以为然者。把徐渭的书、画、文学、戏曲梳理一遍，当知其语并非疯话。但对后世而言，虽袁宏道有"八法散圣，字林侠客"（《徐文长传》）的极高评价，但由于诸多原因，他的书法影响远没有绘画、戏曲大。但有一点我们可确信，徐渭的书法价值仍"至今照铄，不与其人俱往"（黄汝亨《徐文长集序》）。今天，我们应对徐渭的书法做全面的认识与评价。

"人生不幸艺术幸"，强心铁骨的勃勃生命力终结出了颗颗硕果，徐渭没有实现的抱负，经过转移升华，阴差阳错，在艺术上实现了。他的书法与当时盛行的陈陈相因的台阁体书法已不可同日而语。它超越了别人，超越了自己，也超越了时代，它注定要品味因特出的超越性而导致的孤独与冷落，焦虑与彷徨。

郑燮曾填《贺新郎·徐青藤草书一卷》，对徐渭及其书法做了热情洋溢的礼赞，我们权以它结束本文：

"墨池余香胜。扫长笺、狂花扑水，破云堆岭。云尽花空无一物，荡荡银河泻影。又略点、箕张鬼井。未敢披图容易玩，拨烟霞、直上嵩华顶。与帝座、呼相近。半生未挂朝衫冷。恨秋风青衫剥去，秃头光颈。只有文章书画笔，无古无今独逞。并无复、自家门径。拔取金刀眉目割，破头颅，血迸苔花冷。亦不是，人间病。"

# 明代吴氏谱牒序跋辑录

舒　天　整理

## 吴氏谱系序

郑　真

予以临淮学官考满，与凤阳教授吴先生进牌入觐阙下，对清光，聆玉音，应制进诗，荐承宴赐。一日朝华盖殿，先生以称职授宁波府主簿，予亦忝除广信教授。幸得过家上冢，与先生买舟东行。先生既上任宁波，士大夫且贺且喜，造谒馆下。先生出示谱牒，且曰："某忝以世绪谬拜恩擢民社之司，凛不自胜。维是系序之传，奉以周旋，不敢失坠。今老矣，尚未有子息嗣而续之，其能无所望也耶？"缙绅君子谂焉观焉，仰其科名之懿、世泽之厚，执笔撰述，盈诸卷轴，俾予序作者意。夫君子莫贵于重本，谱牒之系，有尊祖睦族之义焉，非所谓重本者乎？以吴为周室之懿胤，昔者太伯、仲雍以天下让，至延陵季子而让国益以明著。自国而家，子孙蔓延天下，有能谨尊祖睦族之义，则太伯、季札退让之风，千载一日也。然以莆田水南一族观之，由宋以来，号为全盛。五太守、状元坊之号，功名爵禄，冠于闽南。至于晚岁，潮州倅君复守节义，可谓世臣乔木也已。恭际熙朝，右文更化，先生嗣而承之，文章德行，掌教中都，自王邸台察至郡府州县，皆改颜而礼貌之。由是出倅于鄞，凡簿书刑政之宜，诗书礼乐之正，异日公侯，复继万石君家之盛，岂非宁波士大夫祝愿于先生者乎？夫家有谱牒，国史取信。唐太宗诏许敬宗类天下氏族，序世家者有考焉。乃今绸书金匮，述作并兴，若斯谱者，上送之官，岂不足以风厉天下乎？可但昭穆世次为一家之传耶？孔子曰："吾学周礼，有宋存焉。"予于吴氏谱亦云。

（《荥阳外史集》卷二十三）

## 吴氏族谱序
### 唐文凤

氏族者，古史官之所纪录，故司马迁父子约《世本》修《史记》，因周谱明世家。厥后唐太宗诏高士廉等作《氏族志》，宋欧阳文忠公依汉年表为世谱。姓氏之所出，其来远矣。家之有谱，犹国之有史也。史立法简严，非殊勋伟绩、穹爵盛名，则略而弗书。谱载事详明，为子若孙，苟其祖父一言一行之懿，惟恐或遗。然则家谱者，所以佐国史之不及也。呜呼！谱牒之不修也久矣。汾阳四世而冒认，黄浞七世而复合，则知姓氏之所自出，皆系于谱，而不可以不修也。星源富坡吴氏，为泰伯之裔，传世八十有九，粲然如珠之就贯，整然若雁之列行，先后有伦，小大有序，昭穆之名，支派之衍，可指而易见也。盖由梅岩翁用心之笃，能因其旧谱而重加订正，询诸耆旧，稽诸载籍，旁搜远引，上接下基，无所漏失，可谓勤矣。昔梅岩之长子尚友，常征我先君白云翁序之。今尚恭又能因其父梅岩之所修，而求儒林名笔，以继父之志，以显祖之德，而传示于无穷者，亦可尚矣。嗟夫！世之人肯构不能肯堂，前桥不能后梓，矧若吾尚恭父子同志，而能以尊祖敬宗之心为心，俾后之子孙知祖训之是式，祖德之是征，则修身慎行，无忝所生，岂不由兹谱之存欤？《诗》曰："无念尔祖，聿修厥德。"序以弁于卷端云。

（《梧冈集》卷五）

## 吴氏族谱序
### 周是修

余还朝之明年，同邑横塘吴士贤氏来游京师，持其所修家谱，访余西邸而请叙，再辞不获。即其谱而考之，吴氏之在横塘者，其先出于虔州刺史相，始居文江之蟾溪洞。季子曰守者，官至常侍。十二传至绍兴省元首善先氏。历彦高、子季古，由沙溪杏一冈而迁横塘。横塘有吴，自季古始。五传至光允公，生五子，从善、从谦、从吉、从兴、从正，而家益以殷，族益以蕃。从吉字叔文，二子南山、梦雷，俱文学渊粹。梦雷字震翁，生宗大、宗立，富而好礼。宗大字德元，三传至士贤。世以丰厚诗礼名家，君子谓士贤志刚才敏，念厥祖而不忘受福之所，自颜其堂曰积善，寓永劝也。又能力学不息，式光先业。观其不以声利为急，而拳拳于族谱之是务，其不怠不忘之实，即此而足征矣。呜呼！古者黄帝氏立，因生以赐姓，胙之土而命之氏，故天下之得姓受氏，莫非轩辕之子孙也。周姬姓，武王时，泰伯之后封于吴，其后因国以为姓。有若季札之贤，为吾夫子之尊慕。及宗国不祀，其本支之散处海内者不少也。至长沙王芮，德业著于史册。大司马广平侯汉，以元勋图形云台。自时厥后，植圭儋爵，逮宋元而逾显者，不可胜纪，然莫非泰伯之子孙也。虔刺史之先，则本出于长沙之派。至今二十四传，绵绵蛰蛰，蔓延于兹里者，又莫非刺史之裔也。夫以吴氏之盛而庆源之远如此，达老泉苏氏之旨者，谱可以不修乎？况尝闻之虞文靖公云："有祖之庙者，父之亲无不在焉。有父之庙者，昆弟之亲无不在焉。"宗法不立，则祭法不明。然而后世谱牒联属亲亲者，犹古宗法之遗意，谱固不可以不修也。宜士贤之拳拳，既能修谱而承其祖考之志，复欲叙谱而汲汲以余为请，可谓贤也已矣。数百载之下，其子孙孙子代有能以士贤之心务士贤之务者，则吴氏之谱将愈远而愈彰。使同源分流虽千万之广，得有所稽而免乎苏氏途人之叹，不亦贤乎？又当知士贤积善名堂之义，人人而体之，世世而笃之，则吴氏之善日新月盛，以无负于士贤承先启后之深意，而杜氏所谓衮衮生公侯者，必复其始矣。是宜叙，以为吴之后之勉且望焉。

（《匏翁集》卷五）

## 吴氏宗谱序

### 方孝孺

宋之迁于江南，婺去国都为甚迩。其地宽衍饶沃，有中州之风。故士之自北至者，多于婺家焉。于时婺之俗比他郡为最美，为学者先道德而笃行谊，尚廉洁而崇气节，修谱谍而谨名分。暨宋之衰，而至于失国，老儒先生多感慨奋激，深衣大冠，处林壑，甘贫贱，而不肯少徇于世。今百余年矣，余不及见其全，而喜与士游者，乐其故俗而思其遗风，庶几乎得有若昔之君子者而事之也。昔年见太史公于京师，心乐焉，以为不愧乎宋之士。考其所为，无不合者。而恨世不能深知公之为人，视其德行，读其文章，而不知公非今世之士也。学于公者多矣，智足以知公者盖众，求其内而不失士之行者，其吴彦诚乎！彦诚质厚而志笃，有司尝以其才应荐，彦诚以亲辞不可，荐者闵其贫，谋于县人，合数十缗赆之，却不取，卒辞于大臣以归。太史公致政家居，以事获谴就逮，故人亲厚者畏祸及，多避匿散去，独彦诚左右公如平时。及公事竣归蜀，彦诚又将告诸闾里知义者以周公，余以是知彦诚过于恒人甚远也。士当无事时，崇言侈论，莫不重自许。或诋之为恒人，必拂然怒。及临财利，遭变故，能小异于恒人者寡矣。此宋之士所以为难能，余于太史公而益信彦诚之善学也。彦诚它日修其家谱示余，知其先在宋为儒家，而彦诚欲予序，以告其族人。余言不足为吴氏告也，若乡邦之故俗，与彦诚志行之大端，则后人所宜知也。

（《逊志斋集》卷十三）

## 吴氏世谱序

### 杨士奇

余尝阅《宋史》，见龙图直学士仙居吴公芾，凡所立身、事君、治民，一由君子之道，而以刚直不容于时，心向慕之。又阅朱文公所为公神道之碑，视史加详，于是慕之加切焉。盖君子之仕也，皆欲推其所学施诸致君泽民，然而得遂所志者何其少也！后之人得其行事而向慕之不已焉，则亦好贤尚德之心无古今之间。至若慕之又思见其子孙，则君子之感于人者深矣。吾邂逅仙居士人，未尝不及吴氏之后世，独尝见王静学先生言龙图之子孙宗族诗书世泽故未衰也，可为仁者有后矣。比年识龙图之子孙、太学生同志，温温然持其言行甚谨，盖已重其昆冈之产也。既擢陕西都指挥司断事，尤闻其敬慎职务，盖加重之。三载考绩京师，复见焉，始得见其宗谱。盖其先居处之遂昌，唐中宗朝讳进公者举进士，官至刺史。刺史十世孙讳全智，仕梁至银青光禄大夫、检校国子祭酒兼侍御史，光化中避地仙居，遂家焉。其子孙愈远而愈盛，祭酒之九世孙登进士第者三人，曰咏，曰谦，其一龙图也。咏之子骧，谦之子浚，龙图之子津，又相继举进士。自是文献益有续，而吴氏为望于仙居，岂一朝夕之故也？族故有谱，至岐又续之，凡名讳、字行、生卒、葬娶，详其所知，阙其所不知，粲然有条而不紊，名曰《世谱》。所得历代封赠诰敕及碑志行述之文，别辑为卷，名曰《世录》，附谱之后。凡此非有贤子孙，莫之能为也。嗟乎！吴氏之肇于前有其人矣，将无绍之于后者乎？绍之之道，亦曰殖学树德焉耳。《传》不云乎"必复其始"，盖吾于吴氏之贤子孙望，遂书以复同志，为《世谱》序。

（《东里续集》卷十三）

## 吴氏族谱后

### 杨士奇

右新喻吟峰《吴氏族谱》，著自始徙吟峰之祖栖筠，至于今刑部郎中方大，凡十七世。其间诗书、科第、仕宦累累有纪，文献足征矣。《周礼》小史掌邦国之制，奠系世，辨昭穆。世者，诸侯世本。今世谱始此，盖古之人以仁其族者也。然世谱非有贤子孙则不知作之，吴氏其代有贤者，故纪载详明，继继不绝欤！谱前有包孝肃、后有梁石门之序，孝肃于栖筠之孙为同年，石门于吴氏之居为同里，此其言岂苟然者哉？余每读苏文定公《浩然堂记》，思识吴氏之后世。今大司寇南康魏公于人不苟许可，数为余道其属官之廉公闿敏者，方大必在甲乙数。吴氏之庆泽其未艾哉！其未艾哉！

（《东里续集》卷二十三）

## 吴氏族谱序

### 金幼孜

族不可以无谱，谱者所以敦本始、明世系、别等衰而笃恩义也。夫人之生，其初一人之身，至于二世、三世，其居尚同一家，饮食起居、冠婚丧祭相聚于一堂之上，揖拜跪起，长幼之礼秩然而不紊，谱不作可也。传之既久，至于后世，一人之身散而为数十百人，仕宦转徙之靡常，居止地望之有异，苟无谱以合之，则苗裔无所据，疏戚无所辨，至于相视为途人，比比而是。此谱之不可以不作也。庐陵之永和吴氏，世为望族，其先家永新之燕市，复徙泰和之白沙。其居永和者，则始于某世祖某。宋兴以来，衣冠蝉联，以经术而显者，项背相望，至于今益蕃衍盛大。有若尚礼、尚忠之笃厚，著称于乡。以及其子克良、克岐之敦尚礼让，不悉其世，而尤切切焉于敬宗睦族之道。间自南来，以所修家谱一编相示，有宋右丞相信国文公序引在。观之既，则再拜请一言以识右简。呜呼！自宗法不行，而谱牒兴，士大夫家犹得赖之以究夫木本水源之义。近世故家大族于宗法固不知讲，而于先世之谱牒一视为长物，谩不加省。其间子孙之贤，能寻袭先绪，致谨于此，以不失夫前人之旧者，十不二三焉。视吾克良兄弟之拳拳爱重于斯，以不忘其先者，可同日而语哉？继此以往，使吴氏子若孙登名于是谱者，皆能以是为念，笃世系之亲，明孝弟之道，尊卑之有其序，昭穆之有其等，疏戚之有其别，揖让会合之有其节，冠婚丧祭之有其常，则所以训于后世，传于将来者，其曷有穷哉！《传》曰："本之茂者末必蕃，膏之沃者其光煜。"观于吴氏，尚亦有征哉！

（《金文靖集》卷七）

## 跋吴氏家乘后

金幼孜

右《吴氏家乘》一编,元处士伯纯甫之所集,其裔湖广参政某之所重录也。吴氏以族望于南昌,曰北山。自其鼻祖太师仪国公居厚以相业显于宋,历元迄今,诗书德业之传,衣冠文物之懿,数百年来,愈远而愈盛。江右故家大族若吴氏者,盖不多见也。今观是集所载,首于《褒贤阁记》,则仪国为武康节度时之所作也。其次继之以序铭志等作,则皆有宋诸名公或为述其奕世名堂之义,或载其先代德业之实,旧家文献,粲然可征,于戏盛矣!伯纯甫集录时,乡先达胡霆桂先生尝序以锓诸梓,以永其传。不幸中遭兵燹,漫灭散轶。某惧其久而不足征,遂托其乡友中书舍人王仲叙重录之,以藏于家,其用心之勤可知矣。夫莫为于前,虽美弗彰;莫继于后,虽盛莫传。吴氏之先仪国尚矣,其承藉于后者,固未始乏人。今某以经术致身,屡参藩阃,绰著声称,所以绍仪国之烈,以为吴氏之尤者,安知不在今日乎?吾见是集益将续书而不替矣,某之后人,尚其世世宝藏而笃念之哉!

(《金文靖集》卷十)

## 仙居吴氏世谱序

李时勉

孝弟仁义、诗书礼乐之泽之垂于后,固足以庇阴其后之人,使之蕃衍盛大,若水木之本源深厚,而其流之远,其枝叶之茂固其宜也,观诸天台之仙居桂里吴氏可见矣。吴氏之先居遂昌,自其始祖银青光禄大夫、检校国子祭酒兼侍御史全智,由遂昌徙仙居,银青之九世孙曰咏,与其从弟谦、芾连擢高科,咏之子骧,谦之子浚,芾之子津,又联登甲第,乡人荣之,县大夫为更名其里曰折桂,至今称桂里吴氏。考之其谱,有笃于事亲,亲没而后仕者;有不忍违亲,假近职以资养者;有因寄托,权其子母以待其来而归之者;有因饥岁,倾廪以济饥者;有辟馆聚书,延礼名师以训教族属者;有执义秉节,始终不渝者。是岂求异于人哉?由其大家旧族性习之美有以为之也,其所以垂休衍庆以遗其后之人,岂为少哉。今陕西都司都使同志,吴氏之贤子弟也,昨来报政天官,为予言:"同志之先自居仙居来,十世祖洽始为之谱,十二世祖岐又重修之,至先大夫淳,虑有他族相冒之患,总萃为一图,以银青为始祖,居中,余一世一匝,以旋于外。其防范之意,可谓密矣。然不拘世次,但以生年月日为先后，而以上中下别为尊卑，其于昭穆之序，亲疏之辨，则或难于考据。先君子与先叔父欲重加修辑，志未就而没。同志与诸弟侄痛先志之不遂，于是翻阅旧谱，考诸文集，并其所闻知，足其未备，补其缺略。先立谱图，五世为一编；次立谱传，一世为一编，名曰《世谱》。其封赠、诰敕、赞述文字，别为一卷，名曰《世录》。而先大父之图仍存于其前。总名之曰《宗谱》。编类已成，愿为我序。"吴氏自银青来至于今，二十余世矣，其宗族之盛，子孙之众多，凡数千指，而簪缨科第，代不乏人。非其先世之所遗者深以厚，乌能若此哉！同志之所为谱，谨严详备，既免乎他族冒妄之患，而又尽乎惇宗睦族之谊，于前人之意兼得之矣，非其贤，能之乎？为吴氏之后人者，可不思所以继承之，而使先世之余庆永永而无替哉！

（《古廉文集》卷四）

## 题吴氏族谱后

### 陈敬宗

谱者，谱吾祖之所自出也。自吾祖一人之身传而至于千百人之身，自吾祖一世之近积而至于千百世之远，其间支分派别、昭尊穆卑、情服隆杀之不一，穷通贤否、生卒夭寿之不齐，自非谱以述之，而欲使生于千百世之下者逆知之于千百世之上，亦难矣。谱之作，奚可少哉？吾观甬东吴氏之谱，自其始祖助教东明公至于其孙友璘，凡十有二世，其昭穆尊卑、亲疏远近之详，可以一展玩而尽得之，虽百世之远，不言可知也，岂特十二世而已哉。夫百川之流归于一源，千寻之木发乎一本，孰谓千百世之子孙而不本乎一世之祖乎？散而下之则为万殊，推而上之则为一本，此非仁人孝子，有所不能知也。友璘其贤矣哉！继今而后，使为友璘之子孙者，皆能善继善述以永其传，吾见尊亲孝弟之人皆于吴氏之门出矣，而亦本于友璘垂训之功也。然则为吴氏子孙者，可不勉哉！

（《澹然先生文集》卷六）

## 高畲吴氏族谱序

### 吴与弼

吴氏由鄱阳马鞍山徙进贤军山湖之梭渚，是为讳蟾府君。三子，昇、灿、晃。昇析黄源，晃析枫林，灿生梅坡。梅坡生九一，九一生长一，长一生大一，大一生仲二。仲二三子,其季庚三,由梭渚徙南昌钟陵乡之高畲。庚三生祥卿,祥卿生伯亨,伯亨生嗣贤。嗣贤娶宫氏,生贞。贞早失怙,旷于学问。既长,恒感慨,欲从师,食贫养亲,未暇也。年四十,始游吾门,同侪久益敬爱之。予尝赠以觐亲之词,而题其柏舟之堂,兹复序其族之谱云。

(《康斋集》卷九)

## 题吴以魁族谱

### 庄 昶

新安吴君以魁,以其先世谱过定山,请予订其可否。予郇国文简公后,宋南渡,子孙漫处闽越,先世自浦城徙松,吾祖又以世变流寓兹土一百余年。方言之讹,转章为庄,予每欲会谱诸暨、温州、浦城以续先派,以正其讹舛,又以病卧林壑,愿莫之遂。四世而上,不知为谁,自恤不暇,尚能为以魁赞一辞哉?以魁沉深雅博,况其世谱皆其手笔,易简明白,图系派续,一览可见。予虽欲赞以一辞,亦莫能置寸尺于步武间也。西窗灯火,但相与检阅一再,以增永叹而已。以魁别去,不惜此稿,留我溪云。他日病暇,会谱之愿容或少遂,亦得以资矜式,而以魁于我尚亦有益哉!何如?

(《定山集》卷十)

## 吴氏族谱后序

### 桑 悦

先王之制礼,心无限则为之制,有所泄则引其情。如父母之丧与奉先之礼,稍有知识者,心皆无限,故立丧服至三年而止。自天子祭七庙,与庶人之祭其先,各有等级,所以为之制也。夫人本于祖,枝叶迷蔓,虽贤智亦有所泄,因赐姓缀族,以厚其源,所以引其情也。为之制者断之以义,引其情者全之以仁,要皆可以常行者为当耳。自漠魏而下,氏族掌之以官。此法既废,士大夫之家各修私谱,所以重其本也。庆远推府东广吴君告予曰:"予世居琼州澄迈之傥村,自元以来,始祖邦用始徙居安定之谭榄,流至予凡七世,俱以耕读为业。予忝许国为邑庠生,卒业胄监,为今官。自予所可知者如此。予恐后之迷今,亦犹今之眩古也,因作为一谱以示后,可乎不可乎?"呜呼!予观周子《太极图》,乃总天地万物之谱;张子《西铭》,乃孝敬大父母之图。学者玩《太极图》，则知为万世开太平之责不可逭；玩《西铭》，则知为一世整顿民物所当然。是皆充类至仁之尽、义之至也。况一家之谱，其可不修，使人兴水木本源之思，以全孝友仁爱之天哉？吴君可谓知所先务矣。君名偁，字某，为人慷慨有气节，有守有为。历柳至今，郡人各被其泽，出入贼境，渠魁慑服。遍历土官州郡，悉全名而还。显擢在迩，未可料量。是不足能显其谱者耶？兹谱之修，兵备副宪王公既序其事于前，予为叙作谱之意，因置其后云。

（《思玄集》卷五）

## 金溪吴氏族谱序

### 李东阳

湖广布政司参议吴君懋贞，以其父封给事中正夫君所修族谱来请曰："吾吴氏之谱逸久矣，吾祖若清府君暨若渊、若浩二叔祖有遗志焉。若渊之没，吾父检其故箧，则见其所自修者而未尝出示，盖慎之也。吾父乃仿康斋先生所为谱，质诸欧阳氏之法，博采旁证，以足其所未备，又冠以宗图，附以世德、仕宦、墓田、家范及团拜、合祭诸仪，八年而后成，乡之为谱者莫加焉。盖吾族始浚仪唐大史兢，八世而为宣公者居于蜀，子孙散处于抚、盱、赣、邵之间。金溪，抚地也。又五世而为四四者，宋开禧时始徙竹溪，为今族。凡九世而至世忠，以年计者三百矣。而吾谱始成，请序所以作之意。"夫姓之分而为氏，其类甚繁，惟国世最大且著，而其后亦或忽其所出。吴之于鲁，去黄帝未久也，而昏礼已失，况其他乎？后世以氏为姓，若简矣。然大而望于郡，小而望于乡者，亦不能皆明其所由分。虽大且著如国氏者，徒袭其空名而已。幸而知其所自出，而不知其所由分，其与无所出者等也。谱之作，其容以已乎哉！天下之吴，皆出于泰伯，今居竹溪之乡者，再分于金溪，一分于抚，而与盱、赣及邵皆分于浚仪。其前所由分者，莫得而知也。由是观之，虽散在天下者皆然，而何抚、盱、赣、邵之云乎哉！夫使浚仪以前之谱存，则由大史而上，可以至于封国受氏者，岂惟浚仪，虽天下可也。然则吴氏之谱之作，其容以已乎哉！且谱之义，所以尊祖敬宗而睦族者也。故必有孝弟之实心，而后能作；有孝弟之实行，而后能守。无其实而徒有其文，则其弊抑有甚焉。封君敦厚崇礼，以率其宗。布政君之在谏垣，文学论议，志存实用，有成绩矣。旬宣之泽，又将于此乎推。然则吴氏之谱由是而传之，以及于无穷，岂不可哉？为子孙者，知作谱之难，而思守之之不易，亦求其实而已矣。

（《怀麓堂集》卷六十四）

## 东坪吴氏族谱序

罗 玘

民之初生，固若瓜瓞然。尝观圃人之艺瓜也，岁畜其种，常百倍焉。时至而种之，勃然而生也，秕者固半矣。生而砾之，阒者茎固翘，蚁而穴者苞固萎，又半焉。繁则从之析之，疏则从之足之，此圃人之所敢知也。若其叶之沃然脂，蔓之虬然蟠，惧其脆而飘风折焉，此圃人无如之何也。故曰百苗之春，不如一实之秋也。日至之时，瓞于咫尺，瓞于寻常之间，不能瓞与瓞而黄落者，盖无算矣，其固有稿其瓢以嗣岁者矣。天地一大畦也，造物者圃人也，人则瓜也。人之有族，犹瓜之有本也。天下之族亦多矣，其有盛有衰、有嗣有绝也，犹其生之秕者半、飘风之害也。一族之有盛有衰、有嗣有绝也，犹其一本之或瓞或否、或斗石之似之不一也。至于造物，亦有时而病，犹圃人能于始而不能于终也。然吾尝见割瓜之本者矣，明日，圃人抱腐瓜而弃于道。而人之于族，路人也，且不知其出也，犹割也。而未见造物者之弃腐人，何哉？南城东坪吴氏，徙自西蜀阆州，所谓一府君讳宣者，其始祖也。今居东坪，仕版之属铨曹，产籍之系民部，皆不在其县人下。其先伸、伦伯仲，又族之白眉者也。患其谱之无修，币聘朱晦翁先生图而新之。予因往嘉津谒族，适东坪。吴氏子宪纲，乃吾族叔祖仟长逸清之孙婿也，谈饮间，备述社仓书楼先贤遗迹，因出其谱牒而求序于予。予方慨世之割其族者，犹瓜之割其本也，伸、伦非独不割也，且将培之，凡培瓜必盛，瓜族偶同也，请试培焉，以观其何如。

（《圭峰集》卷一）

## 休宁吴氏族谱序

汪 循

后世之不逮古也尚矣，古人之所汲汲者，今人皆弃之而不为；古人之所不屑为者，今人汲汲为之惟恐后。岂人性之异如此哉？教化不明，廉耻道丧，知欲而不知礼，知利而不知义故也。一日不再食则饥，终岁不制衣则寒。衣食若切于人身，而人之所以汲汲者，似未为过也。古人则曰："君子谋道不谋食。"以礼食则不得食，礼娶则不得妻，礼义不便于欲，而人之所以弃去者，亦未为异也。古人则曰："逸居而无教，则近于禽兽。"诚以衣食不足而死于礼义者无几，不知礼义，则父子兄弟之道熄而沦于禽兽，人类灭矣，相去岂不悬绝也哉！是以岩穴之士惇礼明义，不得行其志于天下，必以身示，则维其族人，联其宗属，以为一家之政，以淑一乡，此谱牒之法所以修也。如吾邑雁塘吴君惟纪、来仪其人焉。二君修身慎行，凡礼义之所在，咸奋力为之，而无计较之私。如置社田以备祭享，赎墓田以赡坟茔，以至甃堨垫路筑亭，苟可以利济人者，倒囊应之，无所系吝。一旦，二君子相与坐于庭，召子姓谕曰："燔已刖之足，骨烬而色不变。灼艾于肢，则颦蹙以呻。均之肢体，而效异者，离与属使然也。吾族自回公迁新安，不知几千万趾矣。遇于涂不知其名，列于坐不知其序，于利所在，则争夺而交讼矣。无他，辟若肢体离而不属耳。殊不知以吾祖宗视之，则一人之分也，岂可使其离而不属哉！属族莫良于谱牒，诚能修谱牒以联族人，立宗子以统其政，谒始迁之墓以系其思，隆亲亲之礼以养其恩，则一族之化行，而俗美矣。汝勉之哉！"未几，来仪卒，伯子璇、玑谋诸惟纪，慨成先志。而搜访校辑，则族子铎与有力焉。既成，绣梓间，戒塾师汉川予宗人尚龙走仁峰山中，丐予一言。予阅江南吴氏之谱多矣，未有不祖泰伯而派出延陵者。泰伯之行，有仲雍、吴季札同出兄弟四人，旁支庶产，不知其几。他谱不传，而传泰伯、季札者，得非以其让天下辞国，至德贤行，为宣圣所称于《鲁论》、《春秋》者，昭如日月，宜其胤嗣之昌，而人乐祖之欤？考二君之在当时，不有天子之贵而自晦于夷，不有千乘之富而甘守一介，困苦亦甚矣。荣名被于后世，历二千五百余年如一日。然近代若秦相国、贾平章，富贵声势，煊赫一时，没不旋踵，而后世子孙有耻言其先而不拜其墓者。其人之贤不肖，人心是非之公、好恶之正，上通于天，不可泯灭也，有如是夫？然则古人之所为与夫今人之所汲汲者，臧否利害，若数一二、辨黑白，燎然易见。而世俗所趋终不能变乎古者，岂非其愧耻之心不足以胜其贪欲之心乎？抚卷之余，岂胜感慨！于是知是编也，可喜之中而有可惧者寓焉。吴氏子孙世世能心惟纪、来仪、玑、璇谱族之心，而上探泰伯、季札流庆之绪，反当世之习，而汲汲以学古人，则是谱之传，无有穷艾，可喜也矣。反是，则子孙有不认其祖者，谱足恃乎？岂不可惧也哉！

（《汪仁峰先生文集》卷七）

## 龙江吴氏族谱序

### 蔡 清

谱牒亦近世人间一故纸耳,而天地生物之心,与人之所以异于物者皆在焉。何者?天地以生物为心,而所生之物因各得夫天地生物之心以为心。其在人则为仁,固人之所以为人而贵于物者也。然仁主于爱,爱莫大于亲亲。祖宗,亲之至尊者也;族属,亲之至近者也。夫上戴天,下履地,中含心而为人,而于其亲之至尊至近,血脉精神实相贯通者,乃或迷于时、局于势而不得以展其情焉,天地精英之在斯人者,其能终无介然者乎?是以虽当王政既熄、宗法久废之后,而谱牒之制创出于近代,仁贤胸中之天理不能自已者,遂为来世永永不刊之成宪。呜呼!兹岂独人为之巧所及哉?人心之所以不死者天也。故凡知祖前贤以谱其族者,要皆仁人孝子之徒,而或尚不知为此者,则未免于其天者犹为有蔽也。吾泉南安之吴氏,自其始祖三十五府君肇基于黄龙江南,历今八世。环江之南北,连檐接栋皆吴氏。其子孙盖二百人矣,且夫此二百人者,其初一人之身也。夫自一人之身分而至于为二百人,枝干益繁,而去本根日益远,则谱其可以缓且略乎哉!缓且略焉,将或至于忘其身之所自出,而视其同宗为路人者矣,谱其可以缓且略乎哉!先是,其五世有曰继祖者肇为之谱,至六世信宜教谕爵者继修之,然缺略尚多。至是,爵之从弟睿乃命其二子凤、鹍旁搜远访,于凡其有可考者,悉采而录之,以足夫前人之欠。至于其终莫可考者,则仍旧缺之。盖其缺者所以传疑,而其所及详以足夫前人之欠者,大抵皆实录也。呜呼!天地生物之心,与人之所以异于物者,宁不于吴氏有征也哉!余故本其出于人心之不容已与其不可已者告之,庶吴氏之后人及凡得观吾文者,其于亲亲之情,亦皆有所不能自已者焉耳。

(《蔡文庄公集》卷三)

## 歙龙池吴氏族谱序

### 张 璧

宗法废而后族各有谱。谱者,谱其族为敦本图,亦宗法之遗意也。夫族产无良,则谱将恒缺。即良者出,文献靡传,后将何据?虽欲为之,吾见乎病焉尔矣。谱以明宗,宗以传后,或病则讹,或病则冒,或病则繁,或病则省,以至于纷纠淆乱而不可传,恶在其为谱哉!夫谱有统系,有本支,有世序,前倡后承,所关甚巨,故谱不可不慎也。歙龙池吴氏出周仲雍之后，历传至唐，有为御史讳少微者，始居歙。至元，有隐君子讳玄可者，始徙龙池。故非无谱，然惟玉弼君为善。自后率蹈时病，读则有叹。今龙池德甫者，尝为是惧，乃与族人商订别创一谱，断自玄可为始祖，而本枝系焉。盖仿诸眉山苏氏谱法，自高祖而下，生卒葬娶特致详审，其文约，其事核，其旨严。夫然，故统宗会元，厥有由始，而统系真。远不妄干，疑不强附，而本支定。某也为昭，某也为穆，支传派演者，了然若指诸掌，而世序明。夫兹亦善谱矣，而岂徒哉？将俾吴氏子孙代承世守，岂惟喜庆忧吊、笃亲亲之义？苟见吾先世积累之盛，不有惕然奋起，思善继述者乎？善继述必自亲始，若进而仕者，先劳后禄，将有取于少微；退而藏者，履坦含章，将有取于玄可。则敦本传后，以亢厥宗，讵不在兹乎？讵不在兹乎？此固德甫修谱之意也。德甫名润，而请予序者为濂，皆吴之族之产之良者，是固可嘉矣，因并著之。

（《阳峰家藏集》卷二十四）

## 柏岭吴氏族谱序

### 刘　节

此柏岭吴氏谱也。谱吴者，奚始乎？曰：始于柏岭。柏岭奚始乎？曰：始于建康。建康奚始乎？曰：始于延陵。延陵奚始乎？曰：始于太伯。太伯始于姬。夫吴奚始于姬也？曰：姬，后稷受氏也。后稷肇封于邰，公刘徙豳，亶父徙岐，犹故姬也。太伯逊居句吴，至寿梦之子札去延陵，遂氏吴。故曰延陵始于太伯，太伯始于姬。夫建康奚始于延陵也？曰：延陵而下，遐哉邈矣。至少馨仕唐元和为司户，徙建康，溯札二十有一世，故曰建康始于延陵。夫柏岭奚始于建康也？曰：司户而下又十世，未晞仕宋宣和，为刺史，葬鹅湖之东山。其子迪卜居柏岭，寔自建康徙也，故曰柏岭始于建康。是故吴谱自刺史始，柏岭始迁之祖之所自出也。刺史之后四世为丞为簿，五世为翰林、为参军、为判、为令、为大学正、为助教，六世为节判、为藩照、为司勋、为郡马，七、八世为总管、为郡邑教、为山长。宣和后举科第，登仕版，绳绳继继，皆刺史之遗也。胡元俶扰，盘谷翁乃隐不仕。入我大明，盘谷之子为大学诸生，诸孙为学官弟子。今也汉也，盘谷四世孙也，始为学官弟子，复进为大学诸生，日将禄秩与前闻并，刺史之遗泽，犹未斩也。是故谱吴者，自刺史始也。夫吴谱作且述自诸祖旧矣。象山陆子、叠山谢子订而序之，以传于家。岁远支繁，紊乱而难明也。汉也斯惧，续而辑之，俾永永于有世，可谓无忝于盘谷翁矣，无忝于刺史、司户矣，无忝于札，无忝于太伯也已矣。吴之后人念之哉！念之哉！《诗》不云乎："无念尔祖，聿修厥德。"

（《梅国前集》卷二十）

## 永丰吴氏族谱序

### 毛伯温

毛子曰：谱也者，宗法之遗也。自宗法不行，所赖以聚散合离者，谱焉耳。自吾而上，匪谱焉无所于考；自吾而下，匪谱焉无所于系。有所考矣，慕华胄而冒非其祖，则诬矣；有所系矣，阅数世而不绩，则废矣。前有考而不之诬，后有系而不之废，其无忝于谱哉！永丰吴氏旧有谱，乃数世未之绩也。吴之彦曰概逸，毅然以续修为己任，乃白诸兄迪逸，率厥弟标逸、学逸同告于族之长曰："谱之弗续，在我后之人。失今不图，将至于废。"佥议咸同，遂集财鸠工，卜日从事。概逸乃走百里请余序。顾余不暇，越明年，请至再。爰取旧谱谛观之，远有端绪。其先姑苏人也，曰相者，刺史处州，避黄巢乱，流寓吾邑之蟾溪。传四世曰怀，始徙永丰之白茅窝。又传十四世曰宗璧，复徙田心。传七世曰玉英，概逸父也。因先世业益充大之，尽改田心之旧，复于邑之城西肇创新宅，概逸暨二弟居焉，皆母孙出也。城西有吴，自玉英始。夫自一世、二世至于二十有四世，世之不同其宗一也。自姑苏而蟾溪，而白茅窝，而田心，而城西，其地不同，其派殊也。不观其殊，曷知其一？知其一，虽万殊可考也。夫据其可知，谓之不诬；续其未备，谓之不废。由不诬而推之，凡所以敦本务实者，无不为也；由不废而推之，凡所以继志述事者，无不为也。观于谱，而孝弟之心油然以兴矣。概逸勖哉！且以诏吴氏之族。

（《毛襄懋先生文集》卷三）

## 吴氏族谱序

### 张邦奇

吴之先出自仲雍，世居吴越之间。在华亭者，自乐善公福始。旧有谱，为胡元兵燹所败。乐善之子海云公积有志修辑，而无所于征，意恒恨之。其子西园公衡以贤良方正被荐之京，感太宗文皇帝异梦，超授陕西布政司参政，与其兄忠、弟敬并有时名，而华亭之吴乃始益盛。西园之子节庵公宗黻始为谱图，其子大参公忱复为叙正。顾绍述既远，不能无失其实。今工部主事哲重加修订，断自乐善为始迁之祖，而不远绍其未明，致慎重也。夫受姓之始，必有名德大勋焉，今天下凡有姓者皆其子孙，果孰为高下乎？乃或舍己之祖以附于他人，惑矣。第惟族贵惇叙，惇叙贵远。吾身之所自出，数世而上，吾不得而知焉，可慨也已。自吾所及知者而纪之，以垂诸无穷，使后之人无若吾今日之有慨也，不亦善乎？世愈远而支愈繁，知本厚则恒惇，明支派则恒叙，谱之修所以不可已也。主事君为乐善公八世孙，与予同年进士，绩学负才，弗获竟厥用，而施诸家者如此，亦知所重云。

（《张文定公纡玉楼集》卷一）

## 南唐吴氏家谱序

尹 襄

吴为族蕃且久，曰南唐家谱者，以别于他派也。盖吴宗唐史臣兢。兢之后自汴徙荆，自荆徙江南，居庐山。南唐时，暂来为永新簿，其次子焰遂家于邑之南乡。其后有易简者，在宋时再举《书》魁，授承仕郎，淳熙甲午由烟冈徙今所，居而以南唐名其地，示不忘本也。吴谱经宋元间凡三修之，衣冠文物之盛，载于前辈名公论述间者，班班可考。本朝景泰中，族人修谱，颇多增入。于是宗让甫见而疑之，不欲附会，遂断自易简而下，辑记南唐一派世系为一帙，且自为序，引述其意，以贻后人，而族于是乎始分。然南唐之徙已若干世，而其子孙日益众盛。文举念谱之不修，无以著本原而收涣散，非尊祖睦族之道所宜尔也，以白于族长希进诸君，咸谓是不可缓。遂发宗让甫手录世系，续载族人名娶没葬，附以前世遗文，为南唐家谱。谱成，与其族兄寅锡等刻梓以示远久，而属予书其首简。盖文举之言曰："昔南丰曾氏作谱，上续郰国子舆，欧阳公不以为然。鄱阳吴氏作谱，直溯延陵季子，吴文正公深以为非。鹄今但为一派，家谱亦惟信以传信，求其无愧色焉尔。"噫，其可谓不惑流俗者乎！予观昔之为谱者，莫若欧阳氏、苏氏。欧谱所记，不过八世。苏谱所知，惟得六世。何其近且少也？然天下言名家者，必以二家为称首。今士大夫作谱者，皆以欧苏为法，其叙述先代，往往牵连假借，远或千余年，多常数十辈，居然如在指掌，是其所见岂有出于古人者？而矜诩家世，则务胜于古人，亦见其惑矣。文举之意，岂不以称名家者固自有在，而非若流俗之所尚欤？吴之子孙阅斯谱者，果能思一本之同而兴孝弟之心，使礼义盛行，家道雍睦，是惟无负作谱之本意。至求其光前裕后，大厥宗声，以增斯谱之重，则昔人所论三不朽者,可谓尽之矣。吴多质美俊秀,可进于是者,尚亦因是而加勉乎哉!

(《巽峰集》卷八)

## 茂林吴氏族谱序
### 查 铎

泾之吴氏,世家也。迨入我明,二百年来,族属益繁,且务耕作,敦礼义,育胶庠者,积学待举,盖蒸蒸未艾,称望族云。按旧谱载,先世居广信之上饶,唐仙芝之乱,诸族播迁,君锡公遂止建康。南唐时,万一公讳文举者,为循州司马,武惠招之不降,退处宛陵。子希贤公则厌其烦嚣,而徙魁峰之原。又一传而安国公,去魁峰里许宋家坦居焉。其传世之远可知。宋绍兴有时显公者,历官有声,具载行状,且行谊卓绝,见于府志。以此观之,吴氏间有闻人,历历可据,非若冒宗援势附会成谱者比。故历世知重谱谍,时加修辑。在大宋嘉定则修于岳州公,庆元则修于荣四公,大元景定则修于佑二公。至我明,修于成化丙寅,则吴福缘氏也;修于嘉靖丁未,则吴子孝氏也。皆可谓之留心本原,知所重矣。迄今万历己卯,吴栗山、乔林、中溪子辈见族属益繁,恐旧谱日湮,复谋诸众郁庵子、东山子、少陵子重修辑之。既脱稿矣,属予叙之。予何言哉?惟以今之修谱者非止于文具,欲人反其所始,以明一体之义耳。何也?今之数千人者,其初始于一人,犹一体也。数千人之中,大小尊卑、众寡强弱之不齐,犹之一体有四肢百骸之不同也。然于吾身拔一毫发则痛,搔一骨爪则痒,乃于族之人独痛痒不相关者,何耶?一体之义蔽于利害之私也。盖一族之人气禀异赋,志意异趋,而况财货之相通,基产之相连,未免群然相与,则利害之心生,一体之义蔽矣。一体之义蔽,则视亲族如路人,甚且仇雠矣。彼越人之与秦人适然相遭于旅邸,固有相亲如兄弟者,岂厚薄反常哉?四海九州原为一体,惟利害不相涉,则义自明也。故义苟明,虽秦越可使如兄弟。义苟不明,虽宗族不免仇雠。此一体之义不可以不讲。今日之修谱,正欲共明乎此耳。然此非可以责之人人,惟赖一族之中有贤智者,睹是谱而慨然兴思,自明一体之义,不以利害之私先横于胸中,相为维持表率,而后族之人有所观法,敦睦之风油然自兴矣,允若此吴氏世称望族矣。不然,则今日之修谱,亦文具耳。余居家三年,留心谱谍,尝以此叙诸简端,为族之人告。今因吴氏栗山、士斋之请,复为之言。

(《毅斋查先生阐道集》卷六)

## 茗洲吴氏家记序

吴子玉

不肖当龀齿,先隐君指所藏之篋谕不肖曰:"此余生平所摭录,而当慎藏之,勿放失也。"则负兹之命,嬛嬛然孤特,在忧病之中,莫之省竟。逮稍知就奇觚,胠篋而跪阅之,故族之谱籍,先隐君前后所论次勤矣,遂重袭藏之,俟有隙当为补缀焉。既拮据经生语,莫能窥左足而前咫。比以岁口率科之檄上不合,乃归而发所藏之谍籍,思整齐之。先隐君曰:"君子立言有二:进则扬谟奏颂,为国之云雨,以润泽皇业;处则作庭诰家训之语,为属人勤勖,以觉失俗。"虽处逸穷槲,无所禀阶,家言隐约,不足以上拟鸿丽之篇,要其归亦以发瘖而垂后,巨小不同,其揆一也。吾人师法周孔,周公以元圣至亲居宰辅之位,犹然思大作小作,优游之三载,言而不见从是惧,则吾侪脆弱,又何言乎?孔子修旧起废,考百家之遗记,独于姓氏甚所重,以生知千岁之验必吹律,以得殷宋大夫子氏之世。至正乐颂,则于祖氏正考甫所校之《那》尤加意焉。故余尝谓载籍上之则作,次之则述,又次之则论。论难,论谱牒尤难。若自论其谱牒,又不啻难矣。如《典论》所云"繁辞博称则不当文,略言直说则不达心",类非文章家所易也。鄣郡吴姓十有半,我茗洲之吴出自龙江,由六公徙大溪,小五公徙渔梁,小二公徙石门,荣七公徙今茗洲。以数迁徙,中间载籍放绝。余每因遗事寻故篋,得唐宋以来簿券若干麓,得十世祖太学元四公手录遗文若干帖,诸械束整齐,而纸腐败,漫不可手展,余益大惧焉。岁一再与龙江桃源诸族属相参会,展墓谒祠,以讲族好,成家典一卷,谱牒六卷。非曰能论,即先人所遗而遵叙之云尔。嗟乎!先隐君负兹之命,意在斯乎?昔贾弼谱学传于匪之,王俭集谱广于僧儒,世相继为此业,尚矣!小子深惟自司商协姓,吴之文雅有季子大贤振其丕声,厥后君高之《越纽录》,季英之行吟经书,叔庠之《齐春秋》,左台之与三体,信所谓代不乏季子是已。今当不肖之世,使文宪衰绝,不肖之罪大矣。况有先隐君之遗编在,不知相继为此业,岂不悖哉!正嘉之际,五属兄博士有所论,亦缘先隐君之谱记论之也。于是俨然欲总其事,绍明世德,摅先隐君、博士兄之思虑,达左台之声势,溯季子之乐理,尊周孔之余绪,何敢飘忽焉?乃迹谱记旧闻,本于兹,总名之曰《茗洲吴氏家记》云。

(《大鄣山人集》卷九)

## 吴氏统宗谱序

吴子玉

乙酉冬月，观察韫庵公由秣陵过家。家在祁东福洲里，以籍江宁成进士，按职京省，未过家者十载。至是，持封公服，服竟而过家，省疏戚属，展墓，凡郡之同宗姓者，皆过存问，以通好礼也。余不敏，居休茗洲，距公府第十里，为谒，公首以谱事言曰："适过歙，见孝廉君□□，抵掌谈谱事甚快也。过贵邑，见进士君师锡，语及谱牒，则蹴尔逡巡让焉。吾于此二君，未尝不交与之也。不佞行速，惟叔子论之。论之惟核实焉是务。"余则以郡之为吴二，宗左台者二参，而宗小逸公者一孝廉，统宗宗左台也。不敏其何知焉。公曰："尝考世系，小逸公故出左台公后，盍为统论之？"子玉唯唯。既见贡士鸣和，则以征君用瞻，比与孝廉君为合谱。征君砠跂往饶，谘耆旧，搜故实，得饶谱，皆以小逸公系出左台公，历历明晰甚。征君故博雅笃论士也，其所采可质信，于是遂合而论之。曰：尝考有熊氏母吴枢符葆之文，又帝喾之子卷章生犁及回，犁为祝融，犁卒，帝喾以回代之。回食于吴，是曰吴回，今称吴。传闻之祖皆不之及，而惟传闻自有邰氏。有邰以至左台，绳绳有系，征君亦不之及，而断之以为限自左台公。是征君之为谱也，上而传闻之世不轻于收载，则近而闻之世、见之世，又岂得溷之与？而征君之为谱信也。夫统之为言纪也。丝别曰纪则统，而犁晰不混者，斯为统。而宗之为言尊也，宗人之所尊也，所为长和睦也。故古之典礼皆以宗名秩，宗宗伯是已。言所总之大者，皆以统言正统、道统是已。吴姓自邰言之为最望，郭之为郡殷众，而吴居十之四五，生为居里，殁为祠宇，数不下十百。至计偕通仕籍，每一贤能书出，必有吴姓登于其间，亦云盛矣。顾自为族，自为谱，而未有合之者。然为枝谱而实焉，虽枝犹之统也。为统谱而不得其实，名虽统，不免为枝伐矣。此固征君之所为早夜鳃鳃而不敢忽者也。观之帝王之谱，惟周谱之统宗者为远，以有邰之后，合道统、治统以为宗统，载之周官，公有宗道，大夫有贰宗，保姓受氏，于宗独重，此固公族之礼，而立之制度、行于士庶者未尝不在。如埔如栉，开百室以厚宗，祭酺合醵燕私以饫宗，载考夜饮而有节以无溄宗，亲而甚敬，忠而不倦，祀礼有让，德施有复，所以通行于下，何尝不综实焉？则为谱以合宗者，虽不能如周制，而可失其遗意也哉？又可使之旷析而不之合哉？此固征君之所为鳃鳃以没世也。谱成，予得卒业，见其考核明，稽参广，捃摭信，有条有领，不猥不淆，如丝之就纪，总之有会，而理之有别也。如家人宗之有所尊，而可为和睦长也。人而知宗族而知统，则于国家之治统、道统亦有裨补于时事矣。昔人有言：姓，性也。山行十里，形不脱祖。水行千里，性本其处。子孙十世，亦类其祖，况有谱以为之闲其性焉？则虽为人众夥，为居里杂袭，有不可缃属而偕之大道，以肖化于世类也乎？二君之有功于族氏，有功于左台、小逸二公，又有裨助于朝家之治理，胥得之矣。论成，以复于观察公曰：公于时为宗衮，有佐治统、道统之任，盍于是举纂绎之，以光吴氏衣冠之谱。观察公曰：然哉！其具礼仪廑身以从事，而后治行。观察名自新，进士名尧臣，贡士名鏓，孝廉名天洪。征君名钦仪，以高等经生弃去，与孝廉首唱谱事而成之者。

（《大鄣山人集》卷九）

## 休宁宣仁吴氏支谱序

### 吴子玉

　　此吴文学从文与同祖弟太学从章所作族氏谱也，曰宣仁者，以高大父三老公武自邑北牧富寮徙邑西市，由西市徙宣仁巷，人因目之宣仁吴氏，后又徙临衢衍居。去巷数百步，谇其里亦为宣仁里，地徒而里名从徒数也。支谱者，祖南唐金吾公孟臣而下，本支谱也。邑诸吴，左台十五，吴妪十三，金吾十二。而邑之谱左台者率及吴妪、金吾，而为吴妪、金吾谱亦上溯左台，载于系籍，若为有考竟。而文学、太学伯仲见谓金吾公始居富寮，居里之址、冢墓之域具在。三老公徙邑西市，徙宣仁甚章彻。今言宣仁谱，亦迹其具存而章彻者言之耳。或以是谱当溯左台者，则曰："金吾犹之左台也。即肇左台，不嫌于傅；即肇金吾，不嫌于别。然孰若具存而章彻者言之为有征也哉！况我宣仁支谱乎，讵必遥遥之胄溯也？"遂断自金吾公而下，凡廿有四世，系而表之，并世略家传，为目七，为卷十三，题曰《宣仁支谱》，而问序于予。昔刘孝标称吴氏谱，是后谱江南者不少概见。明兴，吴姓之谱莫盛于我徽，以区域万山中，自唐宋来少征甲之徼，今为三辅地，且平宁久，古文固藉尽出，士人益有参考，郡之言谱学比比皆是。我吴姓率多文苑士，博观异家，谱尤为显著。然自宣仁谱行，益见其有助于实谱也。不左台系而为左台派谱者，类知考证；为吴妪派谱者，类知考证。是谱行，于吾姓之谱，不有正其踳驳也哉！于郡之谱学，不益有裨助也哉！或以是谱辨析二派，不载疑事。旧谱，唐韶州公武陵系明晰甚，初不援，及至休宁令公琇、宣德间行唐公略乃搜及之，亦以孔子作《春秋》，或承赴告，或述见闻，有系于天下之故，即与鲁无预，皆书于策，其非义之所在，闻见所不逮，即本国事亦弃不录。宣仁谱传著传疑，亦此意与？按罗鄂州《新安志》已载宣仁里，则是里自唐宋来远矣。姓以里远，里以谱远，如《诗》之郑谱、齐谱，皆以地理言之，谱与里当并相久也。文学踰冠，经术茂异，首名于郡国，有司三推上行，当著作东观，以材于为谱者为史，以临一家之言为临天下之言，可立具也。而太学游燕京，观三雍之礼，凡族氏之掌于宗伯者，得其要领，则所为冠盖其里，而耀之大有为。是谱之远者，故谨而书之焉。

(《大鄣山人集》卷九)

## 太玄吴氏宗谱序

### 汪道昆

浙以东，则婺以文献首诸郡，乌伤为婺上邑，而太玄吴氏首邑中。往不佞尝式里门，下宗庙，进俎豆之士，相与论先世而讨旧章。盖泰伯执膰之宗，延陵之胄也。不佞故与吴公同籍，比公按楚，首举不佞襄阳。其后十五年，不佞从公佐邦政。公出所著太玄宗谱以示不佞，幸而教之："百朋向从君侯于荆，岁在戊午，先公家食，幸得以余力谱吾宗。比及季年，业未就。无禄先公即世，手泽廑存百朋。既终丧，遂述先公之旧，因先世之遗而为之谱。君侯故有土之大夫也，序在君侯。"嗟乎！公不弃不佞，而以首事命之，敢不敬诺。既公以省太夫人得请，遣使程督京师。使者曰："岁既单，序可已。"不佞诺诺如向者，卒未遑。及公以御史大夫起南台，不佞亦且以宁亲赐告。公数以诺责来讨，岂其旷日久而惟一序之难！不佞避席曰：嗟乎！序非难，而序谱者难也。非序谱之难，序太玄之难也。何也？勺水则芥可舟，坳井则蛙可泳，行潦可揭，中流可壶。乃若东首而望洋，即河伯曾不足以窥海若，其所睹者大也。太玄大矣，闻道百者，犹将困大方之家。一难也。由灌阳而下，谱者十有六；由燕国而下，序者三十有三。显者若庐陵，若京兆，若豫章。及我明兴，若潜溪、文成、文忠之属，率皆主盟当世，岂不焯焯乎哉！后死者得与于斯，犹之登滕薛而班晋楚也。二难也。司马迁终谈之业，其自序为详。由太玄而望龙门，公且优为之矣。今则以命不佞，其将匿离朱而索象罔邪。三难也。三难，难矣，终不可以五稔而食成言。窃惟仲尼尊周，顾亟称泰伯、虞仲。周德至矣，卒集大命而身显名。夫惟民无得而称焉，德斯其至也。荆蛮自废，乃可与权，宜其兄泰伯而弟之矣。施及延陵季子，其斯伯仲之遗风与。太史公《世家》首吴，即周召瞠乎其后。季子不立传而附泰伯者，特详其让，有足多者。《春秋》之首鲁隐，《列传》之首伯夷，皆是族也。彼由鲁卫以及，凡祭非文之昭、武之穆、周公之胤乎！卜世卜年，亦既滋大。黍离以降，其能食旧者几何。伯仲在吴，仅以身匿。及其阼之土而建之国，仅足以当庶方小侯。有吴肇祀，以迄于今，开国而王者十三，追王者六，爵五等者四十五，都将相公孤者二十五，谱具矣，更仆悉数，曾何负于诸姬。非此其身，则其子孙，此伯仲所不能逃，而季子毋让也。且也周宾杞宋，世相后岂远哉，仲尼业已病其无征。虽盛弗传，非虚矣。乃若有吴之故实，视二代之后煌煌焉，始诎而终赢，始晦而终显，是天道也。公之有事兹谱也，岂其侘傺大而益纷华，无亦彰既往，厉方来，使之率乃祖攸行，世世兴让焉尔。夫泰伯以天下让，季子以其国让，不亦警乎大哉！乃今箪食豆羹，或见于色；斗粟尺布，或不相容，一何细也。彼以其大而让，此以其细而争，涸矣。彼其风于百世，闻者莫不立廉。乃今承宗祧，奉粢盛，所不求世德而陨旧闻，非夫也。虽然，聚食太玄，不啻千指。即有方之士众矣，岂皆无所待而兴者乎？《记》有之，曰："礼者，众之纪也。"纪散而众乱则争，礼达而分定则让。故让本于礼，礼重于名。谱也者，所以正名辨分，讲让去争，礼之善物也。昔仲尼之正名也，必先行其言。言无所苟，而修身以践之，礼之质也。往执政为公志先公墓也，则曰推产分让其弟，而恤孤赒急独倦倦焉。先帝以任子加恩，公舍其子而先兄之子，此其见诸行事者较著，匪徒托诸空言。观是谱者，可以兴矣。嗟乎！蓬生麻中，不扶自直，其受之地者然也；弓冶之子，必为箕裘，其受之世者然也。语其地，则为婺，为乌伤，为太玄，礼俗刑矣。语其世，则为泰伯，为仲雍，为季子，世美济矣。作者皇皇于兹谱，并以躬行先之，让道达矣。藉第令一夫不直，而犹有蓬之心，是将以咄窳而废箕裘，子之无良者也。则斯谱也，若泽剑首而述陈人，序之者若剑首一映耳。嗟乎！此作谱者之所深惧也，此序谱者之所以为难也。

（《太函集》卷二十二）

## 吴江吴氏家乘序

王世贞

　　诸序族谱者曰：谱者，史也。余则曰：史者，谱也。史之兴，莫备于司马迁，迁之纪皇帝三代以至春秋列国、西京世家，靡不具其所由来，而至于自叙，则益详矣。其他同姓、异姓之诸侯，于绩无可纪者，亦必昭明其世次而为之年表。班固氏因之。以至范氏而后，不能推见世家，年表之意而略之。而至于自叙，未尝不追本其所繇始，迨大王父而后班班矣。乃至修唐史而表宰相世系，虽于事不甚雅，而后之名家巨公欲为谱者，更于是取资焉。余故曰：史即谱也。明兴，东第貂珰之胄，不复能征其先德，而三事九列往往拔自寒畯。吴越歙闽之间，齿姓寔繁，而其久者，至彼此不能相通。金匮石室之藏，又仅采左氏编年之例，而识其大者。于是史不能兼谱，谱不能登史。而修谱之家，陋者安于挂漏，侈者骛于张饰，而谱之用复寖微矣。乃今而得吴江吴氏谱，吴以国为姓，其在北而著者若大司马公，在南而著者若司空公，不可悉知。所知者，宋有太尉某，至端平间而千一公者始家吴江，是为吴之十一世祖也。千一公有子三人，曰万一、万二、万三公，固多孝弟力田，然未有显者。又四世而为孝子公璋，璋子宫保公洪，洪子宫保公山，凡八坐二人，藩岳郡二千石四人，甲第六人，乡进士、赀郎、上舍若干人。百二十年来，其缨弁绅衿之盛，辉映吾三吴，几可以称世家。而当嘉靖之初，年谱成于草创而未备。今其后人承光乃能慨然举而修之，则吴之为吴，赫然章矣，其纪叙则秩然理矣。大概首之以玺书，则为诰者二十六，为敕命者二十二，为敕及敕谕者十七，为谕祭者五。继之以谱传，则为千一公昭者暨其后者若而人，为万一公穆暨其后者若而人。又继之以文献，则为志铭碑传类若而篇。诸所自构撰附焉，又若而篇。乃夫栾赵之思二武，韦陶之述祖德，虽微言小咏，亦有所不遗者。承光之著，思亦廑矣。余琅琊之重在晋宋齐梁间，至于赵宋益有闻，而明之重，则自世大父工部公始，寔与宫保公同第成化乙未进士。两家乔木相望，至于今吴中之甲姓鼎族，莫能三焉。余故因承光之请，叙而归之。若乃尊始别源、敦睦率谊之道，则诸为谱者类能言之，可无事余，余且治我谱矣。

（《弇州续稿》卷五十四）

## 休宁茗洲吴氏家记序

### 王世贞

自太史公之为《史记》，而别叙传于其后，欲以明其所以作史之意，而推本其世系，而尤详于显贤者，班氏之史亦因之。自是若晔若约之类，虽或文有详约，辞有工拙，要之惟二史之步趣。太史公之传其父谈也，班氏之传其父彪也，二史之所从草也。若周之衰，春秋战国而名世家；汉之初，两姓诸侯王而名表者，则本始派系皆彬彬可考，谱由是昉矣。休宁之吴，故姬姓，其先自太伯，凡数十传而国灭，因以国为姓。长沙忠武王而后，代有显贤不绝。其在徽郡，至数万余指，而休宁独擅其半。休宁之南曰凤山，以唐左台公始也。其西曰龙江，则吴媪始也。凤山之指繁，不能自衣食。有吴媪者，嫠而材，携其孤处焉，筚路蓝缕，以启山林，西徙之吴乃有家矣。凡四传，择饶地，转为茗山。茗山之吴，吴始有族矣。当明之兴，茗山之吴已草创成谱。而东山赵子常占之，以为吴之后必大。盖百有七十年，而尚泯泯如也，最后乃有吴广文子玉父子。广文之父曰隐君某，博学工古文辞，慨然有意于先世之业，取旧谱而新之，整齐其世次，俛就绪而卒，年仅三十九。当是时，广文犹在髫，辄抱遗书而哭曰："孤不执觚管，而以终先人之遗志者有如日。"未冠，读经史艺文诸篇，凡数百千万言。其所撰述，凡十年而倾邑，又十年而倾郡，又十年而倾海内。学士大夫咸曰："吴子，今之太史公、班氏也。"广文踧然："不佞恶敢当之！"乃出隐君之遗书而加铅椠焉，曰："姑有以矩矱我，庶几吴德之不堕。"盖既成，而名之为家记，所以不称谱者何？以非谱所既也，亦吴史也。曰记者何？谦辞也。为记之目凡二十，卷凡十二，用太史公、班氏法也。其序例辞，则左丘语也。诸序吴氏家记者，咸曰："吴子，今之太史公、班氏也。吴子辞而归德于隐君，则曰隐君吴子之谈与彪也。"弇州生亦云，吴子闻之，请而弁诸序者。

（《弇州续稿》卷五十五）

## 大玄吴氏族谱序

### 艾 穆

司马公之谱厥宗也，据而信，典而核，慎而有，则家政井井纶纶，班班炳炳，至著矣。余读而叹曰："懿哉兹谱，宗之庇也。"夫自宗法废而惇叙之风湮，士大夫有智力足以勤于民物，而行谊弗著于宗亲者，惟谱一立，则虽世穷亲尽，而油然有一本之爱，即散而之四遐，万里相越绝，无异肩摩膝接于一堂，何则？以天下势有必分，而情则不可解也。势以情联，必谱焉赖，君子于是谓吴氏长矣。故以观世系，逖哉寥乎，历世九十有九矣，上下数千年，名字、昭穆、昏姻、爵谥、卒葬之纪，可考而原也。以观人物，勾吴、延陵之盛节，古圣贤百世之师也，其垂裕远矣。降及而之，则洵、文不就征辟，豫、盾、圭、淙四子为得死所，佐之直，焘之隐，节哉！苗、龚二未亡人，其柏舟争烈者乎！以观制典，则温纶异数，煌煌乎帝命哉！由周而汉，而唐，而宋，而元，而昭代，可以征有家之光。以观撰述，则文若诗出名人手者，灿然备矣，可以稽先世之实。凡此要皆谱其大者，以为厥宗风也。一谱而众懿具，故曰宗之庇也。虽然，司马公之于谱也，不徒言之，又能身之焉。始公读书五云溪上，慨然以忠孝自许，期于恢大先闻。既登第入官，扬历中外，积二十余年，至司马明德徽猷，所在表著。如镇虔剿累世巨寇，如折菸剪韭，令境裔百万生灵歌太平，至今社而稷之。顷以司马视塞上师，塞上重经号令，精彩倍万，疆场屹若增长城。此其勤于民物之劳烈，其赫烨若是，非其修于家而出之有本者能耶？万石君不言而躬行，司马公盖类之矣。余受司马公命卒业之，而知言之谱者，能身之于家也，为书之以冠于编。

（《艾熙亭先生文集》卷二）

## 东原吴氏族谱序

### 董　裕

　　吴姓以国，祖泰伯、仲雍。黄池之会，吴道诸姬。《熙宁姓纂》国姓为首称。天下右姓旧矣，乃东原之吴，其乐之右姓哉。唐季有允恭者，繇抚之赤拦门徙东原，其徙赤拦门者莫可考。大都以神明之后，席至德之余，其弈世滋阜，匪偶也。繇允恭迄今历世二十有奇，历年七百有奇，聚族而居，不下数百千指。谱凡七修。一修于宋绍定，次二元大德，次三大明洪武癸酉，次四正统丙辰，五弘治癸丑，次六嘉靖丁亥，次七今上癸巳，即今之所谱者是也。谱成，族彦民秀等征不佞为之序。不佞因得受而纵观之。断自始迁，下迨玄仍，溯厥荄系，条其委派，凡生者所自生者，徙者所繇徙者，娶人者、娶于人者，后人者、后于人者，没而葬、葬而合、合而附者，葬而祭、祭而祔、祔而专者，靡不灿然丽、秩然列、晶然晢也。以之尊祖，联子孙千百人之心，是饮河之溯也。以之合族，推祖宗一人之心，以孚千百人之心，是沃根之华也。仁孝之念，油然兴矣。之谱也，洵一家良史也。乃不佞于吴窃有厚愿焉。吴之与董，匪世世昏姻若古之朱陈者哉？董之科名勋业，载郡国乘中。吴之先，若伸汇以《尚书》登进士第，若伯器、若国器以文学征拜御史，若汝芳以乡进土仕至尚书员外郎，若守中以茂才为威县尹，若季盛尹山阴而祀乡贤，其他以文起家、以武拜爵者，未易枚举，此视吾董又秦晋匹也。然皆曩昔事，以今视昔，能无愧容？谭者云山川旺气，不焕文章，则益为财赋。董氏科名独盛于赵宋，今簪缨不绝，而独以财赋称。吴氏富雄视乡邑，子母泉货，流布闽粤间。岁祲，待其陈朽以举火者，无间数百里。此其富，视吾董不知何似，则科名之少让于昔，亦气数之递禅则然。彼谓文章财赋不能兼盛，匪尽诬也。夫富而可求，不惮执鞭。治生为急，儒者不讳，是为善之资也，富安可少哉？顾贤而多财则损其志，志天下国家者，数不事家人生业，何者？谋有专攻，心无两用也。不佞甫冠时，与民秀昆季共笔砚，望见坦夫、敬夫、斗峰诸公颜色。既而从乡会觌质夫、逊夫，遍谒吴氏圭玉，睹记其人，类富而好德，温醇博雅，质有其文。与之处，若饮醇醴，不觉自醉；又若纳身于商彝周鼎之间，苍然见古色。彼吉甫、崇瑞、从周、东周诸庠士，又皆掞华撷藻，以功名自奋，则泥蟠天飞固有待，古之志在天下者庶几近之，于何损志之有？乃策名金闺，不得与紫标黄榜者絜多垺盛，吴之耆俊当能辨此，是安可不得德培之人胜之耶？夫满而不溢，长守其富，履其富而益蒸蒸，毋务富财，而务富礼，不求植产，而求植德，即贤良文学之科，肩家国天下之业，将绍先烈而益光大之，斯为孝子，为仁人。东原山川藉诸吴以生色，而薰其德以相先，吾董亦庶几赵宋之盛，是真无愧于神明之后、至德之裔也已。

（《董司寇文集》卷一）

## 东原吴氏族谱序
### 詹事讲

按吴授姓于姬，封之吴，因以国姓。最著者，无若毗陵。亡论世多显者，即苞筍食指，且甲江南，此岂无擅后之原哉？泰伯执脤之宗、延陵之胄所贻者远也，彼其以采药去，以执圭行，各竭忠智，殉信义，即名且泯之，何心于食报？负厄终世，固甘之，遑冀乎后之人昌而炽也！而诎则还赢，天无遗算，故不啻休光令誉，历世绵延。而胤祚弥昌，则开国而王者十三，追王者五六，爵五等者四十有五，都将相者二十有五。即今拥素封、侈阀阅者，尤未易缕指。盖至是雍虞不能让，季札不能逃矣。余邑东原吴氏其支也，由延陵徙苏之唐阳，由唐阳徙抚之赤栏门。赤栏门有允恭公者，乃徙今之东原，是为东原之别子，维时唐之末造是已。自唐迄今，历世二十有四，历年八百，其间迁幸舍者，以军功起者，授直学讲书者，以文学任提领、任司训、任府幕县簿者，以人才任县令，以贡举司训典文祀馨宗者，以乙科历冬官大夫，以甲科授本路学博者，即直指重臣且两见焉。簪缨文物，露积冠盖，实甲云乡，视延陵之盛，南北盖相望哉！顾族大则姓繁，姓繁则人心涣。世永则泽斩，泽斩则人心漓。既涣且漓则疏，疏则无统。故收族有宗盟，纪派有伦系。固宗盟，培伦系，则有大道在，祖德之逊让，可以风矣。夫人平居交欢，及蒸然醴食间也，即侗夫稚子，入问尊卑，亦亹亹倚席听之。一旦临小利害，辄攘臂而起，不知伦序为何物，虽贤智不免，视夫克让之风何如？夫古今人相及耳，彼能捐黄舆、弃侯壤若敝屣，而今纤微必争，尺寸必较，何细也！彼能于父子骨肉之间曲全大伦，而今德色耰锄，谇语箕帚，视骨肉如路人，何忍也！彼能泯泯让名，而今厉人便已，朘越瘠以益秦肥，何薄也！故守此让德，名分不淆。推此让德，仁义攸附。若沾沾焉于隙日中斗蜗角，致伤我懿厚，匪独探本敦睦之道阙，而既涣且漓，千百世之脉斩如矣。吴氏多令人，四方诵义已久，其急赋税，周饥寒，饬学宫，礼宾客，修筑梁道，以及于逋不责偿，讼不期胜，遹骏先世之风，雅称名族。第语有之，"取数多者仁也，勉于仁者难乎"。藉令伯仲之后有管、蔡、季札之侣，有僚、光仁，曷与焉？又何系于谱之修也，愿诸君念之。夫树德若树谷，茂镃培之利，斯有砥京之登。树德者如之，宁为瑾瑜，毋为鍖锓。宁于人解颐，毋于人强项。宁为士人型范，不为子孙牛马。俾人人伯仲其心，季子其行，斯为尽仁，斯为敛福之基乎！且征诸赢诎之理，尤可凭者。自伯仲之以天下让，以国让，诎也。而胤祚弥炽，以迄于兹，非赢耶？诸君好修，诚无忝尔祖，安知今日族氏不益超前乘、光来祀也？谱凡六修，兹复议举，岂其侂葆大而侈纷华，意念厚矣。若夫纂叙有例，世系有伦，名位有图，家节有式，撰述有纪，美哉！皇皇乎，称一族巨典。某某诸君之成劳居多，乃撰述中如成山字说学，则《存我堂说》草庐先生名牍烂然，非吴氏不能有此。余不佞，续貂其后，愧矣！愧矣！

（《詹养贞先生文集》卷二）

## 延陵吴氏通谱序

焦 竑

自宗法废而氏族之学微，于是系录纷纭，人竞所习。故山东尚昏姻，江左尚人物，关中尚冠冕，代北尚贵戚，高下异矣，而为古法之遗一也。古之命氏，或以国，或以郡，或以乡，或以官，而惟以国氏者为最贵。以国氏者，唐、虞、夏、商有二，周有五，秦有三，陈有四。惟延陵之吴自周封仲雍之后始，子孙虽散居四方，绝无地同而淆，人冒而夺者以奸于其间，是又最初而独贵者也。汉唐名贤，著录史策者不可胜言。至乾符中，守德繇蜀徙临川，实为始迁之祖。嗣后伸若伦从游朱、陆二大儒，切劚理学。至国朝，康斋、疏山两公益起而光大之，不独以科名宦业著称而已。康斋父司业公，洪熙初业为谱系，至是观察念虚公乃大修葺之，曰世系，曰祠宇，曰丘墓、祀田，曰祖德，曰选举，曰人物，曰恩纶，曰艺文，曰内行，曰通衍，总二十卷。自唐以来，上下千载，联络数郡，而吴之文献备矣。以余辱交甚久，稔知世德，使来俾为序。余惟谱学之难言久矣，实则为尊祖，伪则诬其先而乱其类，不孝之大也。观于此篇，系之地望而不惑，质之世代而无疑，缀之昏姻而有别，即善言谱者莫加焉。虽传自襄王，其远而无考者率所不载，独取其有据者录之，别嫌而统同，敦始而修睦，读者心开目明，知蔚为衣冠之望宗无疑矣。夫世之士大夫，莫不思奋于事功，然未有不敦族而能及远，不知学而能敦族者也。观察公扬历中外，以治行闻，而复与符卿继疏公讲明正学，竞爽于章山、汝水间。今见于谱者，萃涣合离，油然有忠厚之风，非深于学者不能也。夫忠厚则乡党之行修，乡党之行修则人物之道长，人物之道长则冠冕之绪崇，冠冕之绪崇则教化之风美，古之众善皆可参焉。以此建功竖业，视夫无本而易匮者为何如哉！余故特及之，令吴氏之族闻而共勉焉。

（《焦氏澹园续集》卷二）

## 吴氏宗谱序

邓以讃

监郡吴君修《吴氏宗谱》成，因洪阳张撰史请序于余。夫宗之义，尝考信旧闻，得其旨矣。昔者先王以宗法属民，合之以姓，缀之以食。当是时，庶其家有典刑，而君子不善也，谓同人于宗，吝道也，盖伤之矣。政息民离，室之内不胜参辰，门之内不胜蛮触。有豪杰者，程往而力合之，是噬肤之道也，君子曰暌，于是有庆矣，按其实，徒能挽末世于十一，又专而不咸，乌在其大顺也？盖同人之时，开以畛域之涂，是离析之萌也。暌之时独存维系之谊，则□比之饩羊也。吴以国为氏，所自来久远。其后避地江右，三徙而得富州，则指日繁矣。中丞西峰，监郡之自出，尝思收族，而未遂以卒。监郡承其志谱之，询谋三稔而后就。若监郡者，倘亦豪杰之士非耶？尝闻且见之，简而厚，朴而不俚，尊尊亲亲，以希敦睦之风，其素所蓄积也。且谱断自超公，不诬其所放失，曰："反本非以骄世胄也，合宗非以夸门阀也。"

岂不谓实录耶？比余故喜属监郡，又劝其族之人。语监郡曰："大同者，贯金石而无阂。善约者，无绳束而不解。言贵真也。故古之不严而肃，闭门而思，感之上也。公艺百忍，虽十世同居，无取焉耳，为其中之不化也。"语族人曰："诸君知身哉！夫以足加首而逾也，可谓吾逾乎？以手挈足而伤也，可谓彼伤乎？此一体之说也。故夫拜跪拳曲，所自崇也；保护矜恤，所自爱也。宜诸君之念之也。"监郡悚然起曰："吁！我未之前闻也，敢不以前所言自砥，以后所言告吾族？"余闻之益喜，夫吴太伯至德，延陵季子慕义无穷，其流风余韵宜在其后之人也。又有监郡倡之，将不诚大有庆哉？虽然，圣天子方向意大同之治，余所志且远也，书以归之。其例义，吴君自有述，不详。

（《邓定宇先生文集》卷三）

## 吴氏世谱序
### 陈文烛

昔太伯让天下，仲尼称之，无能名矣。其后子札让国，愿附于子臧之义。此汉司马迁传世家而首之，亦《尚书》先尧典，《春秋》首隐公，大都贵让也。今乃苗裔兹兹不绝云。长洲百世孙锡善过淮访余，其世谱有三让诸生像，为永初宋帝所赞，又多贞观、嘉祐诸名作，乞余一言。元止雅善文墨，非徒口名族者，世德作求，何可外干延陵之闳览慕义也？

（《二酉园文集》卷二）

## 临溪荪圻吴大公本支谱题辞
### 吴文奎

吴文奎曰：予垂髫盖尝侍父老谈谱系云，私心谓稍自颖露，得操觚从事。然沉浮成均，比且廿载，竟不能贾勇先登，发种种矣。去冬，介弟章以年齿相若，卒先朝露，念及惘然，始洵盛事不常，河清难俟。辛卯秋，馆居丰暇裕，因胠箧取家藏谱及散逸各家者遍观冥思，喟然掩卷太息曰：嗟乎！本支谱之不可以已也。许由有言"有族有祖"，祖宗开创，孙子聚族，敦睦不讲，谓一本何？顾志敦睦者昉于类族辨谱，庄生之所谓相收相弃，子舆之所谓谈笑涕泣，则其说也，亲疏之辨也。况吾宗自泰伯胙土肇姓，侯王将相之胄递废递兴，载在史籍。迨义芳公以唐贞观入歙州，少微公嗣之，宦业文章，煊赫一时，子姓蕃衍之盛，布散新安，与越国、河南差称鼎足。必欲悉其支派，传其历履，虽章亥不能穷其窟数，班马不能提其要领矣。善乎时斋先生之修谱也，若治水然，溯其源，别其委，千流万壑，疏瀹排决，而卒注之溟渤。彼其肇自泰伯，为年二千七百六十有八，断自□□，为世九十有一。略于他支而独详于临溪始迁祖，夫非以临溪为溟渤耶？博而有要，信而足征。仁福公谱于熙宁，季元公谱于绍圣，盘谷公谱于至元，德昭公谱于至治，柏公谱于至正，五修其谱，得以不朽，谁之力也？第临溪团公迁自五代之季，全聚公之裔已析而□，全与公之裔已析而，居休、居歙，总总林林，更仆未易悉数。笃于宗盟，虽鲁卫在望，庆吊不废，廑廑举什一于千万，浸使宽以岁月，无论核实为难，即梗概亦复不易，一切土风人物，瑰琦卓荦，固宜其当世寥寥也，安望铺张扬厉如腐史之传著吾世家乎？故合并之谱不厌疏密，则痿痹而情伪溷。一家之谱不厌密疏，则唾漏而劝戒遗。张、王、顾、陆，非曩吴下所称至宏巨族哉？都人士谓张忠、顾厚、王文、陆武。六朝以门第录士，根连株蔓，其目乃尔。若我明立贤无方，起家科甲，千指之族，显者不一二数，甚且代乏其人。纵族以忠厚文武名，亦陵谷间自为豪尔。荆州无风土，襄阳无耆旧，夫夫之湮没不彰者，何可胜数。语曰：家有谱，国有史，迹类点鬼，后死者之耻也。敢忘蒙瞶？自大公下达，传信传疑，概仍其旧。采墓志传铭之遗，搜长老口碑之逸，成一家典故，以俟谱大宗者。且也临溪溪南诸族黉序之英，誉髦之俊，老成宿学，科目鸿材，计必不忘列所自。是吾举其偏，众会其全，暂任其劳，永享其逸。异日片词只事足当作者，偬若祖宗，辱而临之，亲承謦欬，荣华污辱，目击道存，其裨于聚族敦睦，匪浅鲜也。谱之世系、大传、外传，尽仿李空同氏。其苏圻八志，则奎窃取之，各叙意于简端。若时斋公吴氏世谱，业已家藏其副。一二讹误，录附左方，不敢妄作，以滋诟厉。噫嘻！观乐挂剑，千载若新。闾墓丘墟，易世谁在？凡我族人，其尚袚拭以俟有闻哉！龙门氏曰：闾巷之人，非附青云之士，焉能声施后世？奎不佞，甚愧其言，愿为之嚆矢。

（《苏堂集》卷九）

## 高安龙山吴氏族谱序　代

董应举

凡吴，周泰伯出也，江南为盛。高安之吴独断自刺史理者，郡所始也。理以唐天宝间刺瑞，家于官，有子馥郁。而龙山独祖郁者，龙山所始也。郁之后，衣冠不绝，自唐迄今，几七百余年，经几乱，递兴递复。其在唐则瓜瓞也，在宋则苞茂也，在元则果硕也，在昭代则椒之蕃实而条远也，盛矣哉！而皆系于郁。郁系于理。夫理之先独无可寻者乎？慎远也。其慎远者何？因生赐姓，周道也。类族辨物，《易》教也。故四代之祭郊禘同，所以见神明之泽，大太极之义也。春秋诸侯卿大夫以字丝分派，别自相为宗，所以明统绪之正，二五殊散，各一其气之义也。故曰宗法立而天下治，以其有统也。谱牒者，明宗者也。世远则易忘，地远则难悉。夫龙山肇聚七百余年，不为不久，其间入道始终，似续出入，婚嫁卒葬，坟墓第宅，与夫术业进退，忠臣孝子，义士贞嫠，文人墨客，奇衺伎俩之徒，不为不多，其族不可谓不大，征献纪实，详之犹难，况能旁迹于远。故夫祖之必郁始，明其所可明也。称曰龙山，因生也，其慎而不远及。辨物也，是古之道也。夫谱与史，有同有异。《史记·世家》必推其所自始，然不能一一详，疑盖阙焉。其为《诸侯王年表》，迨于曾玄六世复缀。君子小人之泽，五世而斩，泽远则穷，数烦则乱。故五世一提者，以泽为量，且使人易明也。是谱与史之所同也。夫史为天下人设也，公言而公书之，善恶莫得掩焉。谱为宗设也，言其祖父则伤其子孙，言其兄则伤其弟，故不得显有所是非。夫是非泯，则劝戒亡矣，谱之教穷矣，故征之。征之者不详其事，或名而不字，或字而隐其生，或径绝之，使人睹而思，而惕，曰：夫夫何以独略独绝也？于是有改辙焉，有盖愆焉，有干叠焉。寓创艾于一字之间，微而显，亲亲而公，是谱之所以为教也，是《春秋》之义也，与史异者也。凡此皆铜陵公有意倡为之，以成继绪公、长洲龙安公之志，使其宗有鸠，君子与焉。予独以为，君子寻宗欲的而取法欲远。夫吴之德大矣，三让几禅也，延陵之节，盖在孤竹之间，云台以烈著，酌泉以操显，其风流余韵，犹能兴起人于千载之下，况姓其姓者耶。今观谱中所载龙山诸先进，其奇行信足多者，安知其不兴起于是？夫登山者动而益高，即途者趋而愈逊，岂与夫局足自喜、擅誉乡国而已哉！吾闻龙山山川秀异，累累青石间，画成以易两字。夫易神明之渊薮也，其数无尽，其测无方，有盛德大业焉，天启之矣，能无使后之述谱者以龙山为重乎哉！予于铜陵君有一日雅，因请序，发其意而为之兆。

（《崇相集》序一）

## 吴氏族谱序

### 王　衡

《吴氏族谱》成于大司寇洪,而大备于君棐,诸名家序致其事已详,最后余始受而读之。吴自宋端平中太尉公扈从南迁吴江,始有吴。更历五世,若存若亡,至孝子璋而始显。孝子子南宫保公洪、子宫保公山称名卿。他为藩牧郡守者四人,乡会进士几人,太学茂才等若而人。盖孝子之后甫再世,而甲第之显赫,祚胤之藩庶一至于此,他姓所未有也,猗欤盛哉!族之有谱也,以敬宗而收族,夫人而知之。虽然,至于五世,而祖且祧,服且尽矣。遥遥远胄,贵贱贫富殊量,嗜欲殊趋,居不同里门,食不同井爨,强而联之曰同,即序以雁齿,班以燕毛,而其中有途人之心,目瞪瞪相对,按谱而始识其号字。此如邮吏之数过宾,过而不有,于睦族何居焉?吾甚怪张公艺之书忍也,彼所与同居者何人,而必忍而后同乎?忍而后同,可谓同乎?《易》之《同人》曰:"天火同人,君子以类族辨物。"物固不可以强同,人必有所自生,所自生者同,势不容受之以异。人知发肤之皆父母,而后知爱发肤;知疾痛之呼父母,而后知谨疾痛。不然,情欲之所不至,一身之外,且视之若委土聚沫然,欲强途人而为兄弟,其亦难矣。故晋臣之誉其友曰有孝德以佐公族,而孔子更推而广之,举居处敬、事君忠、莅官敬、朋友信、战阵勇,而总归之于孝,非虚言也。水有源,爱亦有根,故孝子公终身所保,仅仅匹夫之行、孺子之慕。而两尚书诸大夫钟鼎旂常之大业,世世取资焉而不匮,穷源溯本,以有斯谱。谱之成也,乔木日茂而手泽渐澌,荫其下者,祖跣箕裾而不顾,又或者寻之斧斤矣。余故谆谆然提本始而训之孝,睹斯谱者,必绎焉思焉,若接口泽于杯棬,瞩遗容于尸祭,庶几不途人其同姓,而谊益敦乎!其犹有败类忘检,间师党正所不能禁者,有高曾之家法在,其不瞿然而泚颡者,非情也。吴氏之谱,乃可以世也矣。

(《缑山先生集》卷六)

# 吴 乘

张 琦 整理

编者按：

《吴乘》连载于《苏州明报》1935年1月10日至3月31日，共六十次，每次多者两三则，苏州市图书馆馆藏缺2月13日篇章。作者不详。内容以苏州地方文史掌故为主，部分采自历代野史笔记，间有道听途说。今将其整理刊行，以供文史研究者参考，且可聊窥民国报刊补白文体之一斑。

## 缪彤大量

吴县缪侍讲彤，以殿撰起家，为人和易，传其未第时，好集嘉言懿行，敦劝后进，一时薰（熏）其德而迁善者，殊不乏人。泊解组归里，大治园亭。一日，乳媪抱其幼子出游，偶失手堕入池水，亟引救，已无及，媪窘欲自裁，公亟止之，从容谓曰："死生命也，何必尔！"遂秘其事，若为惊厥状，以闻于内，卒不咎是媪，更数月，乃遣之还，其度量卓越如此。

## 韩菼驱鬼

长洲韩文懿公为文酷摹古大家，屡见困于有司，教授陋巷，独昆山徐健庵司寇剧赏其文，推为盛世元音，足以转移风气。时公方以逋赋被斥，益无聊，乃发愤入都，援例应京兆试，闱中既定元，以南卷易置第二，遂联登癸丑会状，累官至大宗伯，誉满天下。相传为诸生时，戚家有鬼物为祟，百计驱除罔效，独公至，则帖然去，后祟如故，公异之，乃戏书"文曲星在此"五字，令贴帏幕间，鬼竟绝迹。一代人文蔚起，夫岂偶然！

## 七塔八幢

吾吴旧有"七塔八幢"之谣，按幢以砖甃成，累高七级，回出屋外，自远望之，形如浮图而差小，传自刘诚意造以厌胜者。所谓七塔，计在城中仅见有四，或谓合城外虎阜、灵岩、上方为之七耳，姑志之以俟考。

## 西施之归宿

世皆知西施随范蠡泛湖去，而墨子则云："勾践破吴，沉之于江。"故李义山诗云："肠断吴王宫外水，浊泥犹得葬西施。"皮日休诗云："不知水葬归何处，溪月湾湾欲效颦。"今吴县蠡口有土神庙，像塑男女，并传即少伯、西子，范氏裔孙每岁于此致祭焉。然则一舸逐鸱夷之说，其果有其事耶，抑出好事者之附会也？

## 灵岩山馆

吴县灵岩山馆，为毕尚书秋帆读书处，贵显后益加修葺，林泉花木之胜，擅绝一时。别有一楼，供奉宸翰，有世宗手赐"经训克家"一额。籍没后，地为蒋氏坟园。儿时常随先辈往游，迄今兵燹后，一望平芜，恍如梦中。金子春先生有诗云："青青薜荔络围墙，石马无声卧夕阳。"犹是庚申以前之作也，然兴废不常，于此概见。

## 与戴醇士媲美

吴县缪酉山画史书，为辛未殿撰念斋先生之后，早弃举业，肆力于画。凡界画人物，以及点染生动之笔，靡不超诣入神。求者踵至，一时乌衣少年，翠阁名媛，争慕投贽，日接不暇。所居精舍，饶有花石之胜，每凌晨盥漱毕，即据案伸纸，旁侍绰约，焚香涤砚，随其颐指，过午键户出，嗜樗蒲，尤究意烹饪。所至旗亭歌馆，白舫青楼，争趋若鹜，目为神仙中人。晚年手迹颇自矜，余常弆其工笔《浣纱图》一帧，中绘嫩金烟柳，柔条跅地，迎风欲舞，上有黄鹂数个，羽衣翩跹，势挟飞鸣，一静姝面溪立，溪水作縠纹，容与荡漾，笔笔如生，是其中岁得意之作。迨庚申城陷，年逾七十，贼见其须发皤然，欲释之，或以能画告，乃挟使彩绘墙壁，不从，露刃胁之，投袂而前，抗声骂贼，遂遇害。论者谓君与钱塘戴文节公出处虽殊，而均以英风毅魄，腾辉艺苑，吴山浙水，宜媲美一时也。

## 书生大义

元和彭茂才惟寅，家贫授徒自给。庚申城陷，偕妻子赴井殉难。先有以避贼劝者，即抗声曰："吾辈平日读书明义谓何？顾强效流俗所为耶！"此语甚壮，乃不谓出之呫哔儒生。

## 唐六如墓

商丘宋牧仲先生荦，抚吴时，尝为唐六如修墓，韩文懿题云："在昔唐衢常恸哭，只今宋玉与招魂。"传为绝唱。尔时误以桃花坞为居士墓田，后经善化唐陶山观察仲冕于胥门外横塘王家村访得墓碣，因复加封植，尝赋七律以志其事，所谓"绮罗弦管总成尘，一种才华阅世新"，语极凄艳，传诵一时。又李笠翁墓在钱塘方家峪九曜山之阳，梁邑侯允植尝题其碣曰"湖上笠翁之墓"，日久就圮，复经仁和赵宽夫坦修筑。又苏小墓于道光间经扬威将军重修，觉阿开士有诗云："将军一去风流歇，谁葺香泥苏小坟。"足动人凭吊。吾吴自经兵燹，遗迹皆不存，独虎阜真娘墓碑仍兀立道旁，不可谓非文字呵护有灵也。

## 曹稼山诗

吴县曹稼山堉，工诗古文词，受知陈颐道先生，屡困棘闱，尝以事陷狱，至倾其家，归后僦居枫江之上，卒穷饿以死。其诗长于言情，格调清新，在嘉道时名与王井叔茂埒。身后遗著散佚，独上海徐氏为刊《仪郑堂残稿》二卷，节录其近体。如《毗陵东门》云："过尽芦洲与蓼洲，弯弯月子照城头。窗中青蒻二条烛，水尾红拖一角楼。云汉衣裳秋瑟瑟，林塘风露夜修修。鱼鳞万瓦桥南北，可惜珠帘不上钩。"《闻后将之袁浦寄内》云："湖堤青杀万杨丝，寒峭单衫薄暝时。四壁轻霜虫语急，一枝柔橹雁声迟。新词惆怅成衣曲，旧恨沉吟陟岵诗。并向宵来作肠断，只除东下暮潮知。"《雷塘寻萧谷合葬处》云："锦帆□□幸江都，青冢埋香感绿芜。官柳阴浓还语燕，野棠花落听啼乌。华年当日知多少，小说荒唐事有无。悔否木兰亭子上，凭肩与话广陵图。"《扬州绣女祠》云："三间祠屋对邗沟，香火萧条日暮愁。半壁残山羞杜宇，三春梦雨感迷楼。同时练行辞金阙，一样销魂有玉钩。可恨环环青塞去，几曾得盼大刀头。""象床宝帐换明珰，剩见瑶台冷翠篁。那有半坏干净土，不堪一炬奉华堂。云中帝子留荒冢（徽庙三十六□聚葬死者，金人为之一冢），海上婵媛恋故庄（崇明今有刘妃庄）。千古苍凉天水碧，蘼芜何处共埋香（旧传祠后即宫人之墓）。"其他佳句，指不胜屈，俱秀韵天成，令人百读不厌。

## 诗道正轨

陈颐道先生少以团扇一诗，受知阮文达公，始刊《碧城仙馆诗》，专尚西昆，虽才情富艳，未免肉多于骨。时先生方负盛名，所在坛坫风靡。后延娄东萧樊村明经于家，见先生作，不置可否，先生固请之，遂力陈其失，并为指示斯道正轨。先生惊服，诗学为之一变，晚刊《颐道堂全集》，删汰仅存什之二三，信乎师友之功为不可少。其子妇小蕴女史，始宗青丘、梅村两家，既而去吴留高，曰："梅村浓而无骨，不若青丘淡而有品。"其识议高人一筹矣。

## 选明诗独遗宋景濂

长洲顾侠君太史选元诗既竣，梦有古衣冠者向之拜谢。钱塘汪小蕴女史选明诗三十家，推刘青田为一代风始，遗宋景濂不选。盖女史以诗有自为一体，宋长于古文，诗非专家。后女史梦至一处，见莲台上塑一立像，纱帽绛袍，白须伟貌，长三尺许，旁一褐衣媪，笑谓之曰："子识之乎？此明代宋景濂也，今成佛矣。"女史寤，识其讽己，以其事笔诸简端，而卒未录及一字。此可见诗家循例之□，而□之一生结习，入地难忘有如此。

## 嫁女诗

长洲韩其武先生骐尝著《补瓢存稿》行世，有《嫁女》一律云："鼓吹迎门烛影红，悲啼声杂笑言中。乘龙但愿逢佳婿，喜犬何妨作乃公。旧服尽搜慈母箧，新妆旋换□家风。梁家眉案张家黛，莫负当年育汝功。"以其善写物情，故录之。

## 七龄咏雨

郡城李听雨茂才文通，幼秉凤慧。家故贫，传其七龄时，附里塾读书，塾师命作听雨诗，应声立就，有"寻常一样窗前雨，才有芭蕉便不同"之句。师大惊赏，稍长,果以诗古文词知名于世。

## 绝粒七昼夜

郡中画禅寺僧慧然者,戒律精严,日恒洁一室,反键其户,游客经此,但闻梵声清越而已。洎庚申城陷,僧年已七十,绝粒逾七昼夜,仍闭目跌跏,神色不渝,贼迹至,咸嗟异以去,寻自投殿前井。同郡钦云珊□士言之甚悉,是殆得彼教中之三昧者。

## 诗　奴

长洲韩东亭先生,家有奴顾福,能诗,记其步主人桂舲司寇《客睡》一律云:"为遣乡愁一醉醪,小团消渴费煎熬。瘦躯已怕蚊侵帐,欹枕惊闻马龁槽。暂学孝先仍自愧,几时安石为民劳?边城一夜眠无稳,遮莫邻鸡彻夜号。"

## 沈归愚门联

沈尚书归愚未达时,曾居木渎鹭飞桥西,板扇镌一联云:渔艇到门春涨满,书堂归路晚山晴。极肖乡村清远之景。后居此者,识为尚书旧迹,争爱护之,故历久完好。其门首故绰楔,乱后断石尚存。

## 妙严公主墓

郡城息园有妙严台,传是梁武帝女妙严公主葬所。台以砖甃成,人履其上,铿然有声,云即公主礼佛处。人言昔有发其地者,中露瓦棺一具,启视一女子趺坐,面如生,服饰奇古,类道家装,高髻云拥,指爪长数尺,径围腰际。方共审谛,霎时阴飙冲地而起,扬沙眯目,稍定,复觇之,只见其中积尘厚数寸而已。骇极,急为掩覆,不几月,启棺数人具病殁。

## 瑞光塔顶

同治丁卯秋,郡城瑞光塔顶被风吹堕,形如两甑釜合并者。寺僧揭视,中藏释典数种,纸色如新,字皆如蝌蚪,未易翻译。又有古钱数百贯,亦未朽,人争购之。

## 蓑衣真人

郡城元妙观内真人殿,其像披蓑戴笠,传系宋何立肉身。按元张昱陵集载,宋押衙官何立,秦太师差往东南第一峰,恍惚引至阴司,见太师对岳武穆事,令归告夫人,东窗事犯矣。何复命后,即弃官入道。说殆本此,姑书以俟考。

## 观音峰与瑞云峰

郡城名园都以叠石为胜,其著者有观音、瑞云两峰。观音峰高逾三丈,极嵌空瘦皱之妙。瑞云峰一名缀云,较观音峰差小,而玲珑过之。按峰为宋朱勔所遗,辗转入明徐太仆东园。瑞云以屡有光怪,已铲去一角,入国朝,于乾隆某年,经尚衣使者辇峙城中行宫,获邀宸赏。而观音峰以过巨见遗,迄今仍屹立于刘蓉峰观察寒碧庄门外,左右皆踹坊旧址,所与伍者,残甓败甍而已。

## 文人操守

余童时订文社于家,同社诸君,经庚申之乱,半归道山,谨就访闻确凿者书之。如姚缵甫元鳌,其弟仁甫元骏,具吴邑诸生,其尊人芝庭孝廉,乡居教授,有声于时,殁时缵甫等俱幼,秉节母训,始克成立,城陷,母夫人自缢于室,贼掠缵甫昆季,迫充记室,不屈,同日被戕。去此数武外,有沈晋生家鳌,家世式微,幼尝附读倪姓废园,傍晚独背师向亭畔折花,失足堕池,逾刻有邻妪汲水,始得救免,咸以垂绝得生后当腾达,后避居甪直镇,被贼迫胁,全家俱赴水殉。又有杨赋苓者,轶其名,少孤贫,授徒自给,恒至爨火不继,顾学益力,行文挥洒立就,见者咸赏其工,以不谙韵语,故年逾弱冠,犹困童子试,后偕其兄鞠苓茂才避居乡僻,贼迹至,赋苓已脱免,行数十步,闻其兄被戕,愤极急返,遇贼痛骂,刃交于胸,词色益厉,其死尤烈,并志此以俟采风。

## 古宅闹鬼

吴县缪氏,本甲族,先世有别业在城南,台榭宏敞,水木明瑟,时有族人肄业其中。一日,馆僮挈午饷经行石梁,值缨帽青衣者要遮于前,乞尝杯羹。僮鄙之,谓:"汝即舌垂至地,亦弗与也。"语未竟,见其挤舌向外,暴长过膝,竟及于地。骇极奔仆,随纠同伴迹之,即不复见。又一日,池荷正花,家人挈诸女伴错坐延爽,旋失其一，方共起觅，见水面有物随风飐动，视之仅剩裙幅未没，仓皇掖出，逾时始苏，云值恶少推堕，细审状貌，即前馆僮所遇者。于是竞传有异，户常键，罕通履迹。寻有某戚家婢过此折花，同伴持钥□立门首，移晷不出，迹之，僵卧太湖石畔，神如痴呆，一碎石压左臂，口青赤，群诘所自，云拟陡危攀□高干，甫仰首，见金甲神兀立半空，骇极致坠，再现形，不知是何灵鬼。今此业已遭兵燹，行人过此，惟见荒烟蔓草而已。

## 牛力舂米

北桥镇某氏以农业致富，复设米市。其舂米不备人力，别一室置机器，俾耕牛转运之，杵声齐发，往复不绝，计日所得，实兼倍于常。顾其所畜之牛，时而力作于田，时而给役于室，向晦不息，困疲已甚。未几，其器为雷火击毁，家亦渐落。此事庚申后避居其地者曾亲睹之，不知今之崇尚机械者何如耶？

## 吴门七子

吴县潘舍人曾沂，吴农部嘉诠，元和朱孝廉绶，沈孝廉传桂，长洲王茂才嘉禄，韦茂才光黻，彭相国即文敬，少尝结诗社于城西鸥隐园中，有广榭曰清华池馆，饶水石花木之胜，维时远近争目为吴门七子，才名籍甚。所刊彭有《松风阁诗钞》，韦有《在山草堂集》，朱有《知止堂集》，吴有《仪宋堂集》，潘有《江山风月集》，王有《嗣雅堂集》，沈有《楚梦盦词》，王早卒，未竟其才，时多惋惜。

## 达官后人

郡城张王废基，旧有达官某公巨宅，珠帘画栋，甲于一邑。相传公在任时，尝以鞫盗受重赂，仍实诸法，故晚举一子呆甚，幼辄逃塾从市井屠沽儿游，挥金如土，母钟爱之，转戒家人勿洩于公，自是愈不可制。稍长，辄购金叶，向空展放，灿烂飞舞，以博一笑。又常潜置声伎，昼则匿复室中，迨晚，园扇洞开，狎客次第入，酣饮达曙，计一宵动费不赀。兴剧，复出藏珍佐之，翠羽明珠，错陈左右，甚至臧获婢媪，乘机冒滥，迄置不问，故若辈皆乐为用。性尤嗜博，累千弗惜。未几公卒，公子继殁，所居旋属他姓，全家星散。忆尝于咸丰癸甲间，里人煮糜赈饥，中有白皙少年至独后，旁一里老窃叹曰："是固锦衣餍粱肉者，问今日亦在待哺之列耶？"方知系达官之后，相与慨然。

## 七　姬

郡城胥门内有七姬庙，其像婍婣阴丽。庙后东北隅有池广十亩许，传即系葬所。按元末张士诚据吴，其婿潘元绍官行省左丞，枋用于时，喜蓄声伎，所购俱极一时之选。七姬者，程氏，蜀郡人，年三十；翟氏，广陵人，年二十三；徐氏，黄冈人，年二十；罗氏，濮州人，年二十一；卞氏，海陵人，年与罗氏同；彭氏与卞氏同郡人，年与徐氏同；段氏，大宁人，年十八，并擅殊宠，出入恒随侍焉。元绍尝倩画史陈惟允绘《长桥玩月图》，征名流题咏，七姬事艳称人口。会明太祖遣将攻城急，元绍战失利，一日，归召诸姬，令早自引决，一姬起，入室，以其帨自经死，六人者亦相随自缢，时至正丁未七月五日也。一时名宿如高季迪、杨廉夫辈，俱有吊七姬诗载集中。迄国朝，以嘉庆间郡人贝见香居士尝过其地，掘一断碑，墓志在焉，爰折赠同好，遍征诗文，佳制甚夥。附录沈朗亭先生亮四绝云："忍看劫火起齐云，一死红妆竟报君。赢得玉钩黄叶路，夕阳人拜七姬坟。""将军半壁势全孤，他日降幡事有无。一样坠楼金谷死，泉台不见石齐奴。""青山归骨竟无时，片石空教作诔词。想见潘郎双鬓白，年年寒食泪如丝。""记谒荒祠古道傍，明珰翠羽尚宫妆。一杯酹罢棠花下，更向西风吊十郎。"

## 佩秋阁诗

吴县邓尉山，去郡五十里，其地林泉幽旷，岩壑玲珑，夙饶烟霞之胜。当梅花开时，四围香雪，一望如海。骚人逸事，探讨忘倦。山南数里，村径逶迤，吴纫之女史茝家在焉。女史生具异秉，治诗赋骈文，入手即就，书法亦秀挺有骨。适郡城汪氏，结缡甫数月，即赋离鸾，年才二十。庚申后，还山奉母，值寇氛四扰，迁徙靡常，感愤忧郁，一于诗词发之，所诣益精。著有《佩秋阁稿》，同郡冯林一宫詹、许鹤巢中翰序其简端，诗虽篇什无多，皆卓然可传。如《西崦泛舟》云："一叶驾扁舟，此生信已浮。危滩吞乱石，野渡浴春鸥。烟水三分足，家山半壁留。何人能击楫，寂寞俯中流。"《舟夜寄怀表姊陈畹生》云："扁舟随地泊，估客语深烟。市聚流民店，农耕瘠土田。离情歌水调，落月照愁眠。此夕江波阔，伊人何处边。"癸亥五月，山中寇窜，将避之海门，感赋云："将离花尽见芙蕖，排日牢愁罢著书。未见孙欣驰捷报，早输潘岳赋闲居。千滩水恶拏舟险，二顷田荒作计疏。愁唱厄屯歌未已，等闲无路上牛车。""天涯歧路怅何之，家国零丁又一时。敢说拔身离虎口，居然逐客到峨嵋。转蓬未许垂杨系，流水终愁上峡迟。安得栖身似同谷，悲歌细和少陵诗。""不辞长路赋间关，暮雨冥冥惨别颜。尚喜高堂加饭健，转怜薄植买山悭。赵歧北海藏名易，庾信江南去国难。太息蓬莱三见后，烟波争不羡鸥闲。""汗雨频挥纪客程，乱蝉声噪夕阳晴。东征赋就心还戒，南浦春归调易成。海国扬舲风上下，江山对酒泪纵横。穷途滋味如荼苦，敢自登楼唱渭城。"又长短咏梅调《疏影》云："茶烟飚碧，有疏花数点，寒照山色。寄迹瑶京，濯魄冰壶，问是几生修得。溶溶澹月江村路，却又讶、晓霜轻抹。记依稀、乍睹琼姿，拟向广寒宫阙。不断清愁缕缕，梦魂恋纸帐，灯影明灭。浅隔晶帘，冷拂铢衣，恍对谢庭香雪。素娥不惯人间住，合伴我、绿窗幽寂。恁无端、吹下罡风，领袖一春标格。"又咏天竹调《点绛唇》云："一种赟䈍，绀珠万颗累累结。颂椒元日，历乱猩红色。耐此天寒，何事因人热。弹丸脱、湘娥夜泣，血泪看成碧。"

## 狐异

城东织造署，别构精舍，供奉仙殿，香火殊盛，不知昉于何时？郡人每述其灵应。有某乙者，尝晚归，于红板桥侧，拾得一物，扪之长仅逾尺，而首锐尾大，遍体蒙茸，仓促莫能名状，姑挈以归。有顷，闻扣扉声，启视，一叟幅巾道袍，苍颜白发，飘飘然有凌云气象，知其有异。叟请还所遗，乙跽而请曰："此固无难，第小子家徒四壁，日惟肩贩谋生计，母子二口，得三百钱，足以自给，如蒙见怜，庶不负今夕相遇之缘也。"叟微哂，意似许可。欲出以相付，转瞬失所在。后每晨起，见灶觚有钱，捡之适如其数，母子因是温饱，岁余亦稍裕。颇为邻媪所闻，苦致研诘。母不能隐，泄其事，而遂不复得钱。

## 沧浪亭联

沧浪亭上旧有楹联云：四万青钱，明月清风今有价；一双白璧，诗人名将古无俦。盖地为吴越王钱氏南园遗址，相传宋时苏舜钦、梅圣俞诸人，尝于是亭结社唱和也。今兵燹后，重加修葺，台池花石，位置极工，登其亭，一望辽远，城外远山，无数环拱，苍翠扑人眉宇，风景殊胜。见石柱镌一联云：明月清风本无价，近水远山俱有情。集对尤为现成，可谓擅绝一时。

## 朱老虎

郡城朱某者，少孤贫，肄举业时，喜阅金批小说，辄有所悟。案头院本杂剧，堆积如山，无一先正程文，命笔警绝，试辄冠军，咸服其隽才。甫弱冠，即举于乡。比报至，贺者盈庭，其母闭户骇叹曰："是实速之死也。"座客请见，俱弗纳。某居恒喜讦人阴私，伎险百出，坐是破家者众，敛怨一乡，当道颇闻之。未几事发，褫革系狱，旋以遇赦得出。久之故态渐萌，郡人忧之。庚申城陷，某脱走至西洞庭山，有识之者，咸色骇曰："朱老虎来矣！"争起殴之。相传在狱时，有手书自讼云："一失足置身无地，两空拳抱恨终天。"闻者咸叹息焉。

## 花市老人歌

吾吴虎阜一带，隙地闲田，居民俱以蓺花为业，编竹为墙，浚渠通圃，每届繁英乍吐，嫩蕊半含，园丁竞携筠篮，趁晓入城，街头唤卖，钿阁早妆，绣帘斜启，其奢华不减广陵。洎遭兵燹，一望荒烟蔓草，旧日平泉，消归乌有，而临镜簪花者，亦半有沉珠瘗玉之叹。记西脊山人尝仿梅村体，作《花市老人歌》云："花市老人年七十，两鬓皤然头箬笠。敝衣百结若悬鹑，为我陈辞含泪泣。虎丘西去是吾家，剪叶培根善种花。艳紫娇红夸异种，一生藉此作生涯。蔽雨遮风倍怜惜，藏春一簇闲房辟。粤东茉莉出花田，闽峤蕙兰来海舶。朱门豪贵盛吴中，争供奇葩买一丛。出窖烘成凭火力，开来不必待春风。胆瓶斜插纷无数，供玩斋头红白吐。购得一枝称意花，抵来十户中人赋。提得筠篮晓进城，铜街日暖卖花声。驼钩处处珠帘下，十里红楼梦未醒。梳头才罢琼窗内，买来尽有兰闺爱。侍婢娇临鸾镜簪，女儿艳向鸦髻戴。浪将花萼换金钱，只种花枝不种田。妇子欣然多饱暖，一家衣食足年年。岂料家园动鼙鼓，流离避贼抛乡土。回首苏台一炬红，杀人等草如狼虎。数载贼平归故乡，四时花木尽摧伤。聊将旧业还重理，补屋牵萝庐舍荒。玩花无复豪华客，时艰谁把黄金掷。担向豪门旧处行，华屋难行昔时宅。玳梁绮栋付蓬篙，甲第连云一旦消。多少供花游赏处，名园台榭半萧条。卖去城中风景换，绮罗金屋如云散。只有怜香蛱蝶随，街头行遍无人唤。可怜绣户买花人，皓齿朱颜委劫尘。闲煞名花谁复戴，六街烟销画楼昏。廿年旧事空回忆，灌泉培土愁栽植。九死谁怜白发翁，一身仅脱黄巾贼。惆怅于今生计微，身无完袴腹常饥。东邻羡煞耕田父，禾稼秋收反有期。我听翁言三叹息，吴门风俗繁华极。若论天道本循环，盛去衰来应自得。莫将利重向人夸，逐末原来计早差。为劝老翁休业此，不如还去种桑麻。"

## 吴市之灯

自来灯市，盛于上元，吾吴素无是例，当乾嘉以还，承平日久，闾阎康阜，民物滋丰，每届万寿之庆，金阊内外，富商巨贾，恭祝纯嘏，仿鳌山灯火之例，各于门首当街，齐张五色锦幔，杂以羊角、玻璃诸灯球，或各出新意，竞制珍禽奇兽，名葩异卉，绮交锦错，联亘十里，远望如一条软虹，忘其在尘市中也。比晚光明齐放，烂若云霞，烛龙衔曜以如生，彩凤腾辉而欲下，十光五色，到眼欲花，达曙连宵，环观如堵。加以绮罗杂沓，尘生步障之闲，笙管嗷嘈，曲按霓裳之奏，家家帘幕，处处旗亭，宵行不嗔夫醉尉，歌呼讵厌夫邻丞。记时谚有云："南濠缓接北濠灯。"诚太平时代之盛事也。

## 竞 渡

吴门竞渡，向称盛举，自东南被兵后，笙歌消歇，几二十余年。迄同治辛未五月，军中复修此举，一时倾城士女，奔赴若狂，远近帆樯栉比，计入集于鲜溪、胥江暨虎阜等地者浃旬，费几万余。西泠山人有长歌记其事云："阊门南去盘门路，蚁集兰舟观竞渡。蒲叶榴花五月天，罗纨飒沓纷无数。烟波一路是鸥乡，花天酒地变欢场。珠翠光争云日丽，粉脂气染水波香。肉屏环绕花成市，篙橹蔽遮难见水。六柱红船坐少年，千金紫曲呼歌妓。声价顿增舟子忙，黄金不惜掷荒江。一齐争看龙舟至，却笑吴侬举国狂。人生欢乐原非易，忘却眼前风景异。已喜军中兕甲藏，更将水上龙舟戏。抛去戈铤不复待，破浪冲波习水嬉。纵教胜会堪娱目，总异当年全盛时。吴下龙舟夸海内，陆离金碧纷成队。时节端阳闹虎丘，吴娘画桨娇眉黛。鳞甲蜿蜒水面来，搉金伐鼓响如雷。吴儿健捷原无匹，攫取银瓶水底回。衣香扇影兰街接，珊鞭宝马多游侠。花围绮席醉瑶樽，波暖银塘停翠楫。水软山温别有天，白堤风月倍堪怜。冶坊浜口招裙屐，斟酌桥边沸管弦。橹声笑语山前绕，灯火吴船常彻晓。一自频年戎马惊，笙歌寂寞龙舟杳。野草萋萋废垒多，吴门花月奈愁何。繁华往事难回首，七里山塘咽碧波。即今重得升平睹，东南万户欣安堵。须要民间元气培，疮痍虽去无完土。扫得豺狼靖逆氛，驻防未撤水犀军。健儿无事夸身手，游戏还来向水渍。军声才罢欢声起，打桨中流如马驶。鼓吹犹疑铙吹喧，龙船还讶戈船舣。锦绣旌旗映碧澜,拔来都向旧军坛。欲将胜事追当日,赢得倾城士女观。自古盛衰同转毂,感慨终教增触目。凭吊灵胥事久虚,吾吴豪举难重复。愁倚篷窗一叶舟,斜阳催客挂城头。画船归去如云散,无语胥江水自流。"

## 汪贻孙苣之诗

吴邑汪贻孙苣,为吴中三山人之一,尝刊《茶磨山人诗稿》,板毁兵火,与秦西脊同居城南,时相唱和。两人诗境不同,西脊近体好为沉博绝丽之作,七古有二派,其闻扬忠孝节烈,沉雄顿挫,宗法少陵,复长以隶事,仿长庆体,接迹梅村。茶磨则得力中唐,专奉青丘、渔洋两家,"骨气秀劲,音节清脆",如其评朱布衣语,而神韵过之。近以客游武陵,家居日少,故诗不恒见,节录近体,以志钦挹。如《立秋日寄海上诸友》云:"一叶兼秋下,天涯暑欲徂。西风诗骨瘦,凉雨客心孤。薄俗兵戈后,故人书札无。应知高阁迹,吟望旅怀俱。"《过佩秋阁感赋》云:"故里逢今日,浮生感往年。兵戈残劫地,风雪试灯天。白发欣同健,青毡只自怜。客归嗟未得,隔岁让春先。"《西国逭暑即事寄怀许大都中》云:"庭桂团团夕爽留,银河络角挂帘钩。石床凉雨三更静,水榭疏灯一笛秋。大好谈谐供茗碗,最宜韵事覆诗题。软红尘踏槐花路,有客京华旅食愁。"《抵罗店示两弟》云:"游子得归仍是客,牵衣别母感难胜。事无当意家书少,秋入衰年肺病增。旅燕失巢惊绕树,壁蛩搅梦语昏灯。天涯兄弟连床夕,同谷歌应傲少陵。"《省垣克复送吴丈语樵归里》云:"清秋幕府快瞻韩,吹撼书生一介寒。转饷君真萧相国,吹竽我愧楚枝官。诗能嗣响名家少,语为知音下笔难。更喜浣花祠屋近,故乡归及荐春盘。"《归舟偶占》云:"岁暮天涯一棹还,水程三日指乡关。自歆风帽乌篷底,饱看临平雪后山。"

## 孝女殉母

吴县孝女董瑞莲,端庄静穆,粗通文史,工针黹。女红之暇,辄喜谈古笾列女之书。父廷策,年逾周甲。奉事维谨,殊胜于男,并佐母理家务,晚寝早作,不辞劳瘁,先意承志,极得庭帏欢,故年虽及笄,依依不字。光绪某年腊望,母病咯血,女衣不解带,晨昏侍药无少间,屡屡背泣祷天,愿以身代。母殁,痛哭几绝于帷,或戒勿伤父心,乃稍节哀。父旋于次年正月杪,以事往沪,可无顾忌,即朝夕哭奠,号泣不已,家人再三劝导,其殉母之志终不能解,遂绝粒食,水浆不入口者七日而卒,距母殁才一月耳。旋经苏省采访局，汇详请旌。

## 蒋烈妇

长洲潘麟生钟锺瑞，撰有《蒋烈妇记》，谓妇系湖南善化籍，而长于吴，为两淮盐运司知事蒋世芳女，适顺天大兴籍江苏通判王祖庆子兆熊，夙患咯血，光绪丙戌三月初骤发而剧，妇侍二十余日，医治不效，则焚香祷天，剜左臂肉煮汤和药以进，仍不效，二十六日兆熊竟殁。当未殁时，妇已却饮食累日，家人问之，辄曰："不饥耳。"至是恸绝而苏者数次，遂大萎顿，劝之终不食。然兆熊殓具，纤钜皆亲为经纪，俾如礼而无憾。兆熊殓之明日，召匠髹其椁，自敦治之。迨夜将睡，命妪且汤沐，入室，阖其户，上下盥洗栉发，内外易生衣整且洁，乃僵卧。诘旦晦日，家人讶其不起，□户入，则已嘘气不能言。其从兄蒋朝瑞昆季，闻急奔视，勺水不入口，莫能为计，乃制楮报以示之，首略领，已而息逾微。延至是日戌刻，冥然以逝，距其夫之殁，止四日耳。呜呼烈哉！

此处缺《苏州明报》1935年2月13日《吴乘》（二六）

## 善　行

吾吴张君铭三，性磊落，慷慨好义，宅心尤仁恕，生平善行备载家乘。今举二事，为人所难能，堪以劝世者。一，咸丰初年，有同邑贞女蒲陈氏，许字蒲姓未婚，夫亡矢志不嫁，鲜兄弟，一意事亲，后父母相继逝世，依于其戚，年已六十余，其戚又谢世，幼辈辄厌视之，几莫能容。铭三稔知其事，遂延女安置陆墓家庵，赠以百金，为终老资，且为其呈请旌表焉。一，咸丰七年间，家渐落，一日，米盐匮乏，拔其姚夫人金钗，命周仆持质库，归遇友邀饮，微醺，遗资于途，抵家索袖中，则竟乌有，返觅诸途，亦不得，仓皇莫措，旁观责之，甚且有嫌其诈者。周益窘迫，铭三置不问，召周前而慰谕再至，顾谓家人曰："物之得失有定，彼岂甘心为之者，使必责偿，致彼轻生，余心何安也！"遂别画策以济家用。此事不难在平日，难在窘乡，至蒲陈氏之事，人莫过问，而公独毅然为之，盖至诚恻怛，有不可遏抑者耳。

## 顾二娘砚

顾二娘为郡城之名妓，住专诸巷，善琢砚，一经其手，款式精妙。陈句山太仆有诗云："谁将几滴梨花水？一洒泉台顾二娘。"是也。今吴县潘氏藏有端石一方，上镌"云月"字样，系出其手制，时人题咏甚夥。

## 三多

番禺许星台方伯，陈臬三吴时，六旬双寿，德清俞荫甫太史赠联语曰："奇耦合阴阳，算一男二女，相间而生，得十有八人，每岁必添丁，其余兰梦分占，复弄四回璋瓦；富贵亦寿考，从六旬初度，递推而上，到百有廿岁，大年再周甲，长此华聚顺坐，看七代云礽。"原注云："方伯自言其夫人于十七岁得长男，喜逢五代同堂，七代同居，嗣后连举二女，又得一男，又连举二女，得男六人，女十二人，有如夫人者二人，得男女各四人，共得男十人，女十六人，因撰此联寿之。"荫甫太史又赠联曰："聚儿孙内外，得八十四人，登堂同拜生辰，从古汾阳无此盛；合夫妇倡随，成百有廿岁，转瞬再周花甲，至今吴会是初筵。"原注云："方伯与夫人同庚，其膝前子女及孙男女、曾孙男女、外孙男女、外曾孙男女，共得八十四人，亦盛事也。"合观两联，撰语浑成无匹，而方伯之多福多寿多男子，洵一时佳话也。

## 劫婚

葑门内有王生者，与富仁坊巷某姓有连，自其父在时，呼某姓妇为干阿你。父卒后，某姓抚育之，视犹子也。妇有女，年相若，拟招王为婿，及王长，流荡无度，妇乃悔前议，许其女于胥门外某生，娶有日矣。王闻之，纠合无赖少年，劫其女归。女至王家，闭门号泣，久之无声，或自门隙窥之，则雉经矣。破门入，救之复苏，女又绝食求绝。事闻于官，官以王劫婚暗行，非礼也，笞之百，且喻之曰："汝谓某姓先曾有议，然空言无据，女既誓死不汝从，汝又何爱焉？男子苟能自立，何患无妇哉！"乃判某姓妇以银币五十给王，使为异日婚资，而全曩时抚育之义，女则归之某生。

## 菜刀杀三人

咸丰庚申二月，葑门槐树巷顾姓寓室内，无端一毙三命，邻居未有知者。抵暮，顾某归，入门，见其女委于地，号入室，见其妾杀于床，益骇，大呼，莫之应，入厨下,见妾之母伏尸于灶脚,皆浑身血污。出号,四邻咸集,莫测其所以然,亟鸣诸官,检验得实,严绳凶手。顾某系绍兴籍,为元和县署幕宾,娶妾生一女,年十二岁,妾之母依之寓居于此,朝出暮归,尝雇一仆,因事黜去,已一载矣。是晨,顾已赴署,仆忽来索钱,不应,即入厨下求食,媪诟之,怒,遂拔菜刀杀之。旋又入室,杀妾于床。更迎女及门,并杀之,反镭其户而遁,已越境矣,又反至胥门外,乃被获,严刑供实,系诸狱。未及申详,而粤变,遂不知终极。

## 火　鸡

康熙辛亥年,西洋人有以火鸡入贡者,舟过苏州阊门,出鸡于船头,令市人聚而观之,赤色与常鸡同,饲以火炭,如啄米粒,然其顶与颔下,有肉能放能收,烹食之,甘美异常。今西菜中偶或用之,价极贵,每盘几费数十金。

## 乾隆鸡肝

吴中某巨室,与乾隆时称极盛,高宗南巡,在虎丘建行宫,巨室献鸡肝一种,上尝之绝美,特加优赏,于是其家有乾隆鸡肝之名。或云以此对西餐中明治牛肉,可云工巧绝伦。

## 瑾妃来苏州

光绪庚子两宫出狩,宫中秩序顿乱,溥良适入宫,见瑾妃尚在,知为德宗幸妃,挈之南下,寓苏之拙政园。当时大吏闻信郊迎,讳言为某公主,实瑾妃也。

## 盗妹多情

苏城有孙淇者,贾于杭,美丰姿。一日,以完娶归,过太湖,觅船以进。舟子兄弟二人,盗也。有妹年十七八,美而武。孙登舟见女少艾,心动,颇目之,女亦目注不已。少顷,舟子登岸曳纤,舟中惟孙与女。女曰:"子何以视我?"孙婉答之。女曰:"子今夜恐不佳。"以手去扳,出白刃示之。孙投地求救,女因问曰:"尔曾娶妻否?"孙答曰:"回苏完婚。"女乃不言。俄顷,舟子回,少憩,又登陆。孙哭泣求救,女乃问曰:"尔箱有多金否?"孙白以无,女为设计,谓可伴病呼痛,付匙与舟子,开箱取药,冀免祸。迨舟子回,孙如其言,舟子开箱,以无药告。孙佯以言误记。二人又登岸。女曰："子箱内衣服甚华，恐终不免。"因接以刀，使伏暗中，俟其钻首入，即手刃之。孙持刀而战栗不已，女乃进舱，持刀。移时，其长兄果钻首入，女即手刃之。其次兄闻无声息，疑孙有备，不敢入，趋至船头。女跃上篷，持刀刺之。孙惧而欲逃，女含涕曰："事已如此，子将何往？当与子同首官耳！"即手持包袱，中皆其兄所杀之发辫也。见官后，历言其兄平日凶暴之状，涕泣请死。官见发辫累累，检查旧案，二人实为江湖大盗，女虽有杀兄之罪，而大盗因此殄灭，功不可没，悯女齿稚无归，命孙妻之。孙自言有室，且见其手刃二兄，心尤惴惴。官谆谕再三，命携女归。而孙之妻家闻知此事，恶之，不欲与婚，遂求解约。孙无如何，许之。女乃随孙至家，成夫妇。女事翁姑孝，德性柔顺，伉俪亦得，颇以贤妇称于里中，远近奇之。

## 玉　盂

曾文正公国藩初藏奇石一座，洁白如玉，置日光中，石心隐隐有血纹。公相度其形，召苏州某玉工，琢成水盂，两耳各虬头上仰，有环，置滴水其间，翌日即盈盈满矣。此盂能验晴雨，每当天将雨，盂边缘上垂露滴滴如珠，色愈苍润，水泛微红色；至雨后将晴，则盂珠顿落，一洁如故，水色转淡绿，一望深碧而有光。文正在军中，每以相随。剑州李申夫方伯与公为师弟，时襄军幕，尝谓李曰："宁失兵丁一翼，必不可失此盂。"以其有益军事也。时有某要人托人致意，愿得此盂，许竭力推崇，公卒不与。同治甲子，粤难平，公以献于朝，入内库。

## 空　青

有叶成山者，车坊质库中友也。尝云，幼时与群儿戏于门首，石阶丈余，向有裂纹，群儿猛登石上，阶忽大裂，迸出一物，若鸡卵然，一儿踢之，撞墙角而破，出水升许。适有摇铃医过此，拾之，于破壳中探取一小球，如龙眼大，有明光，纳诸怀而去。儿亦不知所为，后渐洩于人。有识者曰："此真空青也，千金不易，惜哉！"或详询其状，曰：色淡青，圆如卵，质不甚坚者为真，中层如鸡子清，内层如鸡子黄，坚结如冰，水味甘涩，食少许，盲目即明，碎冰合药，功用异乎常品。曾文正公尝得其二，一系伪者，用之无效。

## 长　髯

横泾有李裕祖者,身短只四尺,颔下多髭须,长四尺二寸,则曳于地,居恒作三股辫,挽于首,出则以纱囊贮之,有时解以示人,具惊讶不已。某客云,身历半天下,阅人多矣,未有如是之长须者。

## 火

咸丰庚申三月前,见一人奔走狂呼,曰:"一个人生两双目。"群目为疯癫,有好事者尾之,将追及,忽失其踪。未几,苏垣戒严,某中丞以防寇计,命城厢内外一带民房,付之一炬,因而人始悟人生两目之谣,盖一"火"字也,乃知劫数之有定如此。

## 猖

太湖一带,网船极多,有红猖、白猖、黑猖三种,皆习于邪术者,黑猖最烈,红白次之,放入民家,重则死,轻则病,觉察而许以金钱,彼亦能收去不为害。闻其术不传于女,而仅传于子,究莫知其为何术也。

## 黑　米

光绪二十二年二三月间,忽有黑米发见,城乡瓦砾堆中,随处皆有。阊门专诸巷一带,时有掘得者,其形较长,其色纯黑,宛然米也。胥口富户张尚卿,收买多至石余,谓可疗病。至秋冬之际,不多见矣。次年瘟疫盛行,有一发即不救者,城内棺木售之一空,以黑米治之,亦无效。时有童谣云:"若要疫气定,家家门前点地灯。"迨七月终,苏臬司张富年,亦染疫死,而瘟定。盖吴俗于七月晦日夜,插烛于地,烧地藏香,童谣地灯之言,殆应于是。

## 胡琴歌

吴泰伯祠在阊门之西,每春秋之季,市肆相率具牲醴祈福于三让王,多图善马彩舆子女以献之。后有金银行主,纠合人以轻绡画侍姬捧胡琴以从,其貌特美,远胜壁间旧所绘者。女巫方舞,有进士刘景复送客至金陵,置酒庙东通波馆,忽欠伸思寝,方就榻,梦见一紫衣冠者,曰:"让王奉屈。"刘随入庙,周旋揖让而坐。王语刘生曰:"适纳一胡琴妓,色丽而艺精,知吾子善歌,故奉邀作胡琴一章以宠之。"

初刘颇逡巡，酒至，并进肴馔，见与馆中饯筵者同，遂连饮数杯而醉，作歌曰："繁弦已停杂吹歇，胜而调弄逻迤拨。三弦拢撚三四声，唤起边风驻寒月。大声嘈嘈奔浥浥，浪蹙波翻倒溟渤。小弦切切怨思飔，鬼哭神悲低悉窣。侧捥斜挑掣流电，春雷直戛腾秋鹘。汉纪徒得端正名，秦女虚夸有仙骨。我闻天宝十载前，凉州未作西戎窟。麻衣有衽达汉民，不省胡人暂蓬勃。太平之末狂胡乱，犬豕奔腾态唐突。元宗未到万里桥，东洛西京一时没。一时汉民没为虏，饮恨吞声空鸣咽。时看汉月望汉天，怨气冲星成彗孛。国门之西八九镇，高城深垒闲闲卒。河湟咫尺不能收，挽粟推车徒兀兀。今朝闲奏西凉曲，使我心神暗超忽。胜儿若向塞边弹，征人血泪应阑干。"歌阕，刘生乘醉落笔，草札而献。王寻绎数四，召胜儿，以授之，王之侍儿有不乐者，妒色形于其面。生恃酒以金如意击胜儿面破，血淋襟袖，生乃惊起，明日视素绘，果有损痕，歌词至今传诵。

## 黑龙碎金鱼缸

海昌陈素庵相国，继配徐夫人，名灿，字湘蘋，工词善画。崇祯中，相国春闱下第，南还，舟泊吴门，遇雨闷甚，觅散步处。闻徐氏饶花石之趣，因独诣之。先一夕，徐翁梦黑龙碎其金鱼缸。是日，陈方徘徊间，误触一盆，随碎其缸，陈局蹐不安，拟奉价偿之。而徐翁欣然问姓名，因留小酌，备极款曲。酒酣自言，有二女愿奉箕帚。时陈适丧偶，闻之，心动。素善子平术，索二女干支，归舟推之，则皆贵，惟长女微带桃花，因纳其次，即夫人也。抵家，陈翁以其不第而娶妾，怒，欲遣之，太夫人曰："此女果佳，当告之宗庙，以妇礼处之。"及至，见其端丽庄重，即以新妇呼之，后与相国偕老云。相国既仕清朝，一日于良乡邂逅一妓，其貌宛与夫人相似，询之，则涕泣自言姓氏，并遭乱失身，即徐翁长女也。因赎归，携之京师，后归一满洲武臣，其人贵至八座，亦为命妇。（董湘潮《东皋杂钞》）

## 秋　香

秋香事，系吉氏子冒六如盛名而得之。事闻于六如，谓生平知己，无逾秋香，因误人自误，深自尤悔，杜门不出，读《近思录》一月，颜其室曰"检斋"，作《检斋》诗云："检束斯身益最深，检身还要检诸心。鞠躬暗室如神在，恭己虚斋俨帝临。视听笑言皆有法，杯盘几席尽书箴。遥知危坐焚香处，默把精微义理寻。"宁藩聘至，遂复出，佯狂而归，始课佛于桃庵。(《桴庵琐录》。此条与冯《志》吉道人一条略同，录之以证六如被诬。)

## 郑长昕政绩

冯《志·吴县人物志》第十卷《郑璇传》，后附子长昕，道光壬午举人，江西永新县知县云云。按长昕字雅三，号少莱，系璇之孙，非子也。以举人议叙江西知县，历任永新、德化等县，擢九江同知，所至多政绩。于永新建书院，于大庾平夫役政，丰城筑杜家门首堤，均载各邑志。尤以听讼名，任德化时，有盗劫钱肆，前任适瓜代，不问。郡守勒捕严，缉役拘他犯六人，逼拷供以塞责，守复以刑求，遂诬服。长昕莅任，覆讯，供翻异，赃证亦不符，疑之，另缉，卒获真盗，而六人乃得释。任九江同知时，属邑彭泽有业佃互控命案，累年不决，郡守属为覆讯。长昕微行探访，始悉佃母为业主罗某以索租故，系颈而死，弃尸野塘，及子控罗威逼毙命，罗反控佃子缢母死，藉尸图诈，故讼累不休。及廉得实，乃一鞫而服，于是罗抵罪，而佃得释，人皆服其明察。

## 豆　芽

生长富贵之家，往往不知物价。苏州某贵人，居京师时，访其戚某，因留午餐，肴有豆芽，其戚固尝乞贷于某者，至是某责之曰："君屡言贫，而肴馔何奢侈乃尔？"戚力辩此非贵品。某曰："此我所常食，每盘需银一二钱，何得谓非贵品？"戚以未烹者示之曰："此仅值二三文耳。"某悟厨人之狡，归而欲逐之。厨人乃取豆芽绝其须者，加以辣椒丝，又和以糖醋香味，又别取连须者渍以盐水，盛两盘以献之，指连须者曰："此贱物也，即三文尚嫌贵，主人所见者此，若主人平日所食者，则确为贵品。"某不知其诈，遂复留厨人。

## 斗　富

潘梅溪为吾郡巨富，惟枫桥汪姓某，与之相敌。一日谒汪，潘服貂耳茸外褂，汪不之识，问潘，潘告之，面有得色。汪大恚，潘去，汪即命仆悬重价遍市搜购，每一袭偿八百两，一夕而得八袭。诘朝折柬招潘饮，潘至，则八仆立于大门之左，所服与潘无异，潘惭而退。

## 补履先生

虎丘山有补履墓,其人名近仁,尝以补履为业,嗜读书,通知古今事,吴中士大夫称之为补履先生,汪稼门廉使为树墓碣以表之。

## 诗　丐

洞庭山有丐者,隐君子也,貌似癫狂,汪钝翁尝记其有绝句云:"不信乾坤大,超然世莫群。口吐三峡水,脚踏万方云。有形皆是假,无象孰为真。悟到无生地,梅花满四邻。"真有不食人间烟火之概,惜不详其姓氏。

## 徐灵胎

滨湖之地,吴县与吴江县交界之处甚多,无可指名,门临太湖七十二峰,招之可到。昔徐灵胎有权奇倜傥之名,年将八十,谈论风生,客至必与之乘一小艇,逍遥湖上,指洞庭山色,望之俨若画图,遣兴吟怀,皆成生趣。尝纪其佳句云:"一生那有真闲日,百岁仍多未了缘。"又自题其墓门云:"满山灵草仙人药,一径松风处士坟。"可想见其翛然出尘之致。

## 雕刻绝技

阊门专诸巷有刻工曰朱圭者,字上如,雕刻书画,精细工致。以河南画家刘源所绘《凌烟阁功臣像》,影而雕刻之,尤为绝伦。又南陵诗人金史,字古良,择两汉至宋之名人,各图形像,题以乐府,名曰《无双谱》,亦为上如所雕,工绝无伦。而选入养心殿,供奉大内字画,均出其手。后以效力久,授鸿胪寺序班。

## 陈　墓

陈墓在长洲县东南五十五里,宋光宗妃陈氏葬此,故名。梅村以宗人青房兄弟居其地,久欲过访,会乙酉五月,闻乱,遂仓皇携百口投之。中流风雨大作,扁舟掀筛,榜人不辨水门故处,久之始达。青房延之入,酒肴杂陈,雅意拳拳,寻呼童子扫榻,薄暮渔歌四起,几疑非在人世。是时姑苏已送款,兵至不戮一人,陈湖中尤晏然无虑。梅村拟买田卜筑以终老,居无何而陈墓之变作。梅村始不能安居,流离迁徙,幸免于厄。事后将践前约,又以世故牵挽,流涕登车,一家骨肉,天涯地角。迨以事归里，青房顾而讶之，谓"别来无恙耶"，"何清癯一至于此"？两人相与话昔年奔走提携事，不觉泪随声下，因有《泛清湖》长篇，以志感慨。

## 徐湘蘋多才

吴县徐灿字湘蘋，陈相国素庵元配也，能属文，工书翰，诗余得北宋风格。顺治癸巳，素庵贿结内监魏良辅，尽室戍边。梅村赠诗，有"百口总行君莫难，免教少妇忆辽西"。少妇，即湘蘋也。湘蘋事母至孝，手写大士像五千四十有八，以祈母寿。晚年遂皈依佛法，更号紫言氏，曾为梅村画水墨观音，笔致极为雅澹。

## 花痴朱珩璧

去洞庭山十八里，有莫厘山，以其居洞庭山东，俗称东洞庭。山后最胜，有朱珩璧者居焉。家有缥缈楼，教家姬歌舞。珩璧归自湖中，不半里，令从者据船尾作铁笛数弄，家人闻之，鱼贯出。楼西有赤阑干，累丈余，诸姬十二人，艳妆凝睇，指点归舟于烟波出没间。既至，即洞箫钿鼓，诙谐杂作，见者几疑非人世也。梅村家居时微闻之，拟游不果。嗣有指索其所爱者，珩璧不乐，遣去，无何竟卒。梅村偶以春日过其里，虽湖山无恙，而物是人非，为感慨系之。珩璧之宗人某，为梅村言，珩璧爱花如命，疾革时犹扶而沥洒，再拜致别。平时见花，不使堕人间不洁处，人以花痴目之，不顾也。诸伎中有紫云者，为感其意，至老不嫁。梅村闻之，悲切不自胜，亦题五言诗于壁上，末云："伤心关盼盼，又是一年春。"即指紫云也。

## 吴梅村与拙政园

娄齐之间有拙政园，嘉靖间王御史献臣，因大弘寺废地而营别墅也，文待诏徵明为图记以志其胜。后其子以樗蒲一掷，偿里中徐氏，海昌陈相国素庵得之，重加修葺，珠帘甲帐，煊赫一时。中有宝珠山茶三四株，交枝连理，鲜妍无匹。素庵身居政府，十载未归，园中一树一石，仅于图中见之。寻以结交近侍，谪戍尚阳堡，此园已籍没为将军府矣。梅村回思出山之举，实为素庵推毂，素庵之意，本欲虚左以待，比至京师，素庵已得罪去，梅村实有难言之隐。仲女又适其子直方孝廉，直方眇一目，于律，废疾者赎罪两月，竟与诸兄弟同戍辽左。梅村感喟苍凉，更难自已，集中《拙政园山茶歌》及《赠辽左故人》，皆为素庵而作。此外《遣闷》诗有"一女家破归间关,良人在北愁戍边",亦指仲女与直方也,读之使人酸鼻。

## 蜀鹃啼

苏州邱屿雪善歌曲。甲申十一月二十五日,张献忠破成都,梅村之兄志衍,全家遇害。屿雪作《蜀鹃啼》歌剧,剧中志衍已兵解仙去,盖拟葛洪《神仙传》郭璞得兵解之道,为水仙伯也。梅村观之,破涕为笑,诗中所谓"双泪正垂俄一笑,认君真已作神仙"者是也。志衍之被害,实误托雅州守王国臣,国臣素与贼通,凡王府荐绅官属在境内者,尽为贼囚送成都。志衍家三十六口,悉在行中,能逾垣得脱者,仅一事衍弟耳。梅村作序记之,略谓:"一官远宦,万里严装。爱弟从行,故人远别。上游梗塞,尽室扶携,既舍水而登山,甫自滇而入蜀。北都覆没,西土沦亡。身殉封疆,家罹锋镝。呜呼!三十六口,痛碧血之何存;一百八盘,招游魂而莫返。无兄可托,有弟言归。窜身荆棘之林,乞食猿猱之族。望蛮烟而奔走,脱贼刃以崎岖。耻赵礼之独全,赤眉何酷;恨童乌之不免,黄口何辜。爰将委巷之讴,展作巴渝之舞。庾子山之赋伤心,时方板荡;袁松山之歌行路,闻且唏嘘。"云云,至今读之,犹为之泪随声下也。

## 山塘奇遇

钱牧斋未达时,时至吴门。一日,泊舟山塘,午夜明月照船,宛如白昼,转侧不成寐,被衣起坐,仰视明月,顾而乐之。忽中流一棹,渐近舟旁,中有垂髫女子,淡妆素服,容仪甚清雅。舟既近,敛袂而起。牧斋讶之曰:"尔何人?"答曰:"妾山塘艺花女也。顷见君至,故而来此相就。妾与君有夙缘,固非同人间之淫奔者,幸勿见拒也。"遂登牧斋舟,所语皆世外恍惚事。牧斋奇之,亦不敢深究也。迨晓,恋恋不忍去,临别语牧斋曰:"君日后当享盛名,宜自重。"因留诗曰:"黄山随处是烟霞,曲屈路中一径斜。记取山塘临别语,绿杨深处是侬家。"初亦不解其所谓,后与程孟阳游黄山,于绿杨深处见一古刹,内塑女像,宛然山塘所遇也。询之土人,亦不知为何神,是亦奇矣。

## 定　数

崇祯十年,牧斋被逮北上,下于狱,困苦颠连,几不免于祸。然其事亦有定数,先是有吴门王某，为牧斋门下士，谒普陀进香，有老僧精神矍铄，云能知未来事，王某叩以休咎，并及牧斋。老僧曰："若速归报钱公，命中当有难，恐不久有狴犴之祸。"王某归报牧斋，不逾时，果有被逮之累。又牧斋于下狱十五年前，梦已为金马道人，与尊者说法，相与争论，自定二十年内应受孽报，则此事固亦有前因欤？

## "串月"之真谛

吴俗每年八月十八日，咸至上方山看串月，画船箫鼓，游遍石湖，或荡洲渚之间，或泊行春桥畔，随意取乐，彻夜至明而返。上方山东临石湖，之东数里有宝带桥，横亘南北，此桥最长，通水之环洞五十有三，仲秋之十八夜，月光出土，正对环洞，人必于山间之望湖亭东瞰，而桥西波面，一环一月，连络横流，荡漾里许，俨如一弦贯串，故名之"串月"。若月出时，云气遮闭，或云开而月已上桥，即无此景。是以人不能恒见此奇景也，梅村屡欲观之而终不果，惟牧斋与徐元叹见之，故牧斋辄以是傲梅村焉。

## 塘菌有毒

山中野菌，味固极鲜，而往往有毒。牧斋少时，尝与人泛舟山塘，买鲜菌数斤，煮面为晚食，中有一菌，特肥壮而短，或疑其形异有毒，或爱其肥不忍弃，遂并煮之，食后皆腹痛，下血升许，号呼辗转欲死。舟子夜叩医家求解毒药，服之始愈，然犹各泻痢十余日而止。此与陈其年食河豚中毒事相类，甚矣！口腹之不可不慎也。

## 葛将军

葛将军名诚，吴人也，以蕉扇招市人杀税监参随，吴人义之，呼为葛将军，墓在今虎丘山塘。时张天如《五人墓碑记》传诵一时，吴门姚孟长希孟既已营五人之葬，更欲阐扬葛将军之义，乃请牧斋为作传。牧斋未应，后牧斋游虎丘，孟长复申前请，牧斋不得已，为作《葛将军歌》，可见其好善之不如人矣。

## 台　阁

枫桥杨神庙，九月迎神台阁，扮马上故事，二三十骑，合扮传奇一本，其人与传奇中人必酷肖方用。各色人定后，方议扮法。故袍铠须某色，某缎，某花样，虽匹锦数十金，不惜也。壬申七月，村村祷雨，余里中扮《水浒》，于是分头四出，寻黑矮汉，梢长大汉，胖大和尚，苗壮妇人，姣长妇人，及青面歪头赤须美髯黑大汉，赤脸长须，大索城中，无则之郭之村之山僻之邻府州县，用重偿聘之，得三十六人，梁山泊好汉，个个如活。

### 张手美家之食品

阊门外通衢，有食肆，人呼为"张手美家"，水产陆贩，随需而供，每节专卖一物。按吴下每节，各买食品过节，殆犹张手美家之遗风耶。

### 顾女多才

扬州包壮行手制灯，太仓顾梦麟妇手制蔬菜，崇祯末名于一时。按云间之有"顾绣"，始于顾伯露之母。苏州专诸巷顾二娘善治端砚得名。何顾氏妇女之多才也。

### 水磨竹器

苏州濮仲谦水磨竹器，如扇骨、酒杯、笔筒、臂搁之类，妙绝一时，亦磨紫檀、乌木、象牙，然不多见。或见其为柳夫人如是制弓鞋底版二双，按此知今之妇女，制木为鞋底，由来久矣。

### 促织盆

宣德间，苏州造促织盆，出陆墓邹、莫二家，雕镂人物极工巧。又有大秀、小秀所造者尤妙，邹家二女名也。

### 吴中绝技

吴中绝技，陆子冈之治玉，鲍天成之治犀，周柱之治嵌镶，赵良璧之治梳，朱碧山之治金银，马勋、荷叶李之治扇，张寄修之治琴，范昆白之治三弦子，上下百年，保无敌手。

## 《女仙外史》作者

吴人吕文兆,性情孤冷,举止怪癖,所衍《女仙外史》百回,亦荒诞,而平生学问心事,悉寓于此。按《女仙外史》一书,余在京师曾见之,不知为吕文兆所作也。

## 游舫花圃

有彝陵严总戎者,归吴门,师心造奇,以棕覆船,施于山塘游舫之上,制似茅亭,体方而身长,乃于前后积土栽花,随时易之,又如小亭闲榭矣。华亭靖逆侯喜而效之,遂盛传于江左。按此雅制足与西湖浮梅槛并传也。

## 玉活计

苏州玉工,用碎玉镶嵌屏风、挂屏、插景等具,谓之"玉活计"。

## 茶

茶叶品类甚多,以浙西湖州为上,常州次之,宣州、杭州、睦州、歙州为下,润州、苏州为最下。按今杭州之龙井,苏州洞庭山之碧螺春,皆名闻天下,而在唐时,则皆视为下品。又《茶经》杭州注云:"生于天竺、灵隐二寺。"然则当时龙井,尚未知名。

## 牡丹秋开

康熙五十七年九月,苏州西禅寺有牡丹一本,叶皆凋落,特花一朵,淡红鲜嫩,杂于菊花丛中。先于四年十月,东苑民家开牡丹一支,见景星《杓斋客谈》,按景乃杭人,东苑疑杭地也。

## 凫鸥害秋收

濒湖之田,大抵因旱涝而欠收者,固无足怪。若雨水调匀,高低皆熟,竟有一丘之田,彼丰收而此不给者,盖湖滨至秋稔之时,往往有凫鸥千百成群,蔽天而下,集于湖滩芦苇之丛,绝不为害,有时或集于田,一夕而盈畦,稻谷唼之无余,几与蝗之为灾无异。同在一丘而左右皆无恙,届还租时,苦告业主,谁其信之。据乡父老言,凫鸥阵之飞集,疑有神灵统摄之者,其集于田而唼稻谷,闻见亦罕。彼农氓不幸而被其害者,殆所谓天灾耶。吁!亦可悯已!

## 狼　患

吴县光福邓尉山中，向无虎狼之患。同治初，郡城克复之明年，夏秋之间，远近村居无端哗传有狼吞咽小儿，言之确凿，闻之疑信参半。嗣于费家河村有戴姓嫠妇，抚二子，长七岁，次三岁。一日晚餐时，围坐屋前，猝然风起，其母未及防护，而七岁儿不知去向，号哭求救，时已向暮，何从寻觅。诘朝，邻人麇集，由山径榛莽中，循血迹而得残尸半具，肠胃淋漓，不忍正视，是虎是狼尚未能征实。一时人皆惶惧，然未几各处俱安靖如初。虎殆寇氛所至，沴气犹未尽消欤？

## 静修庆云庵

陆墓有张氏家庵，乃张君翰伯本生祖慈吴太夫人与其姑母鸿秀修行地也。庵名庆云，在齐门外陆墓镇尾，殿宇禅房，颇幽静。道光八年，吴太夫人以翰伯之本生大父去世，长子病亡，次之尚幼，已出嗣，太夫人悲极生悟，厌弃尘俗，得陆墓庆云庵栖焉。时秀姑年正待字，念太夫人孤身在庵，曰："吾母入空门。吾何嫁？为终吾身以事母可也。"亲串劝阻之，弗听，随至庵。母女朝夕礼佛，不问外事，一老妪供炊爨而已。翰伯稍长，诣庵坚请归，弗许。后吴太夫人动作需人，悉赖秀姑左右之。咸丰元年卒于庵，不数月，秀姑以哀毁卒，均由铭三公扶葬祖茔。自太夫人故后，贞女蒲陈氏入主之。庚申庵毁于兵燹，秀姑贞孝两全，实为难得，嗣经黄侍御兆柽采访汇奏请旌。

## 《传家宝训》

《传家宝训》一书，字字金玉，节节格言，洵为修身齐家之至宝。元和吴质孙先生顺其理而引伸之，抉其精而浅释之，简其要而善喻之，更缀以他书之相证者，综节其要，都为六卷，刊行流播，既淑身而复淑世焉。质孙先生之内行，概可知已。

## 偷儿感化

王建字赤城，吴县人，幼失怙恃，难苦备尝，砥行立名，比长，品缜端方，学优经济，乡里推重之。康熙间，举乡饮大宾，一再与焉。性至孝，痛两世停棺，时自引泣，后营兆于盘门外，不忍远离，遂居鲟蟠间之晋宁坊，亦犹荐墓之义焉。尝夜读时，有偷儿穴墙入，见公窜避不及。公即慰而晓之曰："宵小之行，不可为也！一旦被执公庭，受辱莫甚。"遂留宿，诘朝给钱二贯，俾营经纪，谆诚勿复为此。其人感泣谢去，越数月，有卖菜佣踵蹑送菜，或他种园蔬，辄不受值而去。有侦知其人即前穴墙者，公之默化感人有如此。

## 教授纯孝

苏州府教授傅遇年，字松溪，江宁府江宁县人。咸丰辛亥恩科举人，庚甲恩科进士，朝考以知县用，未经签掣，呈请改教授。公天性敦笃，孩提时即知爱敬父母，十三岁失怙，哀痛逾于成人。稍长事母，先意承志，就傅后，读《论语》至"父在观其志"两句，呜咽不能卒读，师异之曰："此孝子也！"以母苦节，常有志于显扬，曰："吾学不成，何以对母！"母素有手颤之疾，侍奉扶掖，顷刻不离。道光九年，母疾渐亟，公每夕焚香吁天，愿以身代，虽风雨必跪祷涕泣苦语，至家人不忍闻，疾仍不瘳，乃刲臂肉和药以进，母服药后，如寐忽觉，霍然而愈。迄咸丰三年，会试，已成行矣，闻警遂止。城陷，母即自尽，公即随殉。旋被家人移置城外，先后解救，俱得苏。而母因得惊悸之症，公遍求医药，卒无效，公居丧哀毁骨立。母临终训之曰："汝将来得一官，当以活人教人为心。"公泣志之不敢忘，故于克复后，奉委抚恤难民，竭尽心力，无一夫不获其所。迨秉铎郡学，见士子沦落，几无以为生，亟请兴复正谊书院，旋奉委充监院，督课甚严，士子之膏火，不准书吏减扣，各士子始有生机。于表微阐幽之事，无不首先倡导，以秉母遗训，以教人为心，故怡然就教，不亏厥职。病革日，训其子曰："予贫苦一生，他无所慕，愿效法范文正公义田之设，而力未逮，望汝辈善承吾志云。"光绪八年旌表孝子。

## 犬之战

吴县香山之后塘桥，东西两村，户口不过三四百家。光绪丙申八月，有东村某翁，乘舟归，业已夜半。遥闻两村交界，犬吠狺狺不绝。迨抵村相近，见犬数十环列两旁，互相搏噬，既而愈聚愈多，不下数百头，磨牙怒目，如临大敌，嗥声震耳，尘土蔽天。舟中人目骇心惊，未敢登岸。至天色微明，始皆散去，则有三四头倒毙丛莽中。次日不卜夜而卜昼，下午复张旗鼓，一嗥百应，聚犬益多，不啻千余头，良久始散，又死五头。人莫明其故，志此以见物异。

## 生鸡子下蜈蚣

张冲虚者,吴人,善医,多奇效。有道人就灶炊火,一蜈蚣伏火筒中,误吸入腹,痛不可忍。延张治之,张命碎生鸡子数枚,取其白倾碗中,令服之。良久,问之曰:"痛少定未?"曰:"似定矣。"索生油与咽下,须臾大吐,则鸡子与蜈蚣缠束而下。盖二物气类相制,入腹则合而为一也。人服其得医意云。

## 赊面道人

吴城东有回道院,中塑回道人像。隔墙卖面家,一日有道装者至,食面数碗,趋入道院,顾谓主人曰:"来偿汝钱。"随使童子索之。众道士曰:"今日无人外出,亦无外来者,安得有此?"童子未信。忽仰见塑像,指曰:"即赊面道人,何嘿嘿耶?"众视其唇有面,为之骇异。神仙游戏域中,其变化不测如此。

# 苏州市泰伯文化研究会 2017 年大事记

2017年1月7日上午，苏州吴氏文化研究中心成立大会在苏州泰伯庙举行。市泰伯文化研究会会长张澄国，副会长胡韵荪、王稼句、吴恩培、徐刚毅参加了成立大会。根据会议议程，胡韵荪宣读了《关于成立苏州吴氏文化研究中心的请示报告》的批复。吴宇明宣读了《审议通过苏州吴氏文化研究中心工作规则》。随后产生苏州吴氏文化研究中心首届领导班子，吴永敏任主任，吴念博、吴国良、吴宇明、吴磊任副主任。苏州吴氏文化研究中心，是苏州市泰伯文化研究会下的二级机构，由吴氏文化学者、企业家、年轻精英组成，目前有成员三十二位。经中心主任会议研究，聘请吴文元为名誉主任，吴本立、吴企明、吴恩培、吴贤萍为顾问，另外还聘任了秘书长和五名副秘书长。吴永敏即席讲话。张澄国代表市泰伯文化研究会讲话，对吴氏文化研究中心的成立表示祝贺，并对中心今后的工作提出三点希望。最后在德殿仪门前举行了揭牌仪式，由吴文元、张澄国揭牌。

2017年2月17日上午，市泰伯文化研究会在曲园召开会长会议，张澄国、胡韵荪、徐刚毅、吴恩培、朱红、王稼句出席。会议商议了2017年研究会的主要工作：一、《泰伯文化研究》（2016年卷）的编辑出版事宜，具体由王稼句负责，在2017年6月完成组稿，内容以先秦文化、吴氏文化研究为主，可增加有关苏州文化的其他内容；二、连环画《泰伯的故事》，在3月底之前出版，并要在书前说明出版本书的意义，特别要指出这本连环画是为了给青少年普及先秦历史而创作；三、研究会计划3月组织部分会员去三山岛参观；四、同意在今年进行三A级社团的申报工作。

2017年2月19日，吴氏文化研究中心在苏州工业园区民投公司会议室举行苏州吴氏家谱研讨会,这是中心成立后的第一次活动,二十七人出席。吴贤萍、吴亚萍、吴建明、吴光同、吴金虎、吴汝信、吴本立、吴恩培、吴建华、吴念博、吴磊、吴企明等先后在会上发言。吴文元希望大家好好珍藏、珍惜、珍重家谱。吴永敏在总结时说,国有史,地有志,家有谱。宗谱是姓氏的历史,是血脉的记录,是根的呼唤,是孝的体现,是文化的传承,是家族最重要的遗产。这次研讨会的收获,一是聚集了一批拥有吴氏家谱又热心于研究探讨的吴氏宗亲;二是初步了解了苏州吴氏家谱的现状;三是提升了对家谱的认识。研讨会最后确定了吴氏文化研究中心下一步开展的六项工作。

2017年3月21日,连环画《泰伯的故事》正式出版,下午,市泰伯文化研究会副会长吴恩培到第二十四中学,为学生们介绍了泰伯的历史和泰伯的至德精神。

2017年3月22日上午,市泰伯文化研究会会长张澄国、副会长胡韵荪在泰伯庙参加了转业军人"了解苏州文化"的活动,为他们介绍了泰伯的事迹以及泰伯庙的历史和修缮、布展情况。

2017年3月28日下午,市泰伯文化研究会会长张澄国、副会长胡韵荪赴山塘中心小学,由张澄国为二百多位小学生讲述了泰伯的故事。

2017年4月1日下午,苏州市青少年"传承泰伯文化"主题教育活动"清明——我们的节日"在泰伯庙举行,活动由市文明办、市教育局、市文联主办,市泰伯文化研究会等协办。文化学者、各界代表、中小学师生二百余人出席。吴氏文化研究中心举行了祭祀泰伯活动,参与成员二十六位。重温了苏州辉煌的历史和吴地悠久的文明,将民族传统与时代精神相结合,充分挖掘运用中华民族传统节日"清明"的文化内涵。吴永敏在会上致辞。

2017年5月7日下午,吴氏文化研究中心在工业园区天域27栋召开主任会议,讨论了编撰吴氏文化丛书事宜,就出版目的、内容、文体、作者以及成立编委会、筹措出版经费、进入出版程序等进行了讨论,并明确中心工作将围绕家谱、出书、祭祖三方面进行。

2017年5月19日,市泰伯文化研究会在曲园举行会长会议,张澄国、胡韵荪、徐刚毅、王稼句、吴恩培、朱红、吴永敏出席。会议商议了《泰伯文化研究》(2016年卷)的编辑情况,听取了吴氏文化研究中心近期工作的通报,吴恩培介绍了外省市吴氏文化研究的动态。会议决定,《泰伯文化研究》(2016年卷)由朱红担任主编,大事记部分仍由胡韵荪负责。

2017年8月18日，市泰伯文化研究会在曲园举行会长会议，张澄国、胡韵荪、徐刚毅、吴恩培、王稼句、吴永敏出席。会议主要对初步编讫的《泰伯文化研究》（2016年卷）做了讨论，有的文章学术观点比较鲜明，可藉以进行正常的学术论争，个别文章内容比较薄弱，拟做进一步修改，以提高整体学术质量。会议决定，《泰伯文化研究》（2017年卷）由王稼句担任主编，并对内容提出了建议。另外，连环画《泰伯的故事》出版后，反响很好，建议召开座谈会，听听各方面的意见，在此基础上，继续出版先秦人物的连环画，如季札、伍子胥等，让更多青少年受到教育。吴永敏介绍了近期吴氏研究中心的活动情况。会议还商议了下半年的活动安排。

2017年9月17日下午，吴氏文化研究中心在泰伯庙举行主题讲座活动"中国家谱的发展与阅读"，吴建华主讲，介绍了中国家谱的发展，家谱体例、内容以及怎样阅读等。在中国，家谱有约三千年历史，素与国史、方志并称三大历史文献。自古以来，家谱承载着伦理规范，塑造着人格精神，维系着社会秩序。纵观历史，国家可灭，朝代可替，家庭可散，个人可亡，唯有家族历久长存，生生不息。家谱，对于中国历史的发展起着非常关键的作用。吴氏家谱是苏州乃至中国历史文化的组成部分，其重要性不言而喻。因此，续修、新修家谱，既是一个家族的头等大事，也关系到中华民族优秀文化传统的继承和发扬。

2017年10月22日，市泰伯文化研究会和吴氏文化研究中心一行二十二人，由张澄国、吴永敏领队，前往江阴季子祠、丹阳季子庙参观。上午在江阴，受到泰伯吴氏祖地宗亲联谊总会的接待，拜谒了季子祠，举行了座谈会，吴永敏、张澄国先后在会上做了发言。座谈后大家移步季子祠门口合影留念。下午到丹阳，受到丹阳吴氏宗亲联谊会的接待，丹阳道教协会会长赵永森陪同参观了季子庙。

资　助：

苏州市文学艺术界联合会　苏州市财政局

编辑委员会：

张澄国　胡韵荪　朱　红　吴永敏
徐刚毅　吴恩培　王稼句